体育教学的信息化教学理论与实践研究

冯坤野 著

中国水利水电出版社
www.waterpub.com.cn
·北京·

内 容 提 要

新时代下，体育教学应该认真研究与信息化融合的路径，采用信息化手段和信息化资源的信息化教学可以有效提高体育课程的教学效果。本书共六章内容，分别为：教育信息化研究综述、体育教学基础理论研究、体育教学方法的运用与变革、体育教学模式的构建与策略研究、现代教育信息技术与体育教学的融合研究以及高校体育教学信息化建设研究。

本书可作为体育类及相近专业类院校的专业基础教材，也可作为体育教学信息化的学习研究与学习使用。

图书在版编目（CIP）数据

体育教学的信息化教学理论与实践研究 / 冯坤野著
. — 北京：中国水利水电出版社，2018.9（2022.9重印）
ISBN 978 - 7 - 5170 - 6819 - 8

Ⅰ. ①体… Ⅱ. ①冯… Ⅲ. ①体育教学－计算机辅助教学－教学研究－高等学校 Ⅳ. ①G807.4

中国版本图书馆 CIP 数据核字（2018）第 206138 号

责任编辑：陈 洁 封面设计：王 伟

书　　名	体育教学的信息化教学理论与实践研究 TIYU JIAOXUE DE XINXIHUA JIAOXUE LILUN YU SHIJIAN YANJIU
作　　者	冯坤野 著
出版发行	中国水利水电出版社 （北京市海淀区玉渊潭南路 1 号 D 座 100038） 网址：www.waterpub.com.cn E-mail：mchannel@263.net（万水） 　　　　sales@mwr.gov.cn 电话：(010)68545888（营销中心）、82562819（万水）
经　　售	全国各地新华书店和相关出版物销售网点
排　　版	北京万水电子信息有限公司
印　　刷	天津光之彩印刷有限公司
规　　格	170mm×240mm　16 开本　13 印张　230 千字
版　　次	2018年9月第1版　2022年9月第2次印刷
印　　数	2001-3001册
定　　价	52.00 元

作者简介

冯坤野，1989年5月出生，中共党员，本科、研究生毕业浙江师范大学，2013年参加工作。讲师，国家一级社会体育指导员、国家中级游泳救生员、裁判员、足球一级裁判员。

现任义乌工商职业技术学院公共教学部、社会科学体育教研室主任，曾获全国高校体育教师技能大赛二等奖、全国信息化教学比赛三等奖、浙江省第三十八届高等学校体育科学论文报告会二等奖，并获得浙江省优秀教练员、优秀党员等荣誉称号。参与省级课题3项，发表论文10余篇。

前　言

随着信息技术的飞速发展，人类正由工业社会步入信息化社会，信息时代悄无声息地到来了。多媒体技术和网络技术的快速发展强烈冲击着当代的教育思想、观念、模式、方法、手段。信息技术与体育教学的深度融合是信息技术与体育课程整合的根本性目标，也是教育信息化发展的必然趋向。信息技术对体育教学的影响不能只是停留在"整合"阶段，即仅仅将信息技术运用到单一的教学方法、教学手段中，只是在强调信息技术给体育课堂带来的变化。信息技术更重要的"使命"是深度融合进体育教学的方方面面，在改善"教与学环境"和"教与学方式"的基础上去实现教育系统结构性变革。信息技术对体育课程的影响需要一个"从量变到质变"的过程。基于此，特撰写本书，旨在为进一步促进体育教育改革深化、培养出更多更优秀的全面发展型人才提供科学指导。

体育教育是有目的、有组织的教育过程，随着社会发展对人才要求的不断提高以及当前我国对体育教育改革的重视，如何更加科学与合理地进行体育教育改革，以进一步提高体育教学质量、获得体育教学效果、促进学生全面发展是当前我国体育教育研究的重要课题。

全书共六章，分别为：教育信息化研究综述、体育教学基础理论研究、体育教学方法的运用与变革、体育教学模式的构建与策略研究、现代教育信息技术与体育教学的融合研究、高校体育教学信息化建设研究。本书内容丰富、创作理论性较强，但是又不仅仅局限于理论，技巧性的成分也很强，让人眼前一亮。

本书在撰写过程中得到了许多同仁、专家和朋友的关心与支持，同时也参考了许多前人的研究成果和专业书籍等资料，在此一并向有关人员致以诚挚的谢意。由于作者水平所限，不妥之处在所难免，恳请同行批评指正。

作　者

2018 年 3 月

目　　录

第一章 教育信息化研究综述

从 20 世纪 90 年代到现在，世界各国的各级各类教育改革与发展的重大战略举措是教育信息化。伴随着社会转型、教育改革以及整个社会信息化的进程，我国教育信息化经过多年的发展，成就斐然。国家在 2010 年的 7 月份颁发了《国家中长期教育改革和发展规划纲要（2010—2020 年)》，在这个文件里面，国家对于未来十年间的我国教育事业做了发展规划，订立了发展方向，同时还将快速发展教育事业作为一项专门的章节特殊罗列分析，足以见证国家对教育信息化的重视。之后，教育部又在两年后的三月份颁布了一项规划，叫作《教育信息化十年发展规划（2011—2020 年)》，《规划》中明确提到：2020 年的教育信息化任务能否完成，直接关系着国家教育现代化发展目标相适应的教育信息化体系的构建。

第一节 教育信息化的概念内涵

在 20 世纪 90 年代，由于信息技术的飞速发展，关于信息化教育的定义逐步清晰。事实上，网络数据化的文化教育是一种教育的方式，是现代化教育的基础形态，是借助信息技术来进行的。

将教育进行网络信息化处理是教育的一种特定表现形式，也是一种特殊的教育形态，并有其自身特定的目标。例如，"大数学教育""大语文教育"等是在信息化教育之外，有着具体目标的多种形式教育。

事实上，教育信息化的基本目标是培养满足现代社会发展需求的创新型人才，最终实现教育的现代化与跨越式发展。教育信息化要以全新的教育思想和教育理念来指导信息和网络技术在教育教学领域的全面应用，并且教育信息化要依照培养创新型人才的要求，合理有效地通过信息技术的使用，逐步地探索适合发展要求的信息化教育教学模式，策划与开发标准化的信息化教育教学资源，从而达到教育现代化与教育跨越式发展的目的。

教育信息化实践过程不仅仅是简简单单地将计算机和信息技术引入到课堂的

过程。教育信息化的本质是教育思想和教育理念逐渐转变的过程，是利用信息的视角对教育系统进行认识分析的过程。真正在这样的指导信息技术的教育应用基础上，方能达到我们所需要的将教育发展成为网络数据信息化教育。

第二节　教育信息化的历史演进

一、国外教育信息化的发展历程

纵观国外特别是西方发达国家的教育信息化发展，可根据发展目标将教育信息化发展分为三阶段。

（一）强调信息化基础设施建设阶段

在 20 世纪 90 年代，西方发达国家开始了教育信息化发展的"基础设施建设"阶段，这一阶段的发展以"量"为主，具体表现为：强化教育信息化基础设施建设的速度与规模，初步探索了教育信息化的应用（但尚未形成应用的重点）。

教育信息化发展的第一阶段，主要是强调教育信息化硬件、软件基础设施在数量上的快速发展。

（二）强调信息技术在教学中的应用的阶段

西方发达国家教育信息化发展的第二阶段——"强调教学应用"阶段（从 20 世纪 90 年代后期开始到 2008 年底），具体指从硬件、软件的"基础设施建设"逐步转向信息与信息技术的"教学应用"阶段，此阶段的发展具体表现为：一是重视教育信息化在教育、教学过程中的应用；二是以信息技术在教育中的应用为基础（即通过信息与信息技术对教育、教学过程的优化）进一步提高教育、教学的质量。

教育信息化发展的第二阶段以过渡为主，由基础设施数量上的发展转变到教学质量的提升上。

（三）反思与探索的新阶段

经历了由"量"到"质"的突破性转变，自 2009 年以后教育信息化在全球范围内开始了它的全新发展阶段——反思探索的阶段。

二、中国教育信息化发展现状

（一）高等教育的信息化进展阶段

从 1998 年以来，教育信息化项目工程一直在建设和实施，已经得到了广泛的发展，而且各高等学校的信息化设施、信息技术在教学中的应用都在不断地普及。具体的教育信息化的基础设施有高校的校园网、多媒体教室、计算机课堂、网络教学支撑平台、数字图书馆、信息发布与管理平台、教学资源管理平台等。

（二）基础教育的信息化进展阶段

随着教育信息化工程在高等院校的顺利实施，2000 年 10 月教育部提出：要从 2001 年起，在 5 至 10 年内，达到每个学校都能够使用信息化教学手段，"校校通"工程贯穿所有的学校，通过采用信息化教育来促进教育的发展，跟上新时代的步伐，让我国的基础教育达到翻倍式发展的目标。

在国家政策支持下，经过工作人员不懈的努力奋进，全国中小学校园网的数量增加了将近 20 倍，2000 年 10 月统计的数据是约 3000 个，2009 年 12 月统计的数据是约 6 万个；同时，校园网络在网速上也飞速发展，带宽和速率均提高了一个数量级。不到十年的时间，我国的城镇中小学校基本实现了初具规模的信息化教学环境，同时有利于进一步实现多媒体教学和网络教学。

伴随着"农远工程"的全面快速推进，我国偏远的农村地区和相对经济不发达的地区，办学条件和教学质量都普遍有所提高。

教育信息化的普及，使我国义务教育得到了比较均衡、比较稳定的发展，于是从 2008 年开始，中小学的信息化教育便慢慢地进入了第二发展阶段，第二发展阶段的重点是信息化技术在教学中的应用。强调的重点是要在课堂的教学过程中通过信息技术的应用以实现教育、教学质量的显著提升。

（三）从 2010 年以后到现在——跨入"反思探索"阶段

与国际教育信息化一样，国内教育信息化近年来也开始跨入一个全新发展阶段——"反思探索"的阶段（只是比西方发达国家稍晚 1~2 年），具体表现在两份报告上：

第一，我国于 2010 年颁布的《国家中长期教育改革与发展规划纲要 (2010—2020 年)》用"有革命性影响"来形容信息技术对教育发展的意义与作用，进一步说明，信息技术在各部门教育的改革与发展（乃至变革与创新）中已占据主导地位。这代表了我们国家自 20 世纪 90 年代以来，在深刻反思的基础上，进行了认真的理论思考。

第二，在由教育部制定的《教育信息化十年发展规划（2011—2020 年)》中提出，想要真正实现我国教育信息化的全面普及，达到各级各类教育的变革与创新，让信息技术真正融入教育发展的方方面面，就要在利用和发挥现代信息技术优势的同时，将信息技术与教育进行深度融合。

经历了 10 多年的探索与反思，我们国家在教育与信息化的应用方面取得了重大的成果，同时对于教育信息化也进入了全新的思考阶段。

第三节 教育信息化发展新阶段的观念更新与理论思考

随着教育信息化的发展，人们的思想观念有较大的变化，在这些转变中最明显的变化是：以前的教育思想是"以学生为中心"，比较单一，而现在，数字化学习与传统学习方式相结合（B-learning）的混合式教育思想；与此同时，对于支持教育信息化的相关理论，学术界也进行了比较全面深入的分析与思考。本节就这两个方面——教育思想观念上的更新与相关理论的研究探索，作一个概要的阐述。

一、以"B-learning"为标志的混合式教育思想被普遍认同

自 21 世纪以来，blended learning（也称 blending learning 或 hybrid learning，其简称为 B-learning）日渐流行。B-learning 虽然不是新的概念，但是却被赋予了全新的概念（新的概念联系着与教育信息化理论与实践的深入发展）。

英文 blended learning（hybrid learning）的原有含义就是混合式学习，寓意是学习方式和教学方式的混和。可以是视听媒体与粉笔黑板相结合，可以是计算机网络辅助学习方式与传统学习方式组合，也可以是自主学习方式与协作学习方式等。

所谓 blended learning（或 hybrid learning）就是"主导－主体相结合"，把传统教学的长处和数字化教学（E-learning）的长处有机地结合起来，在教学过程中，发挥教师主导作用，在学习过程中，体现学生主体地位。目前，在国际教

育界已经普遍公认"主导－主体相结合"的教学方式，是能达到最好的教学效果。二者的结合也能充分的证明，全世界教育系统对于教育思想的定义，已经发生了重大的转变。以前只是单纯的重视"以学生为中心"的建构主义教育思想，或者单纯的重视"以教师为中心"的传统教育思想，现在则强调"既要发挥教师引导、启发、监控教学过程的主导作用，又要充分体现学生作为认知过程主体地位"的、以 blended learning 为标志的混合式教育思想。

事实上，早在 20 世纪 90 年代中期"主导－主体相结合"的教育思想就在我国提出过。但是迫于整个 90 年代的教育思想都建构在"以学生为中心"的教育理论上，而且是不容怀疑的绝对主导地位。在这种压力下，只能用微弱的声音、单薄的力量在少数试验学校运用这种教育思想进行教学改革的试验探索。

21 世纪之前，教育思想只有一种，那就是"以学生为中心"，21 世纪初，教育思想逐渐发生改变，这种改变的发生应该说得益于以下两种大辩论：第一种是 20 世纪 90 年代初，关于"有围墙的大学是否将被取代"的大辩论；第二种是进入 21 世纪以后，关于"建构主义教学：成功还是失败"的大辩论。

"建构主义教学：成功还是失败"的大辩论，对于建构主义学习原则存在局限性的科学认识（能认识到学生是认知过程的主体，所以重视学生的自主学习、自主建构，但是并未把这一观点绝对化），和强调教师必须发挥"主导作用"理念的"TPACK"，同时在美国主流社会成为共识，乃至在全球广为传播——这是在教育思想上的一种 blended。也就是既要重视学生在认知过程中的"主体地位"，又要发挥教师在教学过程中的"主导作用"（即"主导－主体相结合"），用西方的方式表述，就是以 blended learning 为标志的混合式教育思想；而用我们东方的方式表述，就是"主导－主体相结合"的教育思想。

这正是进入 21 世纪以来（特别是近年来），以 B-learning 为标志的混合式教育思想得以在全球流行，甚至逐步取代"以学生为中心"教育思想统治地位的现实背景与客观基础。

由此表明，在当下教育领域正在经历着从理论到实践的实质性改变，从中认识这次变革的意义及影响，对于教育信息化的推进和发展具有极为重要的指导意义。

二、新阶段教育信息化发展的理论思考

教育信息化的发展，在最初始阶段，对很多方面都进行了探索。在理论方面包括：教育信息化概念的具体界定、教育信息化的发展阶段与各阶段的特征分

析、教育信息化核心理论及相关理论的探索等。

关于教育信息化的核心理论如何解析？信息技术与各学科教学相整合（也称"信息技术与课程整合"，近年来，在中国也称之为"信息技术与教育深度融合"），其基本内容是，在实施新型的教学方式与学习方式的过程中，如何营造或创设信息化的教学环境？如何调动学生的主动性、积极性？如何实现培养学生的创新意识与创新能力（即创新人才培养）的目标？因此，信息技术与课程的相互渗透相互结合才是教育信息化理论的核心。

在进入反思探索阶段以后，教学结构理论正在逐渐发展成为教育信息化理论的另一项核心内容。事实上，近年来，我们国内提出的深度融合理论（或深层次整合理论），恰恰是要求"必须紧紧围绕课堂教学结构的根本变革来进行融合（或整合）——才有可能真正达到深度融合（或深层次整合）的目标"。可见，信息技术与课程整合理论和教学结构理论，这两种理论互为补充、彼此约束，才真正构成了教育信息化理论的核心内容。教育信息化的探索是多方面的，教育信息化的理论内容也是多样化的，除了基本的、核心的理论，国内的教学信息化理论有：信息化环境下的教与学理论、信息化环境下的教与学方式、信息化环境下的教学设计理论等，国外的创新理论包括：翻转课堂、教育"大数据"和 MOOCs（慕课）。

第二章　体育教学基础理论研究

近年来，随着体育教学改革的不断深入，越来越多的人员积极地参与到体育教学理论的研究和探索中来，关于体育教学论的文章和书籍日渐增多，这些现象表明，体育教学中关于理论的研究和教材的完善呈现一片欣欣向荣的景象，体育教学越来越科学化。

第一节　体育的起源与发展

一、体育的概念

长期以来，学术界对"体育"一词的理解一直存在分歧，通常认为：体育是人们强身健体、延年益寿的有效方法，与德智美组成了教育整体。它通常以竞技的方式出现在人们的日常生活中，极大地丰富了人们的文化生活，同时也加强了国家与国家之间的联系。所以，研究者们把体育分为广义和狭义，广义体育是一种有组织、有意识的社会活动，这种社会活动的目的是通过身体运动来强身健体，使人的各方面综合发展，增加社会文化活动的内容，推动社会精神文明的进步。狭义的体育是一个授业的过程，它的内容包括增强身体素质，向人们教授体育锻炼的基本知识和技能，并且进行道德品质方面的教育，是塑造人的体型的过程；是教学中非常重要的部分；是衡量一个人是否全面发展的一个重要的标准。

通过上述表述，我们发现无论人们对"体育"的理解有多大的差异，但有两点是基本相似的，即对"手段"和"目的"的理解：所有人都承认"体育"的基本手段是"身体练习"（或"人体运动"），而这种手段总是具有一定的非功利性目的。

二、体育的起源

总体看来，体育的起源并不是一个简单的过程：在长期的劳作技能的练习及模仿活动中，产生了身体教育的行为，这种行为泛指组织化的身体行为；在最初的竞技形式中形成，而这种竞技形式是从产生族群部落首领的祭祀典礼和成年礼仪中衍生出来的。还有一些消遣性质身体行为大多是模仿动物的行为或者是日常劳作活动或军事活动的模拟；运动中各种各样的形式有一些是从远古人类祖先流传下来的活动中而来，一部分是变异的劳作活动和军事活动。这种无论是时间、空间还是最终目的都与现实的军事及劳作过程分隔开的身体上的行动被称为原始体育，其形成时间大约在 15 000 年前的中石器时代，而弓箭的发明和各种巫术化身体活动的出现，正是原始体育形成的主要标志。

三、体育的发展

（一）历史回顾——追溯体育的发展轨迹

1. 体育活动的萌芽

原始人的生存环境极为严峻，他们只能依靠自己的体力，凭借自己的智慧，同恶劣的自然环境进行较量，通过打猎、采集、捕鱼等方式获取生活所必需的食物。在悠悠岁月的历史长河中，在血和泪的教训下，我们的祖先深深地懂得，强壮的身体是生活的前提。

死亡的阴影经常笼罩在头顶，为了生存，更为了发展，原始人不得不学会了奔跑、投掷、攀登、爬越、泅水……这些行为既是劳动手段，又是基本生活技能，其中蕴涵了体育活动的萌芽。

由于生产力的局限，原始社会无法形成专门的体育，也没有专门的体育活动者。此时的体育往往与军事活动、祭祀、生产、游戏等融合在一起，其所特有的运动手段和形式尚未完全"独立"。原始社会的体育萌芽，从本质上而言，是由经济状况、生产状况和实践方式决定的，是在生存过程中简单模仿所形成的。但毋庸置疑，体育自此萌芽，在原始的星光下和初绽的黎明中扎根、发芽，不断成长。

2. 古代体育的演进

奴隶社会的体育，是在原始体育的基础上发展起来的体育的初级形态。随着生产力的进步，它已经和劳动初步分离，而与军事、教育、宗教、礼仪以及统治阶级的享乐生活紧密结合，并向着多样化、复杂化和独立化的方向发展。

这一时期，频繁的军事战争成为体育演进的重要动力。有文字记载的体育运动包括射、御、角力、兵器武艺、奔跑、跳跃、举鼎、拓关、游水、弄丸、投壶以及棋类活动等。

封建社会前期，从战国到南北朝，体育蓬勃发展，就种类而言，体育运动的项目不断增多，内容日益丰富，游戏、导引等普遍开展，其中以华佗所创的五禽戏最负盛名；就范围而言，从皇宫到民间，从军队到学校，从城市到乡村都有体育活动开展；就技术而言，角抵、蹴鞠等项目发展较快，逐渐向竞技方向靠拢，出现了不少技艺高超的体育人才；就理论而言，体育专著在这一时期也开始涌现。

至隋唐五代，体育空前繁荣。体育项目呈现多样化和规范化的特点，许多运动项目明确了规格型制，拥有了专职机构和专业人员，如蹴鞠、武术、角抵等；体育竞技状况空前兴盛，规模宏大，运动技艺水平有了很大提高；女子体育运动蔚然成风，有踏球、抛球等，其中以马球和蹴鞠最为盛行；国际体育交流增多，一方面，唐代的技击术在朝鲜半岛的新罗广泛流行，养生术、蹴鞠也传入日本；另一方面，印度人、罗马人的杂技和幻术从汉代起就不断传入中国，自唐代日本倭刀也为中国武林所重视。

封建社会后期，宋元明清到鸦片战争之前，一方面民间体育组织的出现，极大地推动了民间体育的普及和提高；大量的体育资料被汇集成书，尤其是武艺、球类、养生导引方面的著述较多。另一方面，宋初的民族歧视压迫政策和程朱理学的主静思想在一定程度上阻碍了体育的进一步发展。

3. 近代体育的曲折

鸦片战争后，政局动荡，战争频繁，经济薄弱。随着帝国主义的入侵，西方文明涌入，欧美体育也大规模地传入，中国传统体育逐渐没落。传入我国的西方近代体育项目主要有田径、体操、各种球类，如篮球、足球、排球、垒球、棒球、网球等。体育在战火纷飞的社会夹缝中艰难生存，运动技术水平缺乏必要的提高基础和周期。

4. 现代体育的崛起

新中国成立以来，体育事业突飞猛进。群众性体育运动广泛开展，如火如荼，自1995年起实施全民健身计划，群众体育组织体系逐渐健全。竞技体育硕果累累，1959年，乒乓球运动员容国团获得了中国体育史上的第一个世界冠军。2008年，更是成功举办了第29届北京奥运会。学校体育教育稳步成长，从体育院系的建设到校园体育运动的推广，从健康第一的倡导到终身体育的理念，体育正在成为当代人的重要生活方式。

（二）人文视野——探寻体育的真谛

体育在不同历史阶段和文化背景下被人为地赋予了不同的含义，但人本思想贯穿了体育发展的始终。在体育运动中，人的身体既是手段，也是直接的目的，体现着工具性和目的性的完美统一。人居于运动中心的、首要的位置，人的发展和完善是直接的、最重要的目的，而由体育所带来的名声、荣誉、财富、地位以及产业的发展、经济的增长等，都是人在实现自我发展和追求自我完善的过程中所带来的"副产品"。体育真正的伟大之处在于对完美永无止境的追求，它让人类在强健身心、探索真理、开拓世界的过程中获得了无限的发展空间。

在遥远的古希腊时代，人们通过体育追求躯体之美、力量之美和精神之美。以体育的形式表达对神的敬意，并在肉体上和精神上无限地去接近正确、光明和真理。在古希腊神话中，神灵的移动瞬时完成，不需要时间，而人则无法达到，那么使用时间最少的人就是最接近于神的人，成为神"在这大地苍穹之中"的"荣耀的见证"。就这样，人在体育锻炼中充分发展并不断挖掘着自身的潜能，诠释着体育的完美真谛。

从保守的维多利亚时代，体育便明确地承担起道德的重任。运动员出现的道德过失，会被认为是整个体育界乃至社会的灾难。英国公立学校中，通过体育教给男孩们所有统治国家时所需要的"男子汉"的品德：正直诚实，团队合作精神，忠于伟大的事业。

体育不仅是要强身健体，也要塑造美好的品性。这也正是体育运动经久不衰的魅力之所在。体育是一种虔诚的追求——拼搏不息，永不满足；体育是一种积极的态度——锐意进取，百折不挠；体育是一种文化的积淀——以人为本，重在参与。体育让人类实现自我超越，走向"臻于至善"的完美境界。

四、体育的本质与功能

（一）体育的本质

本质是事物本身所固有的，决定事物性质、面貌和发展的根本属性。在国外体育发展史上，从古希腊的柏拉图、亚里士多德、卢梭到后来众多的学者都对体育有过较多的研究和描述。总的来看，国外的观点多把体育看成教育的一个重要组成部分，重视从强身健体、增进健康的视角去认识体育的本质属性。

体育作为一种锻炼身体、增进健康、改善生活方式、提高生活质量的本质规定，过去是，今天是，将来必定还是"以人体运动为基本手段，增进人们健康，提高生活质量"。

（二）体育的功能

在当今体育全球化和扩大化的发展背景下，体育的功能由单一的身体功能向政治、经济、文化等多元功能扩张，但无论怎样的变化，体育的本质功能总是与健康联系在一起。

体育在生理、心理方面的功能得以细化和加强，而体育的社会功能正在悄然发生转变。第一个转变：从生产到生活。这一转变涉及体育与经济的关系，是世界性的趋势。以前，体育最重要的作用就是促进生产发展。那时，生产力发展与否与劳动力的强弱有很大的关系，体育锻炼能够培育体力跟体能都很强大的人，强身健体是劳动生产力强大的最直接的方式。进入工业社会后，机械化逐渐渗入生产生活，生产活动便不再需要那么多的人力，体育活动的作用也随之变为优化生活质量，并为培养高素质的人起作用。第二个转变：从群体到个体。这一转变涉及政治与体育二者的关系与之前所呈现的是不一样的。特别是一些高难度的竞技活动，作为人的思想意识方面的竞争的载体，给人类的和平发展带来了损害，偏离了体育的终极目标。从群体到个体，并不是说应该放弃群体的需要和利益，而是指应该把这种需求和利益更好地体现于个体。第三个转变：从劳作的工具变成了人们消遣娱乐的玩具，工具是为了提高工作效率而借助的物件，而玩具则是给人们制造轻松和快乐的物体。但这绝不意味着，工具转换成玩具是以其"工具"的作用消失为代价的，而是它作为一种具有政治成分的工具，它的功用是保障国家的利益以及广大人民群众的幸福安康，再也不是以前的专政和阶级斗争的武器；"玩具"功用被重视，其实也是表明了它在人们对体育休闲文化需求中的作用。

第二节 社会转型与大学生体质健康

一、社会转型中各种压力对大学生身心健康产生的影响

（一）转型中的价值冲突与大学生的心理焦虑

党的十一届三中全会后，我国进入了改革开放时期。40多年来，改革开放

为我国带来了经济与社会的快速发展，社会发生了明显的转型。在这 40 多年里，政府的执政理念发生了改变，从以阶级斗争为纲转向以经济建设、幸福建设为中心，计划经济体制向市场经济体制转变；同时社会结构发生转变，社会形态发生变迁，从传统社会转向现代社会、农业社会转向工业社会、封闭社会转向开放社会、体力型社会转向技术型与知识型社会并进一步转向创新型社会；人的思想观念由保守转向开放，生活、工作由慢节奏转向快节奏，人的关系由相对平稳转向激烈的竞争等。在社会转型的过程中，存在不同社会形态下的精神与物质的共存现象：在经济体制上，公有制与私有制共存；在价值观上，集体主义与个人主义共存；在文化上，中华文化与西方文化共存，传统文化与现代文化共存；在生活水平上，暴富的奢侈与极度贫困共存；在城市现代化建设上，现代化的摩天高楼和棚屋区共存。这些巨大反差的事物共存现象对人们心理产生强烈的冲击，在这些巨大的反差面前，年轻的大学生不知所措，出现了一种心理上的恐慌。

当今的社会转型既促进了经济发展、社会进步、政治文明、文化繁荣、国力增强等，但同时也产生了官僚腐败、缺乏公平正义、文化腐朽和道德失范、社会矛盾激化等负面结果。当代大学生正经历着中国的大变革时代，他们的成长伴随着整个社会的变迁。面对着万花筒般变化的社会，在全民的价值观、人生观和世界观的变化中，这群价值观和人生观还没有完全树立的年轻人，却要经受着各种社会现实的考验！太多的理想与现实的矛盾造成了他们的茫然和无助，也给他们带来信仰的缺失和心理压力。这种压力和迷茫的痛苦是过去任何大学生所没有经历过的。

社会转型必然导致社会结构变化，社会结构的变化导致价值观念出现多元趋势，从而导致主流价值观出现了不同的冲突。由于社会的迅速转型，我国出现了农业文明、现代文明和后现代文明同时呈现的特殊现象，这种现象是价值冲突的社会基础，它不仅导致价值主体的多元化，也导致社会主导价值观的缺失。主导价值观的缺失使得大学生在价值观的冲突中无所适从，人们无法准确判断什么是对的，什么是错的。他们发现，书本上讲的与现实是两回事，他们看到的社会并不像书本中所描绘的那么美好，他们还看到，即使在被认为是一片净土的高校中，同样也存在着拉关系走后门、弄虚作假、不公平、不公正的现象，"拼爹拼娘拼关系"成为现实中的一种常态。这些现象让大学生们感到愤怒、无奈和压抑，使他们心理上产生焦虑和痛苦。

在我国社会转型期间，多元的价值取向对大学生产生了重大影响，导致部分大学生的核心价值观出现偏差，对我国发展中出现的一些社会现象形成了片面的、错误的认识，甚至对已有的信念和信仰产生了动摇；在外来思想与物质文化的影响下，个人中心主义膨胀，爱国主义和集体主义被淡化；甚至有的大学生思想被腐蚀，思想不够端正，三观出现偏差，出现了拜金拜物的现象，缺少应有的理想；部分大学生对于社会观、价值观和世界观的标准模糊，缺乏正确的认识。对社会丑恶现象不闻不问，甚至为了个人的经济利益，抛弃道德品质。大学生对于价值观出现偏差或者误区，原因是多样复杂的，主要原因包括：客观环境的影响，我国正处于经济文化大步发展的阶段，大学生观念也随之发生变化，部分学生没有把握住自己；大学生自身的因素，没有正确树立价值观也是导致出现偏差的原因之一。

由于大学生普遍存在核心价值观模糊的情况，当他们面对社会种种不合理的现象时，会感到困惑、不平和不安，产生对社会不信任和无奈的心理、浮躁焦虑和忧郁的心理、迷茫与盲从的心理，甚至导致人格发展的异常。这些消极的心理导致部分大学生出现抑郁、焦虑、强迫、恐惧等心理障碍，从而影响到大学生的身心健康。当今大学生这种由价值观冲突而引起的心理障碍和影响健康的问题，应引起社会、学校和家长的重视。

（二）就业压力对大学生身心健康的影响

改革开放以来，我国经济持续快速增长，社会对各类人才的需求量不断扩大，从而对高等教育提出了增加培养数量的要求。1999 年，我国高校开始扩招，大学在数量、规模、专业设置等方面急剧增长。与此同时，经济水平的提高与社会的进步促使适龄青年希望有更多接受高等教育的机会。为了满足不断增加的接受高等教育的需求，我国高校年年扩招，高校的规模迅速扩大，2002 年中国高等教育毛入学率达到 15%，进入国际公认的高等教育大众化阶段，实现了从精英教育向大众教育的转型。2009 年，我国高等教育毛入学率达到了 24.24%，2020 年将达到 40%，届时在校的大学生将达到 3300 万人。2003 年，扩招后总量达到 212 万人的大学毕业生涌入就业市场。2006 年，高校毕业生总数达到 413 万人，到 2009 年高达 611 万人。2014 年全国普通高校毕业生达到 727 万人。数量不断增加的大学毕业生涌进就业市场，使得就业方式也发生了巨大的变化，由过去的国家统一分配转变为"双向选择，自主择业"的方式。这一变化使大学生难以适应，他们经受着巨大的就业压力。目前，大多数高校的签约率都很低，这已是不争的事实，而且就业率总体上还处于下降的趋势。当今大学生面临的就业问题非常严峻，就业竞争所形成的压力已经成为影响高校大学生心理健康的主要因素之一。

面对严峻的就业压力，今天的大学生并未做好充分的思想准备，他们的就业

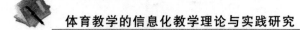

观念和就业取向仍未能完全适应就业市场的现实情况。一些研究结果表明，当前相当一部分大学生对就业形势认识不足、相关知识和能力欠缺、竞争意识不强、心理状态差、思想压力大、所学专业与未来工作矛盾等。就业的巨大压力使大学生群体出现较为严重的消极情绪，一些研究表明，无论是抑郁还是焦虑，这一群体都显著高于全国常模，大学生群体的消极情绪体验成为一种常态，尤其是大四学生的消极情绪最为严重，检出率均超过了半数。焦虑、自卑、嫉妒、幻想、愤怒、恐惧是目前大学生在就业过程中常见的心理，就业压力对大学生的心理健康带来了一定的消极影响。面对现在日益严峻的就业环境，大学生没有一个良好的心态就很容易抗受不住压力，对于问题消极处理，甚至将这种情绪带入家庭或者社会中，这也不利于中国和谐社会的建立。

刘春雷博士对吉林、浙江、黑龙江3省本科大学生的研究结果表明，除了大四学生外，其他年级的大学生同样也承受着巨大的就业心理压力。就业心理影响着大学生的学习、生活，从而影响他们身心的健康发展。他认为，大学生的就业压力主要来自六个方面，包括求职竞争的压力、专业供求矛盾的压力、缺乏求职帮助的压力、自我认识与定位的压力、职业素质评价的压力、就业心理预期的压力。随着社会的发展，现如今大学生的数量在不断上升，大部分的大学生对于自己的未来都比较迷茫，没有一个正确的预期，不能很好地适应从学生到社会人角色的转变，甚至还有一些溺爱孩子的家庭，导致目前的"啃老"现象越来越严重。

社会环境因素也会对大学生就业产生影响，因为地域和政策的不同，收入分配政策的不合理性使地区收入差距和行业收入差距拉大，导致大学生就业普遍倾向对高收入预期的追求，忽视了对自身的反省和对行业的分析，造成了能力与职位不匹配，使得很多大学生就业的积极性受到了挫伤。差距不平衡导致大学生对于就业工作也产生了不对等的期待。大学生对于就业应该有个正确的对待方式，在价值观方面进行调整，在就业中需要抓住机遇，优化就业意识，克服在就业方面的茫然和焦虑心理，树立良好的就业方向和就业目标。大学生对于就业需要详细的规划，提高自身的综合能力和职业技能，提高大学生的就业率。另外，学校也可以对于学生进行就业指导，从多方面考虑大学生的就业问题，拓宽大学生的就业渠道；大学生树立科学就业观，树立良好的就业心态，减轻自身的就业压力，采取有效的办法以减轻他们的压力，才能逐渐排除他们消极、焦虑与抑郁的心理，保证他们的身心得到健康成长。

（三）学业压力对大学生身心健康的影响

大学是人生接受系统的学校教育的最后阶段，大学毕业后学生将走向各自的工作岗位，进入职业生涯。大学生进入大学，其首要任务是学习。为了自己将来能更好地发展，如何学好知识和本领依然是大学生最为在意的问题，因此学业压力就必然成为他们面对的主要问题。

学业压力是指学生在面对来自学校、家庭和社会的学习要求与学生学习能力之间的矛盾时而产生的心理压力。诸多研究表明，社会的发展对于大学生的综合素质提出了更高的要求，学业的压力加大也让导致大学生就业难度提升。对于外界提出的各种学业要求，很多大学生感到力不从心。这些过高过多的要求，他们的能力已无法达到，因此他们担心、着急、焦虑甚至恐惧。不少研究表明，适中的学习压力强度有利于维持学生的适度紧张感，从而提高其智力活动的效率，但过高的学习压力则会产生多种负面影响，如引起学生的健康状况不佳、导致抑郁和学业成绩不良等。大学生的学业压力随着社会的发展和竞争压力的增加而日益凸显，樊富珉对清华大学学生的调查指出，从高中这样紧张的学习氛围到大学相对来说比较轻松的环境，大学生缺乏紧迫感，造成学习的松散性；另外，大学的课程和难度都比中学时候有所增大，也给大学生造成了学业压力；进入大学后，由于周围有很多优秀的同学，在学习的同时还会担心超越自己，给自己造成了心理负担。

在学业的重压下，大学生在生理上出现明显的不良状况，其中最为突出的是食欲不振和睡眠不好。各地高校的调查结果都表明，如今大学生普遍存在较为严重的失眠现象，这一现象必然影响他们的身心健康。陈芳蓉对大学生的学业压力源与睡眠质量的特点及其关系进行了专门的研究，她分别从任务要求压力、竞争压力、挫折压力、环境压力、成绩目标压力、期望压力、就业前景压力、发展压力和父母压力等方面考察大学生的学业压力。研究结果表明，大学生学业压力源与睡眠质量之间存在相关性，其中除与期望压力相关外，与就业前景压力、成绩目标压力、任务要求压力、竞争压力、挫折压力、父母压力、环境压力和发展压力都存在极显著相关。尤其是睡眠障碍因子、日间功能障碍因子与大学生学业压力的因素都存在显著或极显著相关。研究结果还表明，学业压力源变量可直接显著影响大学生的睡眠质量，同时也可使他们处于焦虑、抑郁状态，再间接影响睡眠质量，一些调查研究表明，由于学习压力过大，致使相当一部分大学生长期处于一种焦虑不安和抑郁的状态，因此而患有神经衰弱症，严重影响到他们的身体健康。学业的压力使多数大学生没有时间参加体育锻炼和娱乐活动，他们紧绷的精神不能得到必要的缓解，身体长期得不到锻炼，导致相当一部分大学生体质衰弱。

当今，大学的课程普遍存在数量多、难度大、要求高的问题，特别是进入知识经济后，社会对大学生提出了更高的要求，因此大学的学习没有压力是不可能的。但是，大学生正处于长身体的阶段，过大的学业压力将对他们的身体健康产生不良影响。因此，我们应当想办法缓解他们的学业压力。国内外学者的研究表明，有效的时间管理、社会支持、积极评价以及开展休闲娱乐活动是减轻学生学业压力的有效途径。我们应当帮助学生尽快学会和掌握科学管理时间的方法，提高学习效率和减轻压力；应当创造必要的时间与机会让大学生参加各种休闲活动，尤其是参加体育锻炼；还应当创造更多健康的人际交往的机会，让他们在各种人际交往中获得情感支持，减轻学业压力。

（四）社交压力对大学生体质健康产生的影响

中学期间，学生一般都住家里，升入大学后大部分都住进了学校的集体宿舍，他们的人际环境发生了很大的变化。学校是一个特殊的小社会，在这个小社会中，大学生天天要和自己的同学一起住、一起吃、一起上课、一起讨论、一起娱乐。在进入大学之前，大学生都生活在家庭中，社交的圈子较小。进入大学后，天地更为广阔了，社交的范围突然变大、变复杂了。因此，一部分大学生进入大学后不太适应大学的生活，不太适应当今社会复杂的人际关系，造成了人际关系的紧张，产生了社交的压力。

大学生是一个思想活跃、开放的群体。作为情感丰富的年轻人，他们渴望被人理解、接受与认同，有着强烈的人际交往需求。他们在交往中珍惜友谊，在人际交往中注重感情，动机相对较单纯。但是，年轻大学生尚未形成较稳定的人生观、价值观，情感丰富但不太稳定；现在的大学生中独生子女比例较高，大多数较为自我，经常不能够正确地看待自己和别人，看问题往往比较片面，这些都导致他们在人际交往中产生问题和交往障碍。大学生来自全国或全省各地，这就造成了他们在语言、习俗、个性以及不同地域文化背景等方面的差异。大学生共同生活在同一个学校中，交往空间较小、交往频率很高，特别是同一个宿舍的同学，彼此的交往频率更高，大家抬头不见低头见，交往的时间长了就难免会发生各种矛盾，引起摩擦与冲突。人际关系的不和谐常常使一部分大学生陷入一种怨恨、焦虑、恐惧和报复的心理。有时候，这些冲突甚至发展到可怕的程度，如媒体上报道的同宿舍舍友投毒事件、杀人事件。

诸多调查研究都表明，当今大学生在人际交往方面也存在着一些问题，主要表现在以下几个方面：①在全社会过分强调竞争的背景下，大学生的竞争意识比较强，喜欢争强好胜，总是希望各方面都能够比别人好，对其他人常常表现出防范的心理和冷漠的心态，过度的提防心理造成某些大学生不敢交往；②时代在进步，随着社会的不断高速发展，大学生将在社会中面临更大的压力，以及更多的诱惑，甚者在人际交往中注重物质实惠，使他们交往常带有功利性；③当今大学生中人际交往存在阻碍，影响了正常人际关系的形成，出现了社交回避的现象；④交往能力不足是当前大学生人际交往存在的一个主要问题，是大学生交往产生障碍的主要原因之一。

一般学校都设立心理咨询中心，为大学生在大学中遇到的各类心理进行调整和开导，人际关系的困扰一直作为高校心理咨询的最重要内容。这是因为很多的大学生在高中的时候，与同学之间的交往没有这么密切，在进入大学后与同学形成朝夕相处的状态，很多学生难以适应，不习惯这种状态，造成人际交往困难，形成压力；另外，心理挫败感也是造成大学生心理压力的原因之一。人际交往作为当代大学生中的重要问题，值得我们去深思，该如何调整大学生的心态，让他们可以更好地融入与同学与社会的交往中。社交焦虑大学生占总数的比例较高，社交焦虑成了大学生常见的心理卫生问题，直接影响其学习、社交、生活及将来的择业和工作。朱孔香等对 121 名大学新生的调查结果表明，大学新生焦虑的发生率为 38.84％，焦虑水平显著高于全国常模。这一结果说明大学新生确实存在明显的焦虑情绪。因为本研究调查的对象来自一年级的大学新生，他们刚刚离开父母和熟悉的生活环境，对面临的大学生活和环境感到陌生和不适应，因而社交焦虑表现得更为突出。

社交是人生存与发展的需要，对人的生活、工作、学习都有着至关重要的作用，我们需要重视这个问题，用积极的态度去面对人际关系，减轻自身的社交心理压力，据调查研究，社交压力已经成为当代大学生面临的主要压力之一，不良的人际关系状态是大学生心理障碍和精神疾病的主要诱因，同样对他们的身心健康造成严重的影响。正确地处理好与他人交往的人际关系，可以更有利于大学生形成良好的价值观，而且可以通过良好的人际关系使得自己身心愉悦，可以更好面对生活和工作，更好地处理面临的各种困难和挑战。相反的话，如果在人际交往中面临各种不顺利，会导致大学生产生挫败感，同时形成各种心理压力，产生心理矛盾，这样既不利于自身的身心健康，同样也不利于和谐社会的建立。因此，为了让大学生身心能健康发展，社会、学校和家庭都应当重视他们的社交问题，想办法帮助他们疏导社交上的压力。学校应当注重加强校园文明建设，支持大学生建立各种社团组织，开展各种健康有意义的集体性活动，为他们创造更多人际交往的机会，使他们能在良好的集体氛围中，感受到良好的人际交往所带来的愉悦，同时通过有组织的交往帮助他们提高交往能力。解决大学生社交问题仅仅靠学校还不够，还需要靠学校和社会、家庭之间的积极配合。当然，大学生也要加强自我教育，树立正确的人生观，不断完善人格，同时要主动参加各种人际交往活动，在交往中学习掌握交往的能力和技巧。

二、转型期不良生活方式对大学生体质健康产生的影响

（一）睡眠不足带来的不良影响

睡眠是人生命的存在与发展需要的生理现象，是人生命的一部分。人的一生大约三分之一的时间是在睡眠中度过的，适当的睡眠是人体健康不可缺少的条件。睡眠有助于大脑休息，恢复其兴奋性，使人精力充沛。睡眠时，心率变慢，肌肉松弛，血压降低，全身各种代谢处于较低的水平，有助于消除疲劳。睡眠不仅仅是机体消除疲劳的需要，而且人的很多生理功能是需要在睡眠的情况下进行的，如人体的多种排毒功能、各种生理上的调节功能需要在睡眠的情况下才能较好地进行。此外，足够的睡眠可使人保持良好的精神状态。睡眠不足者，通常会表现出烦躁、激动或精神萎靡、注意力分散、记忆力减退等精神神经症状，长期缺少睡眠则可能产生幻觉。而大脑在睡眠状态中耗氧量大大减少，这无疑有利于脑细胞的能量贮存，尽早恢复精力，提高大脑的使用效率。因此，睡眠的状况与人的体质健康有着密切的关系，睡眠的质量直接影响到体质健康的水平。如果正常的睡眠规律被打破，睡眠时间不足或睡眠的质量差，都将影响有机体得到必要的休息，影响人体某些功能的正常发挥，时间长了就必然影响到身体健康，甚至引起各种疾病。已有研究表明，长期睡眠时间不足与肥胖、糖尿病 II 型、高血压、代谢综合征的发生密切相关。睡眠不足可以引起机体免疫力的明显降低。动物实验表明，彻底剥夺小动物一周的睡眠，小动物即可因免疫功能受损而导致感染死亡。人在极度劳累、睡眠不足时也易患感冒。长期睡眠不足导致免疫机能受损，使癌细胞容易逃脱免疫细胞的杀伤而癌变。

当今社会竞争激烈，人们的生活、工作和学习的节奏加快，导致人们常处于紧张、焦虑的状态，使得睡眠障碍成了全球性的问题。据世界卫生组织（WHO）的调查，全球约有 27％的人正遭受着睡眠疾病的困扰，这是目前难以解决的世界性公共卫生问题。大学作为人生接受系统学历教育的最后阶段，他们的学习压力很重，再加上大学的不断扩招，各方面的竞争更为激烈，他们除了学

业的压力外，还要承受就业、社交、经济等方面的压力和成长过程的焦虑，因此他们的睡眠问题更为严重。众多关于大学生睡眠问题的研究表明，目前大学生睡眠障碍的情况确实不容乐观。张雨新等在北京大学的研究显示，北京大学学生有失眠迹象的人占 55.2%。戚东桂等调查了华中科技大学 448 名在校大学生的睡眠情况，结果显示有 52.0% 的大学生存在睡眠问题。胡兰对 490 名师范大学生的研究显示，失眠检出率为 38.0%，睡眠状况很不好者有 46 人，占被调查人数的 9.40%，报告睡眠状况时好时坏者有 338 人，占被调查人数的 69.0%。张明芝等对苏州市大学生睡眠质量及影响因素进行了调查研究，结果表明大学生睡眠障碍的发生率为 44.8%，与国内其他调查结果基本相同。众多的调查数据告诉我们，大学生睡眠不足是一种普遍现象，睡眠问题相当严重，不但影响了他们的学习，而且已严重影响到他们的体质健康，这一问题需要引起我们足够的重视。

有不少研究进一步对影响大学生睡眠质量的因素进行了研究，探讨影响大学生睡眠质量的原因，以便寻找有针对性的应对策略。李秀琴等的研究结果表明，影响大学生睡眠质量的主要因素包括学习压力、学习效率、健康状况、月就诊频率、睡眠环境、恋爱问题、焦虑感、经济情况、学习兴趣。学习上的压力是影响大学生睡眠质量最直接的原因，学业科目多，学业的要求高、难度大，学习成绩不理想，学习效率低等，都会给他们造成压力，使他们忧心忡忡、焦虑不安、难以安寝。睡眠与人的健康状态有密切的关系，如果人的健康状态出了问题，看病的次数过多，必然会影响睡眠质量。我国高校学生通常是住集体宿舍的，睡眠的环境都不太理想。如今，高校对大学生宿舍的管理较宽松，由于生活习惯不同，他们的作息时间也不太一样，晚上有的要早睡，有的却要晚睡；另外，寝室缺乏有效监管，一些人在寝室里聊天、大声喧哗，造成宿舍环境嘈杂，影响到其他人的正常睡觉。调查结果表明，大部分同学对目前寝室睡眠环境不满意。寝室环境现状的改变有待于大学生寝室文化建设和公德意识教育的提高，同时寝室建设规范和管理细则也是必不可少的。有研究表明，担心、烦躁、焦虑、抑郁等负面心理因素严重影响睡眠质量。健康的心理状态与睡眠质量呈正相关关系，健康的心理促进睡眠质量的提高，良好的睡眠质量可产生愉快的心理。要使大学生在睡眠上的质量有所改善，进行心理上的辅导及问题的干预措施是对大学生这类群体必不可少且有针对性的步骤，以在此基础上促使其身心的健康得到保障，睡眠的质量得以提升。

以导致睡眠不好的原因为基础，来进行大学生在睡眠上的质量调节，在干预手段上有：①为了促进学生很快的融入大学生活，进行对其入学教育的活动安排；②在教学方案上科学合理的制定及策划，以降低其压力于学习上；③以体育健身的方式来保证学生的身体健康；④在机制上给大学生以心理辅导的建设，帮助其在心理问题上的化解，压力上的卸担，促使其更好地融入社会，遇事可做到处变不惊；⑤在适应社会的能力上利用各种组织活动于班级的展开，使同学以相互交好的方式相处，同时也为其适应能力上有着更进一步的提升；⑥从住宿方面来说，舒适、安静是其环境的基础，配合合理的作息安排，建立良好的生活习性。

（二）不良的饮食方式影响大学生的体质健康

常言道"民以食为天"，这足以说明吃对于人的重要性。人要活着就要新陈代谢，就需要靠吃来及时补充能量和各种营养。因此，吃决定了一个人的身体质量，只有吃得科学才能保证身体的健康。常言还道"病从口入"，如果饮食不得当，不仅会引起一些传染性疾病和消化系统疾病，还会引起严重的现代文明病，如肥胖症、高血压、心脏病、糖尿病、肿瘤等。改革开放以后，随着我国经济的快速发展和社会的不断进步，国民的生活水平普遍提高，社会为老百姓提供的食品越来越丰富。照理说，吃的东西越来越多也越来越好了，应该有利于国民体质的增强，然而实际情况却不是这样。由于老百姓缺乏科学的饮食营养知识，导致饮食结构不合理的现象日益严重，胡吃海吃造成了营养过剩，不合理的食物搭配引起了营养不良，进而使相关疾病的发病率增高，严重影响了人们的体质健康。众多学者对一些地区大学生的营养状况的调查显示，有相当比例的大学生营养状况较差，营养不良和肥胖率均较高。由于大学生不良的饮食行为习惯而造成的营养不良问题必须引起我们的重视。

大学生仍处在长身体时期，他们在学校期间学习负担较重，活动量大，对能量和各种营养的需求都超过其他成年人，因此他们的饮食营养状况直接影响到他们的健康成长。但是，大学生离开自己的小家庭来到学校这个大家庭后，饮食上由于没有了父母的关照，加上缺乏科学饮食营养的知识，通常只根据自己的喜好选择食物，只顾嘴巴吃得痛快，而不考虑为了健康应如何合理的搭配，不按照饮食的规律进食，由此造成了相当一部分大学生营养不良。大量的调查表明，当前相当数量的大学生存在不良的饮食行为和习惯，主要表现在不吃早餐、吃零食、挑食和不懂得营养合理搭配等。

1. 不吃早餐的现象较为普遍

由于大学生晚上睡觉普遍较迟，第二天早晨很多人不能早起，为了赶去上课，相当一部分大学生早晨不吃早饭。肖春玲等对 2924 名大学生的调查表明，调查对象中只有 14.5％的学生能坚持吃早餐，有 85.4％学生不能坚持每天吃早餐。温莹和刘风洁对广西 453 名大学生的调查表明，只有 18.6％的男生和 48.1％的女生每天都吃早餐。王亮亮等对湖南和湖北部分大学生的调查表明，不吃早餐是大部分人的习惯，仅有 33.19％的男生有早餐习惯，而女生的比例要高于男生，其两者之间的差异性较大，也与调查后的结果相符。大学生不吃早餐其因素繁多，其中以肚子饱、食用环境差、因晚起而过了就餐时间以及懒为主。更有部分学生因对身材的要求，利用少吃或不吃来进行体重的减轻，由此可知，在饮食上存在着很大一群同学没有规律，同时在作息与生活方式上都不科学及合理。俗话说，一日之计在于晨，早餐的食用是对人体生长发育的重要环节，不管是不吃还是质量差的早餐模式都会对人体有着一定的损害，要知道在能量及营养的摄入上，早餐的比例是一天中的三分之一，它是维系人们上午进行活动及学习的主要能量，也是为前一晚的能量消耗实现补给的功能。血糖是会因早餐而有所变化，所以学习效率的降低以及注意力不集中有很大一部分原因是因为早餐的不使用及其质量的低下造成。所以，不管是质量还是食用上在要保证早餐的科学进行，也是保障学生不管是健康还是学习上不可或缺的要素。

2. 挑食习惯严重，饮食结构不合理

当今大学生吃饱已经不成问题，学校内食堂、市面上可让他们选择的食品十分丰富。但是，他们的饮食营养知识和意识很薄弱，很少有人能根据健康的需要选择食品，大多数人是以个人的喜爱和口味挑选食物，因此挑食和偏食的现象较为严重。我们经常可以看到，大学周边的烧烤摊、油炸食品摊上围满了大学生，他们手上拿着一串串烤羊肉、烤鱿鱼、炸丸子等，津津有味地品尝着，人们都称这些大学生为最不怕死的"吃货"。据王亮亮等的调查，挑食、偏食似乎是大学生中司空见惯的行为，以自身的喜好及口味来进行食物的挑选在大学生中就占了 67.8％，而在食物的选择上按照身体所需及食物的营养成分的学生只有 16.31％。这一点上，男生要比女生少，甜食、糕点、冰激凌等是大多数女生的选择，而男生却属于肉食动物。然而不管是糖还是油的过分摄取，都易引起血脂、血压的上升，同时还有肥胖、糖尿病等，更提升了癌症的可能性。一般蛋白质、维生素是学生在早餐的选择中所摄取较少的营养成分，通常以食用馒头、包子、油条以及豆浆等食物来获得，从健康上而言，这类食物的长期摄取，会导致营养元素的不均衡，从而降低人体的健康指数。调查表明，学生在进行中晚餐的食用时其食用的食物品种也不够丰富。就学生日常的饮食习惯调查分析表明，以性别差异为调查对象，男生倾向的是鱼虾肉以及谷类，而豆制品、奶制品以及蔬

果类的则多指向女生的选择，所以这两者之间的差异也显而易见。根据李莉的食物挑选方面的有关调查可知，学生进行食物的第一选择方式用口味来决定的有70.2％，而从营养的角度进行食物挑选的学生只有18.7％。而在学生对鱼的摄取上拒绝食用的高达57％，即每月食用鱼的次数在2次以下。温莹和刘风洁对广西部分大学生的调查也表明，在偏食以及挑食方面就其调查的对象而言就有64.5％，甚至有很大一部分学生在正餐时间选择米粉来进行代替，没有足够的肉奶蛋类的摄取，其营养价值也被遗忘。由于长期的挑食和偏食，造成了许多大学生的饮食结构不合理，看起来似乎他们吃得挺多挺好的，但是膳食的结构单一，一些重要的营养得不到及时补充，结果是营养失衡，影响了他们身心的健康成长。这些问题需要引起我们足够的重视。

3. 饮食不规律，行为习惯不良

任何事物都有自己的规律，饮食也有着自身的规律，我们的饮食只有遵循规律，才能促进身体健康。饮食规律首先体现在一日三餐上，三餐能否有规律吃饭，对身体健康是十分重要的。正确的三餐安排应当是"皇帝的早餐，平民的午餐，乞丐的晚餐"，然而许多大学生却是"早餐饿肚子，午餐太随便，晚餐太丰盛"。膳食指南建议合理安排一日三餐的时间及食量，进餐定时定量；早餐提供的能量应占全天总能量的25％～30％，午餐应占30％～40％，晚餐应占30％～40％；一般情况下，早餐安排在6:30—8:30，午餐在11:30—13:30，晚餐在18:00—20:00为宜；要天天吃早餐并保证其营养充足，午餐要吃好，晚餐要适量，不暴饮暴食。调查显示，每日三餐能做到按时定量的人较少，而无规律的超过半数（54.64％），用餐时间更有29.56％的人少于10min。饮食经常不按时定量、用餐过快将诱发消化系统疾病，对身体造成危害。奶类含有丰富的蛋白质、钙、磷等营养素，膳食指南推荐每人每天饮用300mL，但调查显示有43.54％的学生不能达到这一要求。

由于缺乏饮食营养的知识，再加上自控能力较差，不少大学生有吃零食和吃夜宵等不良习惯。据温莹和刘风洁的调查，分别有36.6％和39.3％的同学有吃零食和吃夜宵的习惯。常吃零食的种类有水果（54.1％）、饼干（35.8％）、熟食（25.2％），还有糖果（15.9％）、冰激凌（10.6％）、膨化类食品（21.2％）、巧克力（13.5％）等。在总人数中统计出来有吃宵夜习惯的学生有39.3％，而44.1％为男生，34.8％为女生，且夜宵的主要品种占的比例是46.4％为米粉，26.9％为糕点类，37.7％为水果，饼干则是17％，还有22.9％为方便面的食用。当正餐的营养缺失时利用高营养价值的食物如水果与奶、蛋制品等来进行适当的补充于两餐的饮食中，是营养学说指出的方式，像营养之所以不平衡，正餐的过少食用，大部分都是因高热量的食物摄入过多导致，如糖果、膨化食品以及巧克力等。人体会因为零食的习惯性食用而有所影响，原因是零食的成分中含有有害物质且添加剂超标等。零食所造成的隐患由陈霞飞营养师（上海华东医院营养科主任）、付金如（天津营养学会理事长）、范志红（中国农业大学食品学院副教授）等各位专家学者进行抽查数据的分析与统计后表示：①过多的色素。"外貌协会"的消费者致使有些食品生产的有关单位为满足其需求在添加人工合成的色素上过度，像糖果、膨化食品等零食，而人们出现类似腹泻等情况便是有可能在含色素过高的食品的食用上过量，或许是长期食用，又或许是一次性行为，皆可导致此情况的发生，且危害性大。②过量的防腐剂。为了确保食品在传送路途中不被腐坏，用山梨酸钾、苯甲酸以及亚硝酸盐等对食物进行添加即食品防腐剂，其危害于骨骼、肾脏、肝脏等多方面的健康。③糖精的过度添加。如糕点类、蜜饯类、雪糕类等各种食品为了达到一定的甜度来进行糖精的添入，但过量的摄入会引起肠胃功能的损害，同时也会导致肝脏方面的代谢失衡。④盐、糖过高，如零食豆腐干、话梅等都存在着相当量的糖或者盐，加重了肾脏方面的负担，同时也致使心血管方面存在一定的威胁。⑤反式脂肪酸的过多。像"植物黄油""植物奶油"等在冰激凌、饼干等各种零食的成分表中都有显示，这也表示其所含的反式脂肪酸大量，其摄取过度不仅损害智力，加重心脏负担，甚至有可能造成不孕不育。

不科学的饮食行为习惯严重影响了大学生的体质健康，要改变这种状况首先就应当了解其原因。各地就营养情况于大学生的有关调查表明，其肥胖率过高、营养不够全面，整体上在营养方面缺失较大。原因有二：其一，缺乏监护人员的监督以及提醒，而这也是因为以在校区统一进行住宿的原因所致，所以在饮食习惯上一般都是按照自己所想来进行食物的挑选及食用，可以说完全没有膳食这一说。其二，学校也并没有针对大学生来进行有关营养或健康的教育活动的开展，所以学生也没有此方面的意识与知识，从而在日常的膳食中不懂得如何科学合理地进行搭配。研究表明，许多患有营养不良的人并非贫困所致，而是缺乏营养知识；有些人营养过剩，是由不良饮食习惯所致，如糖尿病、高血压及某些肿瘤的发病等。国内外的专家近年来都十分重视这种疾病模式的变化，试图通过营养教育、饮食调整进行防治。对大学生来讲，营养合理会使他们体质增强、精力旺盛、思维活跃、记忆力提高等；如果饮食结构不合理，不但会引起生长发育迟缓，而且会导致各种急、慢性营养不良和各种营养缺乏症。从诸多研究者的调查研究中可以了解到，大学生的饮食出现种种问题的原因，是因为他们缺少这方面的知识，缺乏对饮食与健康关系的认识，一些同学也想通过改善饮食结构增强自己的体质健康，但又不懂得如何做。根据这些实际情况，研究者提出了一些改善的建议，归纳起来如下：①建议高等学校聘请食品营养专业的老师对大学生开设科学饮食营养课程或讲座，并对食堂从业人员开展相关教育活动，通过这些教育，让他们了解食品与人的生长发育、体质健康的关系，学会辨识各类食品的质量、营养，科学合理地选择、安排自己的日常膳食，并养成良好的饮食习惯。②强化高校食堂的专业化建设和管理，学校食堂应提高营养意识和营养知识水平，不仅为大学生提供卫生、合理的膳食，还应当对学生的合理配膳进行必要指导，促进养成良好的膳食习惯。③学校应通过各种形式加强饮食营养的宣传，向大家介绍和推广科学的饮食营养，可以利用学校广播电台、闭路电视等媒体或宣传广告栏做营养知识的宣传，还可以通过成立各种相关的学生社团组织，开展各种科学饮食营养的宣传和推广活动，为大学生营造良好的健康饮食氛围，提高大学生的营养意识，逐步改正不良饮食行为，把健康科学的饮食方式变成自己终生的习惯。

（三）互联网对大学生体质健康产生了负面影响

今天，人类已进入信息化社会。在现代高科技的推动下，网络技术得到了空前的发展，网络已经渗透到世界的每一个角落，人们的工作、学习、交流、休闲、娱乐都离不开网络。网络已成为现代人生活中不可缺少的内容，也已成为当代的一种文化。在我们国家，随着经济与科技的迅速发展以及社会文明程度的不断提高，网络已经进入各行各业，进入千家万户。《第41次中国互联网络发展状况统计报告》截至 2017 年 12 月，我国网民规模达 7.72 亿，普及率达到 55.8％，超过全球平均水平（51.7％）4.1 个百分点，超过亚洲平均水平（46.7％）9.1 个百分点。我国网民规模继续保持平稳增长，互联网模式不断创新、线上线下服务融合加速以及公共服务线上化步伐加快，成为网民规模增长推动力。

大学生是最容易接受新生事物和现代高科技产品的群体，他们充满活力，紧跟时代的潮流，渴望获取最新的资讯。多项调查表明，如今的大学生可以说百分百是网民，他们是规模最大的网民群体。网络给大学生带来了更加广阔的天地，给他们的学习带来了方便，扩大了他们的知识空间；给他们的交流创造了更多、更便捷的途径，使他们能了解更多的来自方方面面的信息；给他们的生活带来更为丰富的内容，增添了无限乐趣。网络的许多特点对大学生产生了无形但又强大的吸引力，极大地改变了他们的生活方式、学习方式、交往方式和娱乐方式。当今的大学生已经离不开网络，网络伴随着大学生成长。高远和张平调查结果表明，从男生每一次的上网比例来看，有 23.5％的男生上网时间为 1 小时，高达56.5％是 4 小时以内，而 15.5％是高于 4 小时而低于 8 小时，当然还有 4.5％是8 小时或以上，这种情况一般只是通宵；而 68.5％的女生以 2～4 小时为其上网的时间，高于 4 小时的女生相对来说比较少。按照其在上网所进行的活动内容来说，邮件的查收、体育类或其他新闻的浏览是大部分 1 小时上网学生的活动内容，而进行网络追剧、聊天为主活动是 2～4 小时的学生上网时间，当然，也有网游的学生存在；而网游的主要人员其上网时间通常会超过 4 小时以上。从学生的整体上看，男生只有女生的一半是利用网络来进行学习上资料的查询与浏览，但女生的比例也只有 1％。据有关调查可知，就目前大学生使用网络的情况来看，是有些不容乐观的。

人们常说科技是一把双刃剑，网络也是如此。网络给大学生带来更广阔的学习、交流、娱乐空间等好处的同时，也带来了许多负面的影响，产生了诸多问题。可以说如今的大学生一天都离不开网络，尤其是手机能直接上网后，更是如此，无论是在教室里，还是在其他公共场合，甚至在公交车上，随时都可以看到低头上网的大学生们。相当一部分大学生对上网达到了痴迷的程度。网络具有开放性、虚拟性、丰富性、互动性、便捷性的特点，深受大学生们喜欢，就像一块巨大的磁铁深深地吸引着大学生。青少年在心理上的需求能通过网络在特性上的独有性得到满足是学者陈光晶和黄济民于 2008 年所提出的，那么现实生活有哪些需求无法实现呢，像自我现实、社会支持、人际关系以及交往活动等方面便可以通过网络这个平台来得以实现。就好比他们以网络游戏的方式来进行情绪的宣泄；利用网络的隐蔽性以网上聊天的方式来寻找可倾诉的对象等，慢慢地，网络空间对于青少年而言成了其生活中不可或缺的组成部分，对于他们而言，现实生活即是上网。我们所说的匿名、行为、人际互动、逃避以及文本互动等快感都是上网者利用网络的活动使用中通过沟通所形成的快感内容。而上网者在过度使用网络的原因也是由于这种快感所致，最终出现网瘾的局面，这就是周倩与周荣所阐述的观点。而以国际卫生组织为基础来表示"成瘾"的概念是周倩所提出来的，即："由于重复使用网络所导致的一种慢性或周期性的着迷状态，并带来难以抗拒的再度使用网络的欲望，同时产生想要增加使用时间的张力与耐受性以及克制退瘾等现象，对于上网所带来的快感一直有心理与生理上的依赖。"多项调查研究表明，我国大学生对网络的依赖性越来越强，网络成瘾的大学生数量逐渐增多，比例逐渐增大。一旦对网络成瘾，往往会越陷越深，以致难以自拔。网络成瘾的大学生整天沉迷于网络的虚拟世界中寻求刺激，每天上网就不想下来，经常是持续几个小时，甚至通宵达旦，这种状况不仅影响他们的学业和正常的生活，也严重损害了他们的身心健康。长时间无节制的上网将使其在很多客观的指标上都达不到基本要求如应变能力、注意力以及稳定性等，同时其能力也受到一定的影响，并伴有身体上的肩颈疼痛、失眠、体重下降、运动反应能力低下、易怒等。就有关人士的研究分析表明，网瘾的大学生有 47.05％的人群是没有良好的人际关系网的，而有 65.29％的上网过度群体被亲朋好友所指责及埋怨，更有 80％的人推掉重要活动来进行网上活动，因此，网瘾不仅对于个人在心理上的健康造成一定的影响，更影响着其的学习、生活、工作、家庭等。再有，与老师、同学还有家人们的渐行渐远，与社会脱节、在情绪上的抑郁与孤单感都是因过度使用网络进行交友或者游戏等活动所致。2007 年陶然等人表示网瘾不管是对生理还是心理还有社会而言都存在着一定的危害，如网络犯罪、反应能力的失衡、人格的扭曲、计算机辐射以及神经系统的损害等。而站在客体属性被伤害的立场来进行阐述的陈晨表示，身体、心理、发展的伤害以及行为的失范都是青少年因网瘾所受到的伤害内容。陈创荣等研究结果表明，过度沉迷于网络不但损害大学生的心理健康，而且会带来一系列生理健康问题。73.6％的人在上网过程中出现过不适，主要为眼睛疲劳、干涩，颈椎不适，头晕头痛及失眠等，这些容易对日常学习生活带来后续不良影响。总之，在网络强大诱惑力的吸引下，目前有相当一部分大学生由于自我控制能力差，整天沉迷于网络不可自拔，因为上网可以不吃、不喝、逃课，甚至通宵不睡，过度上网造成他们学习成绩下降，出现人际交往障碍，产生心理上问题，最终影响到身体健康。

李超民认为，当今大学生网瘾的主要表现有以下 5 种类型，即大学生网络娱乐成瘾、网络信息成瘾、网络色情成瘾、网络关系成瘾和网络交易成瘾。网瘾给大学生的健康成长带来了严重的危害，它导致大学生的学业荒废、身体伤害、社交封闭、心理失调、道德滑坡、人格异化。网络成瘾的因素复杂，但最终是由本质性的内因和影响巨大的外因之间的共同作用而形成的。从外因看，包括社会、学校、家庭以及由网络特征所决定的对年轻人的巨大诱惑力等因素的综合影响；从内因看，主要包括大学生价值观偏颇、人格的不够健全、自我控制能力低等因素。因此，大学生网瘾问题是一个需要全社会共同关注的问题，预防与矫治大学生网瘾也是全社会共同的责任。大学生网瘾的防治工作，不仅需要政府部门的参与，还需要全社会、学校和家庭的共同参与，通过相互合作、相互配合来共同完成。

三、大学生体育遇到的问题对学生体质健康的影响

（一）高校转型对大学生体育的冲击

1. 大学扩招带来高校场地器材的不足

进入 21 世纪后，我国高校年年扩招，在校生不断增加，虽然全国高校投入基础建设的资金相当可观，但是由于对体育重视不够，今天体育场地、器材缺乏仍然是目前我国高校普遍存在的问题。我们经常可以看到，在课外活动时间里体育场馆人满为患的现象，这种现象严重影响着高校体育教学和课外体育活动的顺利进行，制约着大学生参与课外体育锻炼的积极性。近几年来，高校体育场馆建设有了一定的进展，部分高校建成了一批较现代化的体育场馆，但这些场馆往往被学校或学院对外"开发"了，甚至承包出去了，使这些场馆变成单位创收的平台，而大学生作为学校真正的主人却由于暂时无经济收入，没有能力进入场馆进行锻炼，尤其是一些条件较好的室内体育场馆。多数大学生对这种现象意见很大，严重影响了他们的锻炼热情。范文全对抚顺市的 6 所普通高校大学生以及在校老师的调查表明，在影响大学生参加体育锻炼的外在因素中，学生认为运动场所和运动器材缺乏所占比例最大，占调查总数的 35.9%。高校是培养人才的重要基地，应尽可能为广大学生参加体育活动提供必要的场地器材，只有这样才能保证课外体育活动的正常开展。申健民对河北省 850 名大学生参加体育锻炼现状进行了有关的分析调查报告，从其最后的结果可知，有 37.2% 的大学生表示场地器材是其进行体育运动的主因。不管是体育的场地还是设施以及器材上都因高校在招生的大力推进下显得更为短缺。在场地器材不足的情况下，在确保体育教学的工作任务的达成下不乏院校将体育课安排在 7~8 节的时间上，从而也导致了大学生在体育锻炼的参与性上大打折扣，更不用说所谓的深度及规模性的体育运动。所以，各有关领导的着重点应该是针对体育馆场方面于硬件设施上的完善与配置。

2. 高校的相关管理制度影响体育教师的工作热情

（1）超负荷的工作使体育教师疲于应付。年年扩招使高校的在校生数量急剧增长，目前多数高校已人满为患。面对不断增加的在校生，高校的老师承受着很大的教学工作压力，特别是体育老师。由于大多数高校实际上未能给予体育足够

的重视，因此在教师编制上总是对体育教师"另眼相待"，体育教师队伍的编制总是受到挤压，很多学校不能按教育部规定的师生比配置体育教师。因此，不少高校体育教师队伍实际上处于一种严重的缺编状态，这种现状造成了体育教师都需要承担繁重的教学任务，每周上课少则16～18节，多则20节以上，并且每周上20多节课的情况并不少见，体育教师成了纯粹的教书匠。大多数体育教师除了上课之外，还要指导课外运动队训练，组织学生锻炼、体质测试和各种竞赛活动，超负荷的运转使他们感到不堪重负，身心的疲惫长期得不到恢复，致使工作的热情受到一定的影响，严重影响到体育课程教学的质量。

（2）职称评定及各种激励机制影响体育教师的工作投入。

理论上，体育对于高等教育来说是十分重要的，照理应得到必要的重视，但实际情况却是说时重要，做时次要，忙时不要。因此，体育教师在高校中的地位不高，高校中的很多政策、制度和机制的确定，很少考虑到体育专业的特点和体育教师工作的特点，高校体育老师普遍反映，他们在学校中经常受到不平等的待遇，成为高校教师中的弱势群体。例如，高校教师职称评审工作的量化指标就很少考虑到体育专业的实际情况，造成体育教师在职称评审过程中成为学校垫底的群体。当前，多数高校职称评审的最主要的衡量标准是以科研成果的数量与质量来进行，大多数的体育老师很私自的为了职称上更进一步，在学校的体育任务及教学上并没投入太大的精力。体育课在技能上是有着较强的专业性的，就体育项目而言不管是哪一项在基本的知识、技术、技能都有着各自的特点，而对其技术及技能的基本性掌握与了解是在进行体育活动体验过程中必不可少的环节，体育老师如若没有勤加练习，在动作的示范上便会有所出入，要知道学生在学习兴趣这方面通常都是以动作示范的优美性于教学过程中循序渐进的培养而成，这一点上是教学上其他方法所无法媲美的，同时于学生的体质而言也有着或多或少的影响。

种种原因造成了体育教师缺乏工作热情和积极性，使一部分人对自己的本职工作应付了事，在教学过程中不愿意投入足够的时间和精力，对课堂教学缺乏周密设计和认真组织，不按科学规律教学，没能考虑如何保证学生在活动过程中达到增强体质应有的运动负荷，造成体质得不到应有的锻炼和提高。

3. 大学生参加体育活动的情况不太理想

（1）当前大学生普遍缺乏体育锻炼。

近几年来，随着我国经济水平的提高，教育经费的投入相应也得到提高，大学的体育场馆器材等应该说是有了一定的改善，但与此同时大学生参加体育活动的情况却未见好转。全国各地高校的调查结果表明，目前大学生参加体育活动的情况不太理想。就学生的体质，在 2005 年进行全国范围的调研活动中，以国家体育总局、国家民族事务委员会、卫生部、科学技术部以及教育部等多个部门为调查发起者，同一时间对调研活动所参与学生达 10 多万名以及 5000 多名在调研学校任职的体育老师针对体育运动、锻炼，睡眠质量、学习压力等有关方面进行了问卷形式的调查，而结果表明每日少于 1 小时进行锻炼的学生就有 66%，而这当中完全没有锻炼的学生就占了 24.8%。张秋霞对苏州高校大学生课外体育锻炼情况的调查结果表明，周锻炼次数达到 3 次的大学生仅占 37.04%。从运动生理学的角度分析，运动频度与锻炼的效果有着直接的关系。每周锻炼 3～4 次是最适宜的频度，每周少于 3 次则难以取得明显的锻炼效果。陈岩对福建省普通高校大学生体育参与现状的调查结果表明，每周参加体育锻炼的次数在 3 次以上的男大学生只占 22.2%，女大学生只占 17.0%，从不参加锻炼的比例高达 30%以上，女大学生高达 50%以上，男女生存在显著差异（$P<0.05$）。福建省大学生每周参加体育锻炼的次数低于 3 次的比例在 80%左右，与体育人口每周锻炼 3次以上的标准相距甚远。大学生体育锻炼的严重不足，必然要导致他们体质健康水平的下降。

（2）影响大学生参加体育锻炼的原因。在社会转型期间，我国的应试教育仍十分强大，虽然高等教育已经实现了大众化，但是由于社会就业竞争的压力和优质教育资源的不足与不平衡，孩子们从小学开始就在应试教育的压力下艰难的成长。为了考得好成绩，考上好的大学，学生们从小埋头读书，从小就失去了快乐。少年时期就不得不放弃大量休息、娱乐和锻炼的时间，最终使得他们成了弱不禁风的考试机器。考上大学后，又由于就业竞争的压力，仍然逃脱不了应试教育的怪圈，使得本来就虚弱的身体依然得不到应有的锻炼，体质进入了新一轮的恶性循环。

在国家经济的迅猛发展下，社会的竞争之势也愈演愈烈，学习的重担促使学生的课余活动时间被挤压得所剩无几，更别说是进行体育锻炼，当体育运动于课外时间与各种等级考试相冲突时，体育锻炼的时间自然被压缩、精简，以在年级较高的学生为代表性体现。为了寻求未来工作道路的平坦，临近毕业的大学生大部分在时间的分配上都会忽略体育运动来进行身体的锻炼，将自身对于体育的热情给浇熄。

多项调查研究结果都说明，大学生一般都能认识到体育锻炼对体质健康的重要性，也都明白长期缺少运动必定要影响到体质健康。但是多数人并没有把这种认识转化为行为习惯，缺乏锻炼的坚持性，根据李英玲对东北大学生的调查，有88%的大学生认为自己身体不好的原因是缺乏体育锻炼，其中怕累的原因占到了所有不参加体育锻炼原因的首位，在调查者中达到了 42%。学生中只有 35%左右的人愿意参加力量及长跑训练。对于不愿意参加力量及长跑训练的原因，70％的学生回答是怕累、嫌枯燥。对不愿意参加体育锻炼的多种原因进行选择时，学生中64％选择没有养成体育锻炼的习惯，52％选择怕累，40％选择没有自己喜欢的体育项目，28％选择没有时间、家长不支持，26％选择没有场地和器材，17％选择怕受伤。大学生正处于发育生长的青春时期，这一时期他们生命力最旺盛，身体经得起"折腾"，大都不存在疾病的威胁，他们往往会认为即使自己不参加体育锻炼照样精力充沛不生病。因此，即使他们知道体育锻炼对身体有好处，但对这一认识只停留在表面，缺乏一种内在的动力，未能形成一种信念，最终没能落实到行为层面，大学生参加体育锻炼出现认知与行为相悖的状况。这种状况说明，体育锻炼的认识水平并不能必然导致其信念水平的提高，从而必然导致行为的实施，它们中间有着复杂的转化关系。因此，我们需要探讨如何让大学生在已有的对体育锻炼认识的基础上，将认识转化为内在的信念，逐步形成参加体育锻炼的行为习惯，坚持经常性的锻炼。为了达到最终让大学生形成锻炼的行为习惯，自觉地坚持经常性的体育运动，我们首先应当注重从体育知识技能掌握到健康信念的转化，在向学生传授知识、形成技能的同时，培养学生树立正确的体质健康价值观，形成健康的信念和行为习惯。因为，只有健康信念的形成，才能对体育锻炼行为产生持续稳定的动力，才能对参与体育锻炼、提高体质健康形成良好的促进作用，并由此形成锻炼习惯。同时，还应加强校园体育文化建设，将校园体育文化建设与校外体育文化联系起来，同时建立各种体育活动制度，组织各种体育社团，加强体育宣传活动，让校园形成一种良好的体育锻炼的氛围，促进大学生自动参加各种体育活动。另外，应当进一步加强体质测试的科学化，真正让体质测试起到推动学生参加体育锻炼的作用，同时还应当加强对学生健身的指导，让学生真正感受和体验到体育锻炼的好处和实际效益。

（二）大学体育课程改革滞后的影响

我国高等教育历来重视体育的育人作用，从新中国成立以来至今，我国大学一直都开设体育课程，而且将大学体育课列入必修课程，成绩不合格者不能毕业。改革开放以来，为了适应社会转型和高等教育转型，我国广大高校体育教师一直在努力改变观念，积极探索体育课程与教学改革，在课程目标、课程内容、教学模式与方法、教学评价等方面进行全面改革，取得了明显的成效。但是，客观地说，改革仍然滞后于形势的发展，未能达到改革的目的。大学开设体育必修课程，其目标是要培养学生对体育的兴趣爱好，养成积极参与体育活动的习惯；掌握一定的体育知识和体育锻炼的手段，让学生具备终身锻炼身体的能力；通过体育课和课外体育活动增强大学生的体质，培养大学生良好的心理品质和社会适应能力。对照体育课程的目标与要求，应该说当前的高校体育课程与教学改革还有很大的差距。虽然说大学生体质下降问题不能全由体育课程来承担，但是体育课程却有不可推托的责任。因此，面对大学生体质健康水平连续下降的现状，我们应当反思目前体育课程改革存在的问题。

1. 体育课程内容改革存在问题

2002 年 8 月，教育部印发了《全国普通高等学校体育课程教学指导纲要》（教体艺［2002］13 号）（简称《纲要》）。《纲要》是指导性的，灵活性较大，从此高校在体育课程设置上有了更大的自主权。《纲要》明确规定，在实现总体目标的前提下，高校可以根据本地与本校实际和特色自主设置大学体育课程，这就为大学体育课程改革提供了更大的空间。在《纲要》的指导下，多数高校自主构建了较符合学校实际情况的课程，编写了自己的《大学体育》教材。各地高校积极开发本地丰富的课程资源，为了让课程内容更加丰富，将大量的民族传统项目、现代体育项目和娱乐休闲体育项目引进课堂，条件较好的高校体育课开设的项目可达数十项，如射击、射箭、击剑、武术、柔道、跆拳道、健美操、啦啦操、赛艇、水球、跳水、攀岩、沙滩排球、龙舟、排舞、板球、踏板操、秧歌、腰鼓、野外生存技能、定向越野等，甚至还开设橄榄球、棒球、高尔夫球、藤球等项目。丰富的大学体育课的项目能够激发学生的兴趣与爱好，促进他们主动参与体育课程学习的热情，并取得较好的锻炼效果，同时培养他们终身体育的能力。但是，任何事情都不能矫枉过正，不是所有能引起大学生兴趣爱好的项目都能适合体育课程的需要，有些项目如棋牌类、钓鱼、飞镖、台球等虽然很受一部分学生的喜欢，但这些项目缺少一定的运动负荷，对运动器官和内脏器官的锻炼作用很小，难以达到改善大学生体质、增进健康、培养顽强的意志品质的目的。"……，课程内容与娱乐性的内容和游戏在目的与方法上有很大区别。如果仅从大学生兴趣出发，将钓鱼、台球、飞镖等项目列为大学体育课程的教学内容，替代传统的、真正能够促进体能发展的、与人类生活息息相关的运动项目（如田径、游泳等），会使单纯的快乐和兴趣取代身体在承受一些枯燥单一的负荷的刺激后，身心所获得的一种快慰以及身体练习过程中对忍耐力与意志品质的磨炼，结果导致大学生在极其有限的体育课程教学时数内，放弃了体育课程的核心内容——身体活动内容的选择，而仅凭兴趣和乐趣选择对身体机能刺激不大的休闲性项目，看似内容丰富多样，但削弱身体练习的核心地位，锻炼效果甚微。"体育课程内容考虑学生的兴趣和爱好没有错，但是如果选择内容仅以此为依据，就会造成一部分耐力性项目和力量性练习因学生怕累不喜欢而被排除，使得体育课的运动量和强度严重不足，最终的后果是大学生心肺功能和肌肉力量明显下降。

2. 体育教学模式改革滞后影响课程目标的达成

体育课是实践性很强的课程，体育课程要达成课程目标，实现促进学生体质健康的目的，最终还得靠体育教师和学生互动的教学实践。而体育教学要达到较佳的效果，选用的教学内容除了必须具有科学性、实用性、文化性、趣味性等之外，更重要的是在教学的实施中还要有适合的模式、方法、手段。《纲要》推出之后，广大体育教师为了提高体育教学效果，一直在努力进行着教学改革探索，在各种思想的指导下创造出了多种新颖的教学模式和方法。

但是客观地说，这些改革也存在一定的问题，未能有效地推动体育课程总体目标的达成。

在中华人民共和国成立后很长一段时间里，运动技能传授模式在我国高校体育教学中一直占主导地位。这种教学模式的目标主要是掌握运动知识、技能和技术。这种教学模式突出了教师在教学中的主导地位，有利于教师有效地组织、调控教学，有利于学生有效地掌握运动技能，对发展学生的运动技能水平取得较好的效果。但这种教学模式忽视了学生在教学过程中的主体作用，忽视了学生的兴趣爱好和心理特征，不利于激发学生学习的热情，不利于发展学生的个性和创造性精神。长期执行这种教学模式的结果是使许多热爱体育的学生不爱上体育课。改革开放后，我国体育教师为了改变这种教学现状，开始注意学习世界各国先进的教育思想和教学模式，其中"快乐体育"对我国体育教学改革起到重要的影响。在日本"快乐体育"思想的影响下，我国体育教师结合具体国情，逐步形成了自己的"快乐体育"的教学模式。体育教师试图以"快乐体育"的教学模式实现学生喜欢体育、热爱体育并逐步养成终身体育锻炼的习惯的目标。这种教学模式采用的是学生喜闻乐见的运动教材，通过现代体育教学方法手段，让学生充分发挥他们的主体积极性，在学习中体验体育运动的快乐。同时，老师们还提出了"主体体育""乐和体育""成功体育"等教学模式。这些教学模式的共同特点是以学生的身体健康和全面发展为本，力图改变传统的单一传授运动技术的教学模式，强调发挥学生的主体意识，从学生的兴趣入手，注重培养学生的体育意识和情感，养成终身体育锻炼的习惯，使学生终身受益于体育。

中华人民共和国成立后长达30多年的时间里，以运动技能传授模式一统天下的我国各级学校体育教学，确实使体育课枯燥无味。为了改变这一状况，老师们设计出多种希望学生能体验到体育学习的快乐、对体育产生兴趣的教学模式。

但是这些教学模式大多数都过分关注学生的情感体验和兴趣爱好，在课程的组织安排上较为松散，过于自由，在运动技能学习上降低要求，甚至为了让学生高兴而降低体育课的运动量和强度，这就必然要影响到体育课的锻炼效果，难以对学生的体质健康产生促进作用。根据一些调查报告，从《纲要》实施后至今，经过十几年的教学改革，实际上仍然未能明显改变大学生们对体育的态度，对体育课的认同度与以前相比也无明显提高，但体质的一些指标尤其是力量与耐力指标却连续下降。因此，如何改革体育教学模式与方法手段，使学生不仅能对体育运动产生兴趣，又能保证在体育运动中得到科学的锻炼，提高他们的体质健康水平，是需要我们不断反思和探索的问题。

3. 体育教学评价改革未见实际成效

教学评价是体育教学的一个重要环节，其目的是通过评价及时了解教学的效果，发现存在的问题并及时反馈和调节，促进教学质量的提高；让学生通过评价得到鼓舞和激励，从而激发和调动学生的积极性，促进学生身心得到全面发展。从评价的角度来看，以往传统的体育教学的考核侧重点是在运动能力、身体质素以及体育方面的有关知识的掌握上，但是却不包括全面性的教学目标，特别是有关智力、非体力方面的目标要求的评价，如体育精神、态度、意识以及情感等。这种评价的特点使评价的内容单一，重终结性评价、轻过程性评价，重他人评价、轻自我评价。它严重挫伤了一部分学生体育学习的积极性，尤其是对一部分体质较弱的学生，他们经过极大的努力仍无法"达标"，由此对体育产生厌恶和惧怕，丧失了学习的信心。这种评价无法对体育教学过程进行及时反馈调整，不利于教师改进教学、提高教学质量，也不利于激励学生学习。

对于传统的体育教学的评论方面的漏洞，学校的老师也有了全面性的认识，对于评价也更为关注，不仅在体育教学的评价内注入丰富的情感来进行有关内容的展现；以终结性与过程性两者相互融合的评价发展方向来一步步取代以往只以终结性进行评价的方式，同时在评价上重视其过程性；将以往在评价上的一般标准慢慢转移评价的重心为个体性，就进行学生在体育学习方面的评价时按照进步的进度为个人的评价标准。

以上这些改革的思路与做法，都是从激发学生学习的主动性、积极性入手，从有利于综合提高学生的全面素质，形成终身体育的意识、能力和习惯，为终身体育打基础的角度考虑的，并努力使评价具有诊断、反馈、激励、教育的功能。广大高校体育教师根据以上评价理念，在教学实践中对评价进行了改革，并进行了一些有益的探索。但是，从目前的实际情况来看，多数的改革只是流于形式，一些评价改革评价方案的内容与程序过于复杂化，难以被广大体育教师所接受，改革的实际成效有限。教学评价改革与教师和学生的观念关系密切，由于受传统体育考试做法的影响，相当一部分体育教师仍然摆脱不了原有的评价观念和习惯做法。一些调查研究表明，仍然有相当多的老师习惯于把量化的各种终结指标作为评价的主要内容，使教学与这些指标形成一种密切的关系，这些指标无形中成为教师教和学生学的指挥棒，成为体育教学的行为导向。这势必造成仍然有很多学生喜欢体育却不喜欢体育课，喜欢体育课却害怕体育考试的尴尬局面。由于领导和老师仍普遍认为这种把高度、远度、力量、速度等运动成绩以"量化"的形式表现作为学生体育成绩评价的尺度，可使评价比较客观和便于操作，因此目前全国很多高校仍然一直在沿用它。

评价是体育教学的导向，体育教师教什么和怎么教，学生学什么和怎么学总是围绕着评价进行的。目前，我国高校体育教学评价虽然经过多年的努力探索，有了一定的进展，但却未能彻底改变原有存在的问题，未能起到有力地推动教师正确的教和学生正确的学，未能真正起到促进体育课程目标全面达成。这一问题应引起我们的重视。虽然教学评价改革较复杂、难度很大，但必须坚持继续该项改革的探索，使教学评价真正起到促进学生体育兴趣和习惯的形成，掌握必要的体育知识技能，提高他们终身体育的能力，实现增强学生体质的最终目的。

第三节　学校体育教学目标与设计

体育授课的目的是在符合特定的时间、空间的基础上，老师和学生能够完成预先设定好的教学成果和条件。而授课所要达到的目的就成了相关课程更新的标准。因为进行体育授课的目的，不可能自己去达到。就算是一样的授课内容，也会因为授课目的不一样，授课中教授的结果不一样，达到的授课成果也会不一样，更甚者都会有本质上的差别。

一、体育教学目标的制定

（一）制定明确的教学目标对教学具有重要的意义

（1）要求教师十分认真思考要帮助学生去实现的变化。

（2）帮助教师识别不重要的目标并辨认出遗漏的目标。

（3）明确表达的目标能帮助教师确定学生的适当位置。

（4）有助于挑选达到这些目标所需的方法、材料与实验。

（5）清晰表述的教学目标提出了评价学生成绩的最直接方法。

（6）有助于确保教师之间、师生之间、教师和家长之间的交流。

以上是布卢姆等人对教育学目标制定意义的研究结论，对于帮助教师正确认识和估量教学目标制定在教学活动中的地位是非常有益的。

教学目标的制定是由教师根据有关教学文件及教学具体实际进行的，这是一项技术性很强的工作。马杰（RobertF. Mager）在 20 世纪 60 年代时表示，正规的行为其目的一定要具备详细性和明显性，而全面地把其表达出是需要 4 方面的，即学习的人、做的事情是什么、需要达到什么条件、需要的环境因素。

加涅（Gagne）1965 年总结了马杰等人著作中所描述的高度的特定性，把授课目的的内容划分了 4 个方面。

（1）在表达的内容里面要还有特定的词语，可以激起行为情绪方面的。

（2）含有 1 个能够说明察看行动的动态词语。

（3）明说或者暗示地表明行为者的词语。

（4）用一串词语说出此次行为的特点，来断定行为正确与否。

克拉克（Leonard H. ClarK）、斯塔尔（Irring S. Starr）1976 年指出，制定教学目标时应注意。

（1）写明每一项一般的行为目标，用一般的术语描述所要求的行为，诸如理解、明白、知道等。

（2）一定要把每项行为目标，无论是一般的还是具体的，描述成学生的行为，而不是教师的行为。

（3）一定要把每项行为目标，无论是一般的还是具体的，描述成学生的最终行为，而不要写成教材、学习过程或教学程序。

（4）一定要把每项行为目标的水平规定得恰如其分。

（5）一定要以描述最终行为的具体行为目标的实例来规定每一项一般的行为目标，而最终行为将说明什么时候目标已经达到。

（6）一定要有一个关于具体行为目标的充分的抽样来说明每项比较一般的目标是否已经达到。

（7）一定要使行为目标包括复杂的、高级的认识和情感目标，因为这些目标写起来困难，所以往往被省略掉。

（8）一定要使每一项行为目标只包含一项学习成果，而不是几项学习成果的组合。

戴玻（Dembo）1981年指出，教学目标的制定应包含下列三要素：行为动词、情境或条件、表现水平或标准。并应考虑下列各原则。

（1）适应性。使用所教学之范围。

（2）代表性。以逻辑顺序代表所教学之范围。

（3）可行性。学生能力可及。

（4）一致性。与学校教育目标相符。

（5）符合学习原理原则。

以上研究观点，对于教师掌握教学目标制定技巧提供了有益的启示。

（二）制定体育与健康课程教学目标依据

制订体育与健康课程教学目标，应从教育的总目标、课程性质、理念、课程项目自身的特点、学生实际、场地气候等方面加以考虑。

1. 依据"健康第一"的指导思想

《中共中央国务院关于深化教育改革全面推进素质教育的决定》明确指出："健康的体魄是青少年为祖国和人民服务的基本前提，是中华民族旺盛生命力的体现。学校教育要树立健康第一的指导思想，切实加强学校体育工作……"这是课程的教学改革的重要指导思想，培养学生的健康体魄是体育与健康课程的主要目标，因此，体育教学目标的设计要充分考虑健康的目标，把关注学生的身体健康、心理健康和社会适应的三维健康观化为体育课堂教学目标，在体育课堂上来实现，从而促进学生的整体健康水平的提高。

2. 依据体育与健康课程目标

它包含5个层次。

（1）强身健体，把握及使用其最基础的学识和技巧。

（2）培育学生养成爱运动并持之以恒去练习的习性。

（3）有着极佳的心理素质条件，可以很好地处理人际关系和进行团体配合。

（4）倡导健康的生活形式，增强个体和团体的健康担当意识。

（5）倡导体育的优良意识，养成勤奋向上、乐天达观的性格作风。

这就是其所有的目的，在这5条的引领中，塑造了水准方面、练习方面、体育授课和体育课上授课的目的系统。而体育的授课目的就是要综合练习方面、水准方面去系统计划的。所以，一定要根据体育和健康的授课内容的目的，去计划其目和课上授课的目的，去达到合理化、整体化的目的。

3. 依据青少年学生身心发展的特征和不同需要

体育授课主要传授的对象就是学生，主要根据其发展特征和规则，然后再综合学校的实际情形和学生的练习环境及生活的状态去规划其授课的目的，以此制定的授课的目的会更具有可实施性和合理性。每个学生的自身特点都是不一样的，而随着时间的改变更是不一样，所以要分析每个学生在不同时期的个性化需求。所以，要依据学生在不同时期的状态和需求去制定相应阶段的授课目的。

4. 依据体育教学资源

体育教学资源包括很多，但主要还是教师、学生及场地、器材。教师和学生是体育教学过程中人的要素，而场地、器材则是物质要素，两样缺一不可。人的要素在一段时间内是相对稳定的，但物质要素是随时可以改变的，只要有投入或研制、开发器材就可以达到目的。俗话说"巧妇难为无米之炊"，如果没有足够的体育设施作保障，任何目标都很难完成。所以，一定要综合师生和学校实际的情况，是否具备完好的活动场地和活动工具，这是在进行授课目的策划的时候一定要考虑的，这样会保证最终出来的授课目的更完美地达到。

二、体育教学目标的分类

教学目标应包括多个水平、多个层次。西方心理学家在教学目标分类上的研究值得我们借鉴。

美国体育学者安纳利诺根据布卢姆的教学目标分类学将体育教学目标分为四类：身体领域（机体发育）、运动领域（精神肌肉发育）、认知领域（智能发展）、情感领域（社会、个人情感的发展）。

近年来，有人根据布卢姆的教学目标分类，把体育教学目标做了如下分类。

（1）知识领域的目标：①知识，这是最低水平的认知学习结果；②领会；③运用；④分析；⑤综合；⑥评价，这是最高水平的认知结果。

（2）动作技能领域的目标：①整个身体的运动；②协调细致的动作；③非语言交流的动作；④语言行为。

（3）情感领域的目标：①接受；②反应；③价值化；④组织；⑤价值与价值体系的性格化。

体育与健康课程是对原有课程进行深化改革，突出健康目标，强调通过身体运动的课堂教学，在掌握运动技术、技能、知识的同时，来达到对人的教育培养，促进健康目标的实现，从而增强学生的身心健康，促进其全面健康发展，实现课程的教学目标。

《体育与健康课程标准》（以下简称《标准》）依据"健康为首位"的指挥准则，响应社会的需要、综合素质教育及学生、学校具体的情形，再综合课程的特征构成了5个方面、3个层级的授课目的系统。3个层级的关系是：课程目的—领域目的—水平目的。

《标准》是依据目的的完成去领导授课的内容及教授方式的抉择。各个地区、各个校区及老师们可以根据具体的情况来选出更多样化的内容、方式及方法来完成每次授课的目的。

其系统包含：运动的技巧、身和心的健康、运动的参与度及对社会的适应度这5个层次。它全面地阐释了体育和健康授课是按照锻炼身体为关键并结合心态、身心和社会的三维的健康观念。《标准》在进行的过程中，应该把5个学习区域当作重点，尤其对心理及社会两方面的区域多加学习，来推荐授课目的的进行。

（1）强身健体，把握和实施基础的体育和健康学识及运动的技巧。

发展学生与健康有关的体能，挖掘运动潜能，提高运动中的安全防范能力，提高运动欣赏能力，得到能够在野外生存下去的基础本领，收获当代社会里面体育和健康学识的方式，把握体育和健康的基础学识及运动的技巧。

（2）培育学生养成爱运动并持之以恒去练习的习性。

学生可以依据自身的喜好及个人的需要，在结合学校具体条件的情况下，去选一个自己喜欢的方式和体育项目。经过锻炼，获得体育学习中的基础法则，慢慢地养成一种喜欢去运动的作风和习惯。

（3）具备极佳的心理品质，表现出人际交往的能力与合作精神。

可以让学生能够感受到一个友好团结的组织中带来的温情及精神方面的快乐；即使遇到了艰难困苦也可以越挫越勇，增强自我的抗打击能力及自我情绪的掌控，养成不屈不挠的坚持精神；从不停获得提升进取的经过中来加强自尊及信心度，在集体的运动参与过程中表现出良好心理品质、人际交往的能力与合作精神。

（4）倡导健康生活形式，增强个体和团体的健康担当意识。

经过这方面的学习，目的是为了让学生了解到个人的健康和团体健康之间的紧密联系，树立一种对社会、团体及个人的责任；学到敬重及爱护别人，构成当代社会一定要具备的合作及竞争的观念，养成一种健康、合理的生活习惯。

（5）倡导体育的优良意识，养成勤奋向上、乐天达观的性格作风。

在成功与失败的运动参与、技能学习过程中，培养良好的体育道德和集体主义、社会主义、爱国主义精神，形成积极进取、乐观开朗的生活态度。

体育与健康课程标准的目标分类，创造性的构建起全新的课程目标体系，以健康为最终目的，体现了教学目标的多元化，强化了体育教学的多功能作用，使教学目标具有整体性、系统性、层次性，为课程目标的实现提供了切实可靠的实施依据，在教学实践中要正确认识理解与准确把握体育与健康课程的目标体系。

三、体育教学目标设计

（一）体育教学目标设计的原则

体育教学目标设计的正确与否，直接关系着体育教学的成果。如果要设定一个合理化、可实施性高的体育授课的目的，一定要按照相应的规则进行。

1. 科学性原则

它的意思为要具体问题具体分析，根据每个学生不一样时期的发展需要，高效地增进学生的成长。其包括 5 个层次。

（1）彰显体育这个课程的自身特征。

（2）目的完整、充分，包含比如肢体动作、个人感情、个人认知及健康状况等多方面的目的。

（3）难易分明，重点突出，分清主次。

（4）具有可实施性及计划的详细性。

（5）把握目标的难易程度，不可以过于高难度，一定要适当，保证大部分的学生经过努力可以实现的。

2. 灵活性原则

进行目的的管理是为了满足大部分的学生，面向广大学习者的，可是正因为如此才会出现很多基础参差不齐的学生，所以在进行目标设置的时候一定要灵活进行，具体问题具体分析。根据学生的具体情况、课程内容的难易程度进行不一样的级别设置，保证每个学生在自己的基础上都能够努力达到目标。

3. 整体性原则

其目的有两点：单元及课时。制定授课目的的时候，第一就是要掌握学校的教学目的和体育授课的目的，要从大局整体着手，全面地呈现这两个目的的总体需求，同时要注意一般与具体之间的联系。

4. 可测评性原则

它一般都通过合理、正规的语言逻辑进行表达，此类表达大多数是非形象化的，相对来说较难定下来评价的条件。所以，在实际的授课目的之中是不可以用含糊应付的表达去进行表述的，一定得有特定的量化数据，而且能够经过一定的方式方法进行合理的检查和评判。

5. 长期目标与短期目标相结合原则

"长期目标应同短期目标相结合。所设定的目标不应该直接指向终极目标，相反，长期目标应该分解成短期的子目标。当子目标被实现后，就自然加大了实现长期目标的可能性"（美国心理学家 Hogur 和 Gree）。他们研究的成果表明，长期目标与短期目标相结合具有其合理性，因为短期目标能够给学生以期望，调动学习的积极性，长期目标给学生以遥远感，长期使用长期目标会破坏学生的学习兴趣。

以上所说的体育授课目的设计原则，是进行目标设置时一定得提前把握和学习的，因为它具有很强的指引性，可以增强体育授课的成效。

（二）体育教学目标设计要领

它是进行计划的重点内容，既是起点又是终点，甚至确定了体育授课进程的方向，它设定的是否切合实际，具有可应用型，关联着体育课程质量的高低和最终所收获的成效。

教学目标设计应注意遵循以下基本要点。

1. 整体系统

教学目标是包括各种层次的具体目标在内的整体系统，制定教学目标应该注意系统把握、整体协调。制定各具体教学目标时，应首先对该目标明确定位，使制定的具体教学目标不致孤立片面，而是教学目标整体系统中的一个有机组成部分。各项教学目标应当呈现出互相联系、互相支持的关系。

2. 目标细化

它是指需要进行目标的分化，将总目标分解成每个小目标，这样方便目的的实施。此行为对授课成效和授课质量的提升至关重要，它要求每一位老师都必须拥有分解授课目的的技能。

3. 表述正确

为使制定的教学目标能够直接指导教学，不致产生歧解，且便于检测评估，就必须将教学目标作确切表述，以明晰地表述预期结果的外显变化。如"学生能正确掌握动作"这一目标可进一步阐述如下："学生通过练习，体验动作方法，逐步掌握正确动作。"

4. 难度适宜

教学目标制定要难度适宜，发挥激励功能。所谓难度适宜，是指学生经过努力可以达到的程度。学生之间有一定的差异。对于同样的教学目标，学生达到的程度不同。因此教师在确定教学目标时，应了解学生的学习实际，实事求是地制定教学目标。适度的教学目标可以激发强烈的学习动机，调动学生的学习积极性，一旦达成目标，可使学生体验成功的愉悦感，发展其各种能力。

《体育与健康课程标准》实验以来，选用教材内容以后，根据课程标准要求，如何制定教学目标，运用合理的教学组织形式、联系方式，通过课堂教学来体现课程基本理念、实现课程价值、课程目标。使学生达到各领域水平目标，是体育教师所要解决的实际问题。下面以排球教材为例，根据水平四目标要求和学生实际及场地、器材等情况，制定以下教学目标。

（1）分析教材，制定5个领域的目标。

1）运动参与领域目标。使学生能够主动参与教学内容的学习，运用排球运动的各种基本内容形式积极参与课内和课外锻炼，引导学生合理安排锻炼时间，知道其意义和作用。

2）运动技能领域目标。了解排球运动的基本技术、战术知识和竞赛规则，用合理、安全的方法进行运动，在练习或比赛中避免粗野和鲁莽动作，观看并讨论不同形式的比赛，利用各种不同条件的场地，安全地进行排球运动（如：在野外平坦的土地、草地、沙滩）。

3）身体健康领域目标。通过多种形式、内容的练习，发展学生的体能，认识和理解排球运动锻炼对身体形态、机能发展的影响，了解锻炼后的饮食卫生、能量补充对身体的影响和作用。

4）心理健康领域目标。通过排球运动，了解心理状态对健康的影响，逐步增强自尊和自信，学会调控情绪的方法（如肌肉放松、自我暗示、呼吸调节、作息安排），形成克服困难的坚强意志品质（如知道适合的目标、自我评定、了解可能遇到的困难并加以克服）。

5）社会适应领域目标。通过练习和比赛，使学生能够建立和谐的同学关系，具有良好的合作精神和体育道德。简单了解我国排球运动方面取得的荣誉和一些有教育意义的名人的事迹，进行民族荣誉、国家荣誉、自我健康发展的教育。

（2）选用技术动作内容，确定大体的教学目标。

教学内容及目标见表 2-1。

表 2-1　教学内容及目标

课时	教学内容	教学目标
1、2 节	1. 移动和垫球 2. 小场地的垫球或比赛	1. 激发学生学习的兴趣，积极参与的行为； 2. 了解、初步掌握技术，逐渐形成同学、师生间良好的合作精神； 3. 了解简单的规则
3、4 节	1. 移动和垫球 2. 下手发球 3. 小场地垫球（可结合发球）的游戏或比赛	1. 培养学生学习的兴趣，积极主动参与的行为，树立自信心； 2. 学习掌握动作技术方法； 3. 遵守规则、尊重对方，初步建立和谐的人际关系
5、6 节	1. 正面上手发球 2. 传、垫球，或结合发球的比赛	1. 学习掌握动作技术方法； 2. 发展速度、灵敏、协调等身体素质和应变能力； 3. 学会用安全的方法运动，遵守规则、尊重对方，主动练习，学生间的合作越来越默契
7、8 节	标准或小场地比赛（运用各种合理的技术）	1. 充分发挥学生的自主性、创造性，发展运动能力； 2. 培养学生组织和参加比赛的能力，熟悉简单的规则，遵守规则，公平竞赛； 3. 在比赛中避免粗野动作，杜绝不文明行为，形成良好的体育道德，培养良好的心理素质； 4. 结合我国排球运动成绩，增强荣誉感和上进心

（3）以第八次课为例，制定本课的教学目标。

本节课采用排球运动中传球、垫球、发球等基本技术的综合练习，及以上技术在教学比赛中的应用，利用教学活动体现对学生在身体、心理和社会适应方面的目标要求。

使学生掌握基本的排球技能，进一步了解和掌握比赛的基本知识。

充分体现学生的主体地位和教师的指导作用，培养学生的运动兴趣、积极主动的实践与能力。

培养团结协作、勇于进取的顽强作风和胜不骄、败不馁的意志品质，正确对待胜负的良好心理品质。

教学目标制定后，在教学过程中，可以根据实际的情况（主要是学生）及时灵活地进行调整，为学生的学习、活动、锻炼、合作等方面提供更大、更宽松的空间，以利于学生在体育与健康课程的教学中更多地受益。

第四节 体育教学理念的流变与争鸣

一、知识取向的教学流变与争鸣

在漫长的历史岁月中，学校教育主要是采用师徒教学制。随着近代工业的发展，这一教学制难以适应大机器生产所带来的标准化、质量、效率的要求。如何培养大批的、符合工业革命需要的能看图纸和懂操作的统一性人才就成为当时教育的主要使命。于是17世纪捷克教育家夸美纽斯倡导的班级授课制应运而生，为知识趋向教育的普及奠定了基础，符合了工业革命需要培养大批统一型样板人才的教育使命。这种观念体现在教育领域，通常把拥有知识的多少作为人才的标志。其缺陷是一方面使学校与教师片面强调知识的传授，偏重学生"智"的培养与提高；另一方面也使学生自身以一种纯功利的态度对待学习，不去追求自身素质的全面提高与优化，把"获取知识"作为自己唯一的学习目标。诚如马克思在《关于费尔巴哈的提纲》这一重要的文献中指出，"人的本质不是单个所固有的抽象物，在其现实性上，是一切社会关系的总和。"

从某种意义上来说，任何教育都负载着一定的价值。这一命题的出现无疑也要求学校教学进行相应的格式化调整，引发理论和教学向其靠拢。于是以行为主义生物观为描述的机械式的传习技术和整齐划一的操练就成为体育教学的时代范式，统一负荷、统一进度、统一标准成为体育教学的规格特征。诚如联合国教科文组织总干事英国著名博物学家欧文·拉兹洛在评论《微漪之塘——宇宙进化的新图景》一书时说，"牛顿物理学的世界是一个类似钟表装置的宇宙，严格地、坚定不移地、永远不变地遵守着运动的基本规律。"又如，后现代课程论专家多尔所言，"这一课程是典型的泰勒模式，隐含四个重要步骤（确立目标、选择经验、组织经验、评价结果）局限于线性的因果关系的封闭框架中，强调对教学的精确控制……违背了人的主体性。"

（一）行为主义教学观在体育教学领域的论纲与争鸣

在这一思潮引领下，沿着这一轨迹，"探索并发现一种规律，依此规律，寻找一种方法，使教师因此可以少教，但学生可以多学。"在19世纪与20世纪交替之时，产生了强调学习与行为关联的"行为主义教学理论"。由于这一教学理论的出现与当时被称为时代精神的达尔文进化论密切相关，也是"达尔文的孩子"。受其影响该理论以生物成长作为人的发展模式，立足于外部的指导，转化、发展为学习性活动，为教学目标的规范性、明晰性，教学过程的可控性、可预见性，教学结果的可及时检测性，做出了贡献。为人们迈向科学地、客观地揭示教与学的过程本质，科学地进行教学规划及构建教学设计理论与学科，提供了基础性的先导。

这一教学视域虽然一切明明白白、整整齐齐，"有章可循，有规可依"，但由于该理论羁绊于自然属性，只表明了教学与生物学条件之间的进化关系。平心而论，它对体育教学是有效的，犹如当前的应试教育，却是没有"意义"的。因为教学生活的丰富性和完整性，在这一教学论视域中消失了。它能积累人的知识，却抑制了学习自身内在的发展目标——能力，不能臻达人性完美。其发展原理过分依赖外部"强化"的条件，把行为"刺激"作为发展的中心驱力。恰如伽达默尔在《真理与方法》一书中强调的："要方法，还是要真理？"也如瑞士动物学家波特曼所说，把动物的学习与人类幼儿的学习等量齐观。虽然不是尽善尽美，却起到了"拓荒者"的作用。后来出现的一些新的教学理论与方法，都是在这个基础上或在批评这种理论的过程中形成、发展起来的。

朴素形态的行为主义教学论衰落是因为它在生物的圈里画圆，可是此缺点还不足以让它做出的"人世"成果覆灭。人类行为的研究和环境的探索对人类单个的激发没有问题，毕竟激发事实就是生存的。学习这一行为的产生是个人和环境之间互相产生的成果。此论点经过对动物类练习行为的察看、研究表明"刺激—反应"这种学习的举动和试误学习方法的成果不可以忽视。因为我们是从动物不断发展进化而来的，所有人类是有着很多与动物相近的东西的，这些已经被科学证实过了。因此，无论我们进化到什么样的高级程度，从某些方面来看都是和动物有着或多或少的关系的，即为：共通性。所以两者都是一样的，具备有/无条件反射，从而产生了这种"刺激—反应"的学习举动，这种举动不会因为人类具有独特的语言这一功能而没有的。正如康德所言："一切人类知识以直观开始，由直观进至概念，而终于理念。"毋庸讳言，基于试误学习，体育练习中的很多动作的学习都可以达到，也能够用"刺激—反应"这种理论进行表述。进行动作的演练、进行效仿都是进行体育学习的最佳方式。而体育学习的场景、巩固强化及产生的规定都是进行学习的关键点，在学习的过程中有着举足轻重的位置。

行为教学论实施的特点为老师必须要把握锻炼及改正学生举止的方式，可以给学生营造一个氛围，在其基础上尽力巩固学生的优秀行动，改正不良的习性。比如要学会对行为极佳的学生进行适当的夸奖、赞扬等，这就会让其他的学生来效仿这种好举动，取消不好的行为举止。而那些有着学习困难的学生，就可以将其的目标进行分解，采取逐一击破和巩固的方式，尽力辅助学生做出正确的举止，把犯错误的概率减小到最低，进而提升学习的成效。比如体育的授课大都按照整体的课程规划进行，但是有些个别基础差的学生就会跟不上进度而导致成绩落后。可是若可以灵活的使用成功授课方法、程序授课的方法等，把学生当作关键点，奖励学生依照自己喜欢、舒服的速度去学习，就可以达到事半功倍的授课成果。总而言之，此理论具备许多的方式方法来供借鉴和学习，依据现实的条件去择取使用，就可以达到更好的学习成效。在这一思想的指导下，涌现出程序教学法、循环练习法、情景教学模式、成功教学模式、动作技能形成规律等教学方法和手段。

（二）认知主义教学观在体育教学领域的论纲与争鸣

因为人类的学习过程是非常多样化及充分、全面的，"刺激—反应"和直接性单单可以阐述人类在直觉方面的学习举止，但是对于人类学习中出现的思维层次的举止就没有太多的表述了。因此，在 1900 年的时候，行为主义教学的理论风靡的时候，1960 年，认知主义教学的理论也随之而火起来。并且，有着传统和现代两个阶段的发展。把传统的理论为基础的教学论有：以格式塔心理学当作基本的顿悟理论；在场心理学的基本上衍生的认知学习论；在信息加工理论的基本上衍生的信息加工学习论；在现代认知主义心理学的基本上衍生的认知学习论等。

认知教学论针对行为教学论的偏差提出批评：学习是学习者内部心理认知结构的形成和改组，而不是"刺激—反应"联结的形成或行为习惯的加强或改变，探讨的主题是学习者内部心理结构的性质，学习者智力变化的迁移。认知教学理论以认知心理学和认知学习论为基础，曾于 20 世纪 60 年代在西方掀起了以认知论为主流的教学改革运动。在这一思想命题下，涌现出结构教学法、暗示教学法、发现教学法等教学方法和手段。

存在问题与不足：认知教学论对克服行为教学论"刺激—反应"的机械观点，是有着积极贡献的。即从认知理性开启了教学的新认识，契合了时代对知识

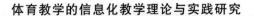

的要求，同时为未来新理论的兴起奠定了基础。但认知教学论滞后于认知属性，把学习终极归位于"内部心理结构的性质"，与行为教学论封闭于"刺激—反应"的一端一样，也是不足与偏颇的。不难发现，认知教学论的体育学习包含"教"的环节，缺少"习"的环节，只强调人的认识活动，割裂了知与行的学习关系。导致把人类学习描述得过于简单、机械，以为教学活动就是单纯地认知积累。只需按照心理认知实施教学方法，便能进入一种高效率的学习，使学生达到教学目标。忽视了人的学习发展既是个体的又是社会的，个体的知识建构过程和社会共享的理解过程是不可分离的。遗忘了个体的发展是自然属性与社会属性的统一。易言之，学生的知识、技能、智能、情感、思想品德、体力等，并不是一部分一部分割裂地、孤立地培养的，仅从知、情、意、行等某一具体方面进行学习是不会取得教学成功的。恰如现代学习型组织理论的创始人彼得·圣吉所言："这种把人的学习当作单纯的知识积累的学习导向，必然导致对个体学习兴趣和学习能力的摧残与衰落。"也诚如人类学家佛尔德·吉尔宁指出："文化的传输不是倒水，从一个容器倒进另一个容器。"在认知主义的体育学习中，学生是"知识积累"，遗忘了知、美、乐情感的获得。恰如法国教育家加里指出，认知主义教学方法的弊端，把形成知识技能技巧当作唯一的任务。学生只要把它经过多方的锻炼然后精准地呈现出来就成。这就让学生在"明白、学会、有乐趣"的氛围中达到学习目的，而"学会"及"乐趣"是比较难以实现的，这就决定了学生是否喜欢体育课程的关键因素。所以，如果要让体育课程达到"和谐性"，就一定要在"学会"及"乐趣"这两方面着手，使学生感受到快乐。把这个方面做到了最佳，那老师授课的技能就会更好的转变成学生的吸收能力。认知主义教学的论证虽然没有完成这一任务，但它却唤起了建构主义教学论等对这一命题的兴趣。

由此可知，知识取向的教学理解遵循的是"目的论范型"的准则，这种范型只注重达到目的的手段是否有效，而行动目的本身是否合理却不在其视野之内。目的是给定的，不是反思的。这就潜藏着一个危险：追求知识的占有和技术的控制，忘却人的存在和生命的意义。虽然在一定程度上发展了学生的身体，但窄化了课程的发展目标，疏离了体育课与"快乐"和"人"的两个联系。把丰富多彩的体育学习变成了流水线操作式的程序化、规格化、积累化和同一化学习。违背了体育教育规律，是一种低认知的教学，降低了学校体育的地位。存在的问题是把学生学习作为消极受训的被动行为，课程的评价标准核心是追求对人精确的最大化控制和管理。其消极影响不仅在于学科内容的单一化，更为持久、深刻的影响是教育学思维方式的教条化和僵化。其自身虽带有不可避免的缺陷，但客观上却促使了体育课和学科教学实践课迈向了科学化发展的道路，其认知教学的思想为体育教学现代化做出的贡献却是不可磨灭的。

体育知识取向的教学论经历了第一代和第二代的发展历程。其模式主要由对象、目标、策略和评价四大要素构成。

第一代显著的特征是基于达尔文生物进化论、条件反射线性设计和直观顿悟决定论的理念为支持的。其教学理论与实践模式的主要标志是：在学习理论方面它是以行为主义的联结学习（即刺激—反应）为理论基础，其特点可以概括为：在教学设计过程中应强调四个基本要素，着重解决三个主要问题。四个基本要素：教师、学生、教学媒介和教学评价。三个主要问题：我们去哪里（教学目的是什么）？我们如何去（教学策略与教学媒体是什么）？我们如何知道何时到哪里（我们测量什么，评价什么）？

第二代教学理论与实践模式是以"联结—认知"学习作为理论基础。其显著特征是基于客观主义、认知层级关系的线性设计和学习者与条件关系的决定论理念为支持的。该模式是在第一代教学理论模式基础上，吸取了心理学的大脑认知研究的优点，并结合认知层级关系对教学内容的重要影响而发展起来的。

综上所述，行为主义教学论与认知主义教学论，以"管理学习、提高教学"为教育目标，这一不足是时代打在它们身上的烙印。正如马克思指出，"我们只能在我们时代的条件下进行认识，而且这些条件达到什么程度，我们便认识到什么程度。"受达尔文进化论与客观主义思想的影响，它们只能用进化的观点去观察教学、应用学习，解释教学与学习发展的方式是自然而然的事情。尽管它们有这样或那样的缺点，正是它们的兴起才迈开了教学科学研究的步伐，为后来的研究奠定了基础。正如杜威所言，每一个终点就是一个新的起点，每一个起点又来自于前一个终点。几乎后来教育、体育教学的新发现和新理论都直接或间接支持了它的基本思想。在今天的体育教育中，我们仍然处处感受到这一教学理论的影响，享用着它的指导。诚如邓小平所说："尽管有些新人在科学成就上超过了老师，但老师的功绩还是不可磨灭的。"

二、能力取向的教学流变与争鸣

第二次世界大战后，随着社会生产力水平迅速提高与新生产力发展的新要求，催生了终身教育思潮、发现学习理念、多元智力理论、建构主义学习理论等多种教育理论的呈现，为世界各国普遍接受和认同。引发人们认识到体育集体教学法在扩大教育范围、提高教育效率、培养社会所需的大量统一性人才方面是十分成功的。由于只关注体质生物范畴的评价，忽视了课堂教学在人的意义上的形成，不利于人的全面发展，无法最好地满足新时代社会对人的要求。由此引发了学校体育联姻这些新的教育理念，不断调整和改革教育目标、课程与教学，以适应这一挑战。迫使学校体育从一种稳定的传统教育态势向全面教育迈进。因此，如何在班级授课制基础上推进素质教育，发展学生的能力就成为学校体育教学努力探讨的问题。诚如顾明远在《国际教育新理念》一书所言，"传统教育是'遗传'式的，是以传授知识为基础的，现在的教育功能正发生着深刻的变化，提高学生的综合素质，培养学生的创新能力逐渐成为教育的主题。"

（一）建构主义教学观在体育教学领域的论纲与争鸣

由于知识取向的教学理解对教育意义的"能力"有限制和不完备性，不能契合社会新技术革命进程把知识变成能力的要求，促使时代呼唤新的教学认识。进入 20 世纪，随着信息论、系统论、控制论等科学思想的多元涌入，迫使教学逐步从行为主义教学论和认知主义教学论的机械思维中解脱出来，催生新的教学理论。教学研究领域也"走出了仅作为教育心理学之应用学科的狭隘领域，开始运用多学科的话语来解读教学的无尽意义"。"越出了历史悠久的传统教育所规定的界限。它正逐渐在时间上和空间上扩展到它的真正领域。在这一领域内，教学活动便让位于学习活动……而逐渐成为主体了。"

在这一背景下，在 20 世纪最后十年"建构主义教学论"应运而生。其强调参加的人授课观点也慢慢地替代吸收的人的授课观点，学识不仅仅是单纯的、普遍的规定，变成了考察的个人和认识的个人的参加有关联。而学生的学习知识、生活条件及学习的收获等都能够作为授课的一方面，大家可以畅所欲言地来讲解对课程内容的见解。而每个人的激情、每个人的研究、每个人的见地都可以成为知识构成的一部分。因为教学自身就包含了个人的成分，这个学习的过程其实就是学习的个人参加知识构成的一个经过。以个人建构、探究获得成为教学的特征。没有过程，没有探究，所谓教学是没有意义的。杜威认为，"教学乃是通过操作把一个有问题的情境改变成为一个解决了问题的情境的结果。"

因而，建构主义教学论认为，教学的立足点应"为理解而教""为学习而设计"。以学生主动建构知识为中心，尊重学习的个体差异，注重互动的学习方式，充分发挥主体性、能动性、创造性。促使学习者在参与意义中获得知识，在开放的对话中获得新的理解和新的知识。使学生在这一过程中投入自己的热情、困惑、烦恼、欣喜等个人情感，从面向知识结论转向在丰富的、复杂的真实情境中体悟知识、生成知识。以大量的附着知觉等隐性知识系统作支撑，在不确定的、复杂的情境中亲自探究、发现过程之美，而不再是对简单结论的记忆。这些正是时代发展对教育提出的迫切要求。因此，建构主义教学论一问世就受到世界各国的极大关注。

这些理念为学校体育教学的再认识提供了新的视角，为学校体育教学的再生长注入了改革的活力，形成了新的教育视域。由此引发了学校体育的教育目标、课程与教学的不断调整以适应这一挑战。涌现出选项教学、合作教学、探究教学、分层教学和支架教学等教学方法。扬弃我们在体育学习中，把体育授课看作简单的知识沉淀的关键弊病。这就启迪了人们了解到体育授课时学识、技巧、经过和方式、感情心态及价值观念综合演练的成果。不管是什么教学，若只关注一方面的人类的技能而且以它当作中心来进行授课，或者将它看作整体的依据去进行重点，这个教学就注定了不会是最佳的教学。我们从头来看每个课程教学的性质和作用和其在学校教学中的处于的位置，要明白体育授课和人的综合性质及社会的科学性发展他们间的联系，把体育当作一种引子把多方面的文化性质综合到授课内容里面。在科学性角度看，全力寻找"课程授课观和学习积极性的探究""课程合理性和人文性探究""课程授课活动的多彩性和授课目的的多样化的探究""课程学识观点的改变和学习方法革新探究"的新思路，要充分地发挥"德智体美"等多方面的教育学生的内在条件，将它们全面的结合到体育授课的每个方面，这会成为体育授课的关键价值。可以使学生们在学习中来爱上体育，享受上课的乐趣，这就达到了寓教于乐的目的，颠覆目前体育授课枯燥狭窄的教学模式。明白以前支持的举动其实都是从一种很单一的学习立足点上考虑的，单纯就体育去学习体育。这一切的研究都太过于讲究形式化，并没有把体育的实质性的东西教授出去。所以，也只能培育出这方面的"勇者"，而不是"德智体美"全面发展化的"人才"。

存在的问题与不足：一是建构主义教学论的视域受认知论的羁绊，存在消解教育主导作用的偏差，如"以学生为中心"并没有错，但过于强调学生的个别性，否定教师的作用，容易造成教学的放任自流。二是学习者的知识大部分都是从学校获得的，而不是自我建构发现的。建构主义认为把对知识建构的认识，植根于学习者是狭隘的。这一知识观只关注知识产生过程的主观性一面，消解了科学知识的传播性和真理性不足的一面。学者盛晓明研究指出："知识是随着我们的创造性参与而形成的东西，不是什么既成的，在任何时间、场合都能拥有并有效的东西。知识的主体既不是单一的个体，也不是普遍的人类性，而是特定时间和场合中具有连带关系的共同体。"三是建构主义理论评价体系缺乏统一性，不完整，难以操作。表明其思考还远远不够深入，还需要不断完善和发展。但其闪光的论断可为学校体育摆脱惰性知识的困境而再发展指明一条道路。恰如美国学者吉布森所说，"建构主义有不少缺点，但给教育研究和实践提供了崭新的尺度。"因此，在应用建构主义理论指导教学时，有必要先厘清学习目标，以确定其适用性。

（二）多元智能教学观在体育教学领域的论纲与争鸣

教育究竟是什么？教育应该给学生什么？教学是教授学生知识，还是发展学生智能？怎样评价学生的"聪明"？面对这个既古老又常青的话题，美国哈佛大学心理学家加德纳教授在1983年出版的《思维的框架：多元智能理论》一书中，提出的智力结构新理论——多元智能理论回答了这个问题。他认为，人类有八种智能，智能的不同组合只是表现出单个人间的差距而已。并没有谁更智慧，只有在什么区域和方面上更出色、善于而已。而正由于不一样的智能间的搭配和深度不一样，所以才会有爱因斯坦、乔丹、毕加索等不同方面的出色人物。若一定要把这些人之间的IQ比较个高低，用多元化的智能论点去分析，他们全部具备高的IQ，而且都在各自的方面获得了很高的成就，它们的智慧和学识很高，很难分出来谁更聪明。而多元化的智能论点的出现让我们脱离了传统的IQ论点中将人划分成不同等级的限制，深入理解了人类智能的本质。揭示出智能组合的不同，学生学习的表征与方法也不同。这一光辉思想在学生的长处与短处之间架起一座教学的桥梁，引发了我们对这一问题的思考。它表明，传统"一刀切"的体育教学与学习方式严重阻碍了学生的个性发展。我们要考虑学生之间的个体差异，尽可能为每一位学生设计适合其发展的教学与学习方式，那么每一位学生都有可能得到最大限度的发展。为此，实施体育新课程的个性化教学，开展"为最近发展区而设计"的教学策略与学习策略的研究，以帮助不同学生获得更好的个性化发展。

综上所述，能力取向的教学理解认为，教学的本质存在于"过程"的动态性之中。诚如外国有名的学者和专家布鲁纳说过，教学的目的是增强学生对学习到的事物的把控、变换、评论及转换的能力。并且他表示，教学的根本目的就在于让学生全面地表现出他们研究、发现的技能，进而得到知识进步的本事。在授课的过程中，一定不要把学生看作被动的一方，而是要调动学生积极主动学习的兴趣，主动学习会让学生的学习效率提高很多。就连巴拉诺夫都曾经表示过，教学是一种多面性的行为，并且是结合了很多的综合体，因为教学和学生个人发展的各个方向都是不可分割的。而尔拉莫夫则表示：学生的个人才能的发挥和综合素养才是教学的关键点。巴拉诺夫则说出了几点教学的价值所在：辅助学生拥有学识、才能、技能；产生世界观的理念；拥有特定的修养、文化水准；发挥学生的能力。这些观点启示我们改变以往的体育教学观，在教学思想上树立欣赏学生的理念。老师要多发现学生的优点，多给学生以鼓励。实践证明在打骂中成长的孩子，很少有自信心。我们要在教学组织上走出统一进度、统一负荷、统一传授和统一掌握知识的误区，要根据学生智能的不同因材施教，实施个性化教学，"扬长带短"。发挥每个学生的潜力，让每一个人都找到努力的方向，体验到成功的感受。需要注意的是虽然建构主义教学论、多元智能理论的教学实验日益高涨，其自身还处于建设之中，尚未派生出丰实的教学体系，误用和滥用无疑将严重阻碍和影响其真实功效的发挥。

三、解放取向的教学流变与争鸣

当今，人类社会已进入新知识经济时代，以解放个性为基础的新知识教育形态日益凸显，正成为不可阻挡的世界潮流。这一进路体现了教育文明发展所遵循的规律，可以发现学习与人性的探究与争论一直是古今中外哲学家为之殚精竭虑的问题，教育理论界仍没有结束关注与驻足。马克思指出，自由个性是人的个性发展的最高阶段，并把实现自由个性作为共产主义解放人类的宏伟目标。也诚如郭文安、靖国平所论，当代教育是对于人的独立个性的追求与探索。

在这一思潮下，1972年联合国教科文组织发表了《学会生存——教育世界的今天和明天》一书，指出："教育即解放"，"教育能够是，而且必须是一种解放。"1976年，该组织又提出了《关于教育发展的报告》，那就是"教育在历史上第一次为一个尚未存在的社会培养着新人。"1979年国际著名学术团体罗曼俱乐部为此发表了《学无止境》的研究报告，报告尖锐地指出："我们的教育方法是令人震惊的落后，这种状况使个人和社会在面对全球化问题所提出的挑战都未能做好准备，……学习的失败从根本上说是我们一切问题的根源。因为这种失败制约了我们解决其他问题的能力。"这些命题纷纷指出了教育的个性职责、解放人的潜在能力、挖掘人的创造力、促进人的全面发展应该是今天和未来教育的首要任务。它拉开人类社会由知识取向的教学理解（侧重于知识性积累的拥有）、能力取向的教学理解（侧重于知识的把握与创造）开始迈向解放取向的教学理解（侧重于解放、发展个性的自由）的帷幕。个性的发展是教育的核心，只有个性解放的教育才是永恒的追求。也正因为如此，建立以人为本的新的儿童观和教育观，实现教育人道化和教育个性化，已经成为当代世界各国教育改革和发展的普遍趋势。

在这一背景下，衍生人本主义和后现代主义的个性教育的教学论就出现了，而且迅速地得到应用和扩散，吸引了全世界教育行业的眼球，成了当下国际化教育进展中最热门的研究对象。瓦力廖夫曾说："个体的个性化，是当代文明进展的大方向。"这不仅仅是简单知识体育授课论点进展的需求，更是体育新授课内容可以全面实现的条件。可是从现在的结果来看，这方面的探究并没有获得什么大发展，还必须要更加努力地探索。所以对其多加探究、发现和分析，为了将体育授课的理解进行得更明白，将人的教育明白得最完全。毋庸置疑这是很关键的，也是很有价值和意义。

（一）人本主义教学观在体育教学领域的论纲与争鸣

从教育进展的经过里，大多认为，在工业革命的时期教学的主要目的就是进行知识的沉淀；而在后期的时候主要目的就变成了将知识转换成技能。而进入21世纪之后，有些前瞻性的教育家慢慢地发现了当前教育的基础方式的条件，关键点就是必须要提升社会的生产效率及劳动的质量，从而更大化地满足人类的生活需求。但是将来人类社会的进展就需要把人的个性化需求不断完备、进展、快乐及甜蜜当作目标。只有明确人的个性发展，才是人类自身孜孜以求的价值目标。正如斯宾塞在教育论著中所说，"记住你管教的目的应该是养成一个能够独立的人，而不是一个让别人来管理的人。""因为人类完全是在自我教育中取得进步的。"

在这一新思潮的催进下，针对行为主义教学论、认知主义教学论等"设计好教学是学习的标志"，就会自然而然地促进学生的能力发展。20世纪60年代，以马斯洛（Maslow）、罗杰斯（Rogers）为代表的人本主义教学观提出了"教学是人自身的学习，本质上是解放人的一种活动"，"真正的学习经验能使学习者发现他自己独特的品质，发现自己作为一个人的特征"。反对知识至上主义，反对灌输与压制，反对统一的评价，要求教学不是秩序的理性控制，而应是学生"享有"自由的过程。推崇人生来就有学习的潜能，人是学习的主体，自己建构对世界的认识。要求教学的目标既不是教学生学会知识技能，也不是教学生学会怎样学习，而是要为学生提供一种促使他们自己去学习的情境；促进个体学习的自我实现，引导学生从教学中获取个人的意义。正如大卫·杰弗里·史密斯所说："所谓教学，我认为乃指一种关怀。教学隐含着解放的价值关切或人文关怀的意义，个性自由是教学不可缺的'调和剂'。"

人本主义教学观体现出只有个性解放的教育才是永恒的追求，体育教育的使命应是解放而不是控制。传统体育教育过于把学习集中于大脑的识记过程，使学习者成为如镜子一般的动作映射器。这种着力于练习的填鸭式教学，使体育学习异化为一件很无趣的事情，忽视了学习对成长过程的直接经历与体验。正如苏联教学论专家斯卡特金指出："我们建立起来很合理的、很有逻辑性的教学过程，但它给积极情感的食粮很少，因而引起很多学生苦恼、恐惧和消极感，阻止他们全力以赴地去学习。"从而揭示出学习过程是以人的整体心理活动为基础的认知活动和情意活动相统一的过程。如果没有个性的精神自由，学习任务不可能完成；学习活动即使发生也不能维持。正如联合国教科文组织在《学会生存——教育世界的今天和明天》中指出，"教育如果像过去一样，局限于按照某些预定的组织规划、需要和见解去训练……这是不可能的……教育正走向包括整个社会和个人终身解放的方向。"这一论断告诫我们，体育教学的乘数效应不仅仅在于关注教学过程是一个完成知识学习的过程，还是一个蕴含着丰富情感、人生哲理的教育性使命过程。正如教育家杜威所说："给孩子一个什么样的教育，就意味着给孩子一个什么样的生活！"

此教学观点打开了体育教育的新探究视野，开辟了新的方向和目标及评判。启发我们可以把体育教学划分3个时期来达到这个目的：①学会使用更丰富多样的学习时期，让乏味的学习变得趣味盎然；②重点探究授课内容的有趣性及激起学生的学习乐趣，让学习不再乏闷；③复现多方面的知识等，使学生在享受学习中明白、学会所有的知识点。而苏霍姆林斯基说得好："建立学习跟知识之间的和谐，是学校面临的最重要的实际和理论问题之一。"

需要指出的是，人本主义教学观这一超越现实的"思想"，毕竟与社会现实存在相当的距离，似乎"路漫漫其修远兮"。但它为我们打开一扇新思想的大门，带来新思想的认知，确定了未来教育改革的基本方向和可努力的目标。正如珍妮特·沃斯在《学习的革命》一书中所提出的，"世界正飞速地经历一场革命，……这是一场思想的革命，一场我们学会怎样学习、怎样找出既新又好的办法的革命。"

（二）后现代主义教学观在体育教学领域的论纲与争鸣

纵观人类社会的发展史，人类实践活动可粗略地划分为两种向度，一种是外向度的，即"改造外部世界为实践"；另一种是内向度的，即"改变主观世界为实践"。在工业文明时代，人依附于物，人的内向度实践的每一次进步总是需要靠外向度实践的前进而拉动，外向度的实践是时代进步的先锋和决定力量，带有主导性。然而，当时代跨越工业文明，逐步进入知识时代时，一切都发生了意想不到的变化。"内向度的实践在历史上第一次摆脱了被动适应的地位，开始以一种前瞻性的超越现实的姿态，引导和提携，外向度的实践"；即"人类由改造客观世界变为自我挑战、改造主观世界为前提"。对此未来学家阿尔温·托夫勒认为，工业社会的特点是标准化，而知识社会的特点是个性化、多样化、创造性、自主性。

这一视界的萌发，引发人们从关注外向性知识的存在走向内向性知识的思考，从根本上颠覆了人类旧有教育的整体化、同步化的永恒绝对理解方式。要求教育提供更多的个性选择，解释出知识的更大变动性和对一种事物、现象认识的全方位性。正如美国学者库姆斯在《后现代教育的挑战》一书中提出，"现代教育满足人类的物质性需要，后现代教育则更多地满足人类自我的精神性、文化性和个性发展的需要。"

于是1970年以后，西方进行了一次关键的"教育学范式"的变换，主要从找一般性的教学规则到探求个人个性化的教育目的。思考1900年以后的教育方式及授课过程，将再次建立适用于新时代的适合个人进步的课程当作主要任务。比如"多尔（Doll W. E.）、斯拉特瑞（Slattery P.）、高夫（Gough N.）"等著名理论家。注重把后现代主义的思想当作兵戈，对当代的课程内容实行了深刻的评论和重新的构架，而且提议了很有可实施性的想法。如将学生当作整体的人群这一发展观点作为重点，注意挖掘"学习文化"的体会及深刻的价值；舍弃填鸭式，倡导多元化授课和生活实践化的学习方式，重新建造科学化的师生及学生之间的关系，增加彼此之间的交流沟通；寻找个人了解的学识构造，重上构建富含个性化的学校文明。比如勇于对学识知识提出疑问、反对填鸭式的教育理念、摒除老师传统教育方式的影响等。我们不能够去否定这些个观念，虽然它们有着很多的尚不完备的地方，可是后现代主义理论作为当下教育潮流中的大方向，为教育界的革新开辟了新的方向，并提供了前进的动力。

四、我国学校体育的流变与争鸣

本部分讨论揭示我国学校体育教学在不同历史阶段的本质内涵，考察其运动轨迹在不同阶段折射出的不同教育观念，探究我国学校体育教育的兴起和跌落过程发人深思的"缺陷"，并指出其特殊的时代意向。以史为鉴，促进学校体育教学的思想解放、学术解放，推进学科基本理论研究与时代发展之间的同步。

（一）我国学校体育教育诉求的漩涡与流变

回顾学校体育百年历程，鸦片战争后，伴随着西力东侵和西学东渐的影响，体育登陆我国步入学校教育，不是基于经验的传承与自身逻辑演进的结果，而是在具有浓厚的"师夷长技以制夷"的思潮下，是在追赶世界强军的背景下，是在社会动荡、社会急剧变革的外力因素挤压下出场的。一出场就开启了以追求工具主义为嚆矢的命题，在经世致用的鼓噪下被广泛提倡，附着于"强国强种"的膜拜予以升华。揭示出学校体育的出场不是教育需要的特点、大众需要的特点，于是"政急于艺"就成为近代学校体育教育的旧章旗帜，凿开中国学校体育百年教学工具性与教育性的冲突与内省——斩不断、理还乱的复合形态，与封建社会和现代社会转型的叠加，一致引发百年来"学校体育自何处来""学校体育是什么""学校体育为什么"本体论频繁转换的求索，以及体育是方法论还是价值论的不懈追问。在文化自觉的认知中发现，虽然有众多学者筚路蓝缕的探索，基于时代的局限，前人的认识论过多地匍匐于"时间陈述"与学科自我发言的扣押，及"骑驴觅驴""为射立靶"的预设性阙疑。遮蔽了时代形态是学校体育教育演变的决定因素、社会需求是学校体育发展的动因、理念创新是学校体育发展的路径，向世界借鉴与创新是学校体育生长的基因等存在。显然从当代的立场来审视，发现其中仍有许多新空间值得研究珍视。诚如学者舒新城所言："思想史的研究，应当从各时代的社会活动中求因果，不应当专在思想本质上讨生活。"正如马克思所说："过去的一切历史观，不是完全忽视了历史的社会物质生产基础，就是把它仅仅看成与历史过程没有联系的附带因素……因而造成两者之间的对立。"

综上而知，学校体育作为一种社会文化，对其的理解与认识也必须和时代的变革同步常新常议。俗语讲，"火候未到就揭锅，馒头总是生的。"正如马克思主义一贯坚持的社会存在决定社会意识一样。法国教育家朗格·保罗曾说过，"每隔十年，人民面临着一场在物质、精神和道德领域内如此广泛的转变，以至于昨天的解释已经不符合今天的需要。"马克思指出，"以往的一切哲学不是完全忽视了人的存在的历史的'现实基础'——即以物质生产为表现形式的'感性活动'，就是把这一基础看成是与历史没有任何联系的'附带因素'，人的自我由此像动物一样成了被赋予的先验性存在。""人的思维是否具有客观的真理性，这不是一个理论问题，而是一个实践问题。"

因而，以行验知、以行证知，审视学校体育历程的现象与境遇的脉络，可看到中国学校体育的教学路向与论纲具有两个主要特征有待深入辨明：

第一，"现实性"是其研究的主要特征。主要含义应在社会转型和社会实践两个方面。我们认为学校体育在中国学校教学登陆的主要肇端是民族性与现代性两大因素，不是"百姓耳目之实"的经验，而是出于鸦片战争后与西方社会民族性的抗争而兴起，与"采摘淬砺而补之"固护本朝的维系和延续催生的。其对象和存在的合法形式，最大的动力来源是国家变革的迫切需求。未能顾及其教育意义和作用，使其走向深入，获得民众的理解，它是中国由传统走向现代化历程的

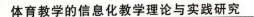

产物。彰显出在中国是一个时代对一个时代转型的连带反应或策应，体育进入学校教育不是自觉觉醒的产物。这一点和西方学校体育现代性概念的起源和文明顺应式的进化，与社会"内外交相成之道"的建构有着明显的不同。烙印着封建社会到新民主主义社会再到社会主义社会的转变痕迹，表现出既有传统文化遗留的问题，又有新民主主义社会阶段文化的雀跃。为此，就形成了异常纷繁复杂的思想理念和价值目标不明确的冲突。从钦定学堂章程到新中国学校体育的发展实践都深深刻上这一历程的足迹。显然中国学校体育话语权要用社会进程来解释更有说服力。正如恩格斯说过："一切当代的社会思想归根结底都是社会经济状况的产物。"

第二，表现的"学科性质"属于一种被动行为。为了能够增强保护学校的体育被社会所认可，所学的内容一定要跟随时代的脚步不断前进。不停地进行修改来将内容丰富化，拓展以此寻找新的课程内容，不停地将学科系统性的进行完备，便于更全面的应用于社会进展的需求。所以对学科本身的认可及教育认可的问题无暇顾及。正如马克思所认为的，人类是一种历史性的存在，因此人的自身认同和集体认同都必须从历史发展的角度去看。揭示出任何教育思想都不能离开实践活动而独立存在，都是解决当前时代问题的工具。

这两大特点构成了我国学校体育教学的关键制度和其发展方向的联系，折射了新中国产生之前学校体育的教学形式都一直被放在被动的辅助位置，什么特点都无法和以人为本这种教育理念接壤。得到它的牵扯，我国新成立之后的三十年学校体育的指挥观念，依然是围绕着"奋发图强"的内容展开的。因为国家发展的形式和学校的教学理念并没有衔接，处理了强化人民体质的问题，可是并没能够富饶了人们的精神思想。所以学校体育教学的观点也就只是局限在了表层。要看重学生的学习、看重学生的个体、看重学生的自由化，这些并没有从教学方面得到落实。改革开放以来，我国的意识状态和文化意义浑然天成，国计民本的思想得以流淌。因而，形成中国学校体育既有"形而下"的物质文化—技能特征，也有"形而上"的精神文化—教化特征，还有人的活动后果结晶的符号社会文化—娱乐特征，从而产生出不但和自然科学仅仅相连的学识，同时也具备人文理念的美学知识，更有和社会结合的生活领域。它们相互渗透、相互交叉，各具特色，构建具有现代概念体系性的学校体育。诚如王夫之所言，"体俟用，则因所以发能；用乎体，则能必副其所。"正如马克思观点认为，意识是社会的产物，意识是在实践的基础上形成的。实践是联系社会存在和社会意识的桥梁和纽带。

（二）中国学校体育百年教学的嚆矢与争鸣

经过对学校体育多年发展的过程研究表示，体育存在于中国学校中有 3 个来源。

（1）这是对我国早些时期民族在"变法"中求得生存的渴望。自鸦片战争以失败告终了之后，受到洋务运动里面"强国强种、御侮图存"和"中体西用"这些观念的熏陶之下，体育就应运而生了。在这样的大背景下，体育就成了富强国家和振兴民族的重要途径。它探究的内容及生存的合理方式，而我国急切要进行革新的需求就成了体育得到迅速发展的强大马达。虽然其目的只是"采摘淬砺而补之"，固护本朝的维系和延续，但其触动了中国先进知识分子的觉醒，发出民主与科学的呐喊，冲破几千年来旧思想教育的禁锢，鼓动西方新式教育占据了学校。学校体育虽然受到传统文化的鄙薄和抵制，但其独特的文化形式和现代教育功能使它势不可挡地进入了学校，从而结束了我国两千多年来学校教育尚柔主静，重文轻武，基本没有体育教育的历史；从而结束了我国两千多年来学校教育"天下无不弱书生，无不病书生"的历史。为学校教育注入了新鲜的活力，达到了旧式学堂此前对人的全面发展无法企及的广度和深度，促进学校教学的进步走向更高阶段。给中国带来了"没有身体运动的教育就不能成为教育"的视野，由此拉开了中国现代教育的帷幕。正如温家宝指出，"没有先进文化的发展，没有全民族文明素质的提高，就不可能实现现代化。"

（2）呼应于中华人民共和国成立后"新民性"诉求的嚆矢。为摆脱"东亚病夫"的帽子，配合现代化中国社会的转型，使旧国民性格适应新的中华民族国家缔造的需要。1956 年毛泽东从一个制度文化的分析视角，提出了"发展体育运动增强人民体质"的殷切要求与培养国家集体意志主体的渴望。在中国现代性政治制度层面，确立了体育启蒙的价值目标及其教学强身健体的实践。这一伟大的论述，抹去轻薄芜杂，留下厚重精华，为体育在学校教学找到了位置。同时从新的现代性背景，给予了学校体育一个恰当的解释，为中国学校体育的新里程碑揭开了序幕。这种立足于现代民族国家目标，着眼全体国民素质建设的"体育性"启蒙方案，及其体育改造社会策略的工具性、广泛性、深刻性，对中国社会产生了极大的影响，无疑成为日后中国学校体育的基本特色。恰如加拿大学者威尔·金立卡（Will Kymlicak）所指出的："似乎没有任何一个制度可以单独充当'公民品德的苗床'，而公民们必须通过一系列交叉的活动去学习一系列交叉的品德。"

（3）唱响于改革开放后"生活现代性"诉求的呐喊。改革开放之后，我国的经济得到了飞速发展，人民的生活水平也得到了很大程度的提升，除了在生活上追求的物质感增加之外，对精神层次的需求也日益增加。"如何更好的生活"成了当下时期的关键，这不单单是提高生活质量的事情，更是迎接更文明化社会的重要标识。所以，这种新的生活方式的开始，使得让生活实现现代化成了我国建设社会主义现代化的一个十分关键的方面。倡导让体育作为评判国民生活水平的社会福利目的的其中一个，评判是否可以造就福祉于一个国家或民族素质的价值观与构建和谐社会的精神力量，成为促进人民和国家共同进步的一个迫切的社会义务。它加速了学校体育的论点向一个新方向去前进，开辟了对于体育进行终身需求的研讨、认识与教学实践的一系列变革发生。也如马丁·路德·金所说："一个国家的前途并不取决于它的国库之殷实，不取决于它的城堡之坚固，也不取决于公共设施之华丽，而在于生活本身。"

（三）中国学校体育百年教学的问题与展望

纵观学校体育教学历程发端的路径与脉络、境遇、理念诉求的形成机制，归纳起来有以下三个方面的变迁可给我们带来启示与思考。

（1）学校体育历史出场的疏离与语境。学校体育思想和学术渊源可以追溯到远古，但直到16、17世纪的启蒙运动，人们才将体育视为求索人性的展现。在17、18世纪工业革命中，体育作为近代工业文明的产物成为学校教育的一门正式学科。作为社会科学的一个分支，学校体育学诞生之际是以进化论为指导思想，也是"达尔文的孩子"。与其他科学相似，体育科学大力地在熏陶着技术主义的研讨方式及思维模式。这导致中国的体育教授观念始终都遵从着发展客观精准的运动模式，描绘着多种运动形式的样子和差异，重点在于凸显个性化的运动表象；为了寻找非形象化、大众化的授课方式积累规律，将揭示及改善运动授课途径及方式当作任务。沉迷于教授某些特别规定下的运动形式的产生是否映射着某种物理形态验证假设的主要路径上。其成果将为人类谋取福利的体育变成再精确的技术——主体和客体是否能够接纳的干系，表达着"人类技术和能力的高效产生"变成了表达中国学校的体育授课的"核心"而发展到今天。

（2）学校体育社会出场的疏离与语境。受社会潮流思想的影响，自从我国学校加入体育这一学科后，运动就被当成了体育教学最核心的一部分，这导致社会对体育的认识就是："身体的运动，而不是价值观"，它是一种运动形式流动、技巧集聚的经过，是一种"外在影像"，不是一种"精神思想"。以致拘泥陷溺羁绊于此，催使学校体育教学的操作性走向"技行"功夫——器的产物，从体育"器"的实践层面进行"技艺"教学的诠释成为一种主导趋向；而没有为我们揭示出，作为学校体育为人的活动的历史运行和机制的丰富性。遮蔽了学校体育深处的根本目的是育人，而非制器。正如《周易·系辞》所言："形而上者谓之道，形而下者谓之器。"归纳起来有两个原因。

第一，在"师夷长技以制夷"这种理论的感染下，体育就被当成了洋务运动的工具，但是它只利用体育去鼓励人民的力量，并没有用它去开发人民的智慧。它被局限在了所用之上，却没有想到和育人去进行联系。痛惜的是并没有掌握体育的本质内容，所以就一定程度上忽略了对体育自身的本体的考虑，减弱了对体育的客观、科学性的探索。所以，对于体育的正确解释因此也就中断了，延续着一种被使用性质的路线就开始了。这就是为什么中国体育在前期就发展不完善的缘由。进入到此层次，能够深化我们对于这种形式的了解，找到学校的体育队培育出"勇者"的原因之处。它徘徊在教育化也就没什么可奇怪的了。

第二，因为洋务运动的"富国强民"的想法太过于迫切，所以就忽视了体育的培养人的价值，直接用于勇者培养的计划，打断了体育完全形式的构建。造成了体育授课内容长达近十九年的缺失、枯燥无味及不完善。毛泽东在《体育之研究》第三节对学校体操（兵式体操）这样描述："然而体操之益者甚少。非徒无益，又有害焉。教者发令，学者强应，身顺而心违，精神受无量之痛苦。精神苦而身亦苦也。盖一体操之终。"它遮挡了自身文明的实质不能过渡到教书育人的特征上，这就造成了人们的误解，抨击体育属于"走进罪恶的大门"，产生一种反感。它只是人们想象中的一种美好，因为遗忘了"读书即为认识自我"的意义，导致后面形成了技术第一，一般性兴盛起来。忽略了人们在运动中的坚持、忍耐、情绪、价值等方面上的问题，这就毫无疑问地将人看作和自然一般的"同质、不间断"的事物。离开了学校体育的喧嚣，引发多次课程改革的酿新与追求的变容。

（3）学校体育教学的变容与酿新。为连根拔起这一命题在学校体育的喧嚣与重围，去完整阐释与迎接 21 世纪新时期学校体育教学的标新。2004 年中国学校体育从大社会、大文化、大教育的新视角去认识体育教育的品格，拉开了具有真正新精神与当代品格的体育新课程教学改革的帷幕，使体育教学走出自我领域的演进与繁殖，嵌入多元文化的复归。虽然有新瓶旧酒不和谐之处，虽然有相当多的功课还有待于完成，但"删繁就简三秋树，领异标新二月花"。道不远人，以下新面貌的变化仍值得尊重。

一是目的方面，产生了"老师主导，学生主体"的授课新形式。着重强调构造"知识变传播"的授课环境，注重关心学生潜在能力的培养，支持学生根据自身的需求而进行选修的形式，纠正了以往将"书籍、课堂及老师当作关键"的缺点。

二是将体育课程的内容扩大，吸收了综合教育、健康知识等新内容，这是关心人类发展中的潜在内容的开端。将之前的以结果为导向变成了以过程为重点，这就彰显了学习性的特点。

三是体育授课更加的多样性：健身性、运动性、乐趣性、生活性及社会性得到凸显，用来满足同学多方面的需要，表现出了参加和欣赏的文化意义。

四是学校的体育课程更长远化的发展追求，将家庭、学校及社会进行综合，结合成为体育课程新的教学观念。

以上揭示出中国学校体育百年教学的本质诉求与变迁也存在着从感性、理性到自觉性的逐层递进、不断深化的关系与时空趋向。"不与历史双向寻根""不与时代相互对话"的研究可能难以常青。正如马克思和恩格斯所指出的那样："每一历史时代主要的经济生产方式以及由此产生的社会结构，是该时代政治和精神的历史所赖以确立的基础。"

第一，在早些时候，学校的体育其实就是国家执政下的奴仆，依据政治的要求宣扬自我的想法和权利。它只是扮演着教育内容中的素材，来证明教育价值上"了解"的探讨及吸引注意力的标语。并没有想要去建造、探讨一个如何的教学理论。那种军事化的操练方式，和富国强民的本质是一样的；国民党南京政府虽以自然主义体育扫清了封建传统教育的沉疴，但其目标并不是完备教育，主要为了借助这种强取来的权利，没有过渡到教学的这一特征上。导致了学校的体育教学多少年以来都存在着多种缺点，而它会得到许多人的鄙视和不屑也就不惊奇了。可是它在历史上的启蒙价值"周邦虽旧，其命维新"，终结了中国2000多年的传统教育，这个历史成就是不容忽视的。正如学者王孙禺所说："教育的历史，很多是由内部逻辑和外部压力的对抗谱写成的。"

第二，中华人民共和国成立的前期，它被当作改良社会风气及打造社会行为准则的精神承载物，它将"武器观、物质观"的"团体、强身"当作授课的指向，去促进人和国家及社会之前的关联，在增强我国的国力过程中有着举足轻重的位置。就算将"国家主义奉为最高准则"的这种偏见一定程度上消融了人的自由性，但其为实现国家强大，进而使一国面貌之皆新的巨大成就，具有极强的现实的不可磨灭的意义。否则，我们就不能解释这样一个历史事实。正如唯物主义认为，人是历史文化的存在，而不是非历史非文化的存在，存在先于本质。

第三，改革开放以来，随着学校的体育发展，它也促使人们完善了自我，它不仅仅取其精华，去其糟粕，积极吸收世界上的先进文明，将体育授课的自主性发挥得淋漓尽致。它依然成为发展中国特色社会主义的重要依据及培养"四有"新人的重点。好比以前专家说的，"社会没有体育就缺少了旗帜，学校没有体育就不能成为教育。"

第四，我国的学校体育授课在经过了多年甚至上百年的历程中逐渐产生了三个转型，其中隐藏着一条主导线：被动仿效—主动学习—自我创新。可以总结为三个方面：①要让自己民族的价值观与世界价值观相一致；②我国的体育内容要同世界的体育内容的步伐一致；③探索一条实现我国现代化的道路，而体育文化应该和我国的国情一致，符合社会主义核心价值观以及符合人民民主的观念。

概而论之，在多个方面（如当代性、教学性等）来看中国的学校体育多年以来授课性质的变化，然后去多方面、多角度的去概括，查漏补缺经典研讨的缺点和积淀准备新想法的资料。在新的大环境下，让我国能够继续的顺利前进，发现更多可更新体育内容的新知识。我国《论语》中提到，"因不失新，亦可宗也"，还有"温故而知新，可以为师矣"，说的都是这个道理。

上述命题从不同的角度指出对教学意义的理解，把握这些见解可优化体育教学整体结构的有为提升，理解现代社会对体育教学的要求，也揭示出体育教学单纯立足于本学科内的认识来促进学习发展是初步的，还远远不够深入。体育要为促进社会进步做贡献，除了发挥本身作用外，还要有自然而生的社会发展规律和文化演变的自觉，推进体育学习与人的对话，为人的教育培土。要准确把握切实理解体育课程是寓促进身心和谐发展、思想品德教育、文化科学教育、生活与体育技能教育于身体活动并有机结合的过程。因而促进知识取向的教学理解（侧重知识性拥有）、实践取向的教学理解（侧重价值的把握与创造）和解放取向的教学理解（侧重于实现、发展人的自由）三者之间的融合，是作为体育教学目标的认识和判断逻辑的原点。为此，对体育教学之目的的完整理解和准确设定，应是科学建构体育教学的出发点和归宿点，是我们思考的圭臬。这无疑对于体育教学建设十分重要，对于学校体育发展意义更为深远。

第三章　体育教学方法的运用与变革

任何一门学科都有自己特定的研究对象和所要探索的领域。正如，毛泽东在《矛盾论》中所指出的，"科学研究的区分，就是根据科学对象所具有的特殊的矛盾性。因此，对于某一现象的领域所特有的某一种矛盾的研究，就构成某一门科学的对象。"因而，对教法和学法的研究，长期以来一直受到中外教育家的共同关注，特别是从新课程实施以来对其的探讨更是讨论中的热点。教育学的研究表明，学习者与学习材料原有的知识关系没有实质性的自然逻辑关系。教学方法选用的价值规范受人为联系的制约。换言之，教师有什么教育价值观就会采用什么样的教学方法。教师驻足于传统教育价值观就会采用"以教为主"的教学方法，相反，具有现代教育理念的教师就会采用"以学为主"的教学方法。本章立足于从方法论的角度对当前教与学方法的选择与应用进行一番历史审视与分析，为的是让人们更清楚地了解教法和学法的历史特性及教学方法运用中存在的问题，以便更好、更科学合理地去实施与运用。

第一节　体育教学方法的问题与变革

众所周知，受历史影响过去我们只做教师教学的方法研究，很少做学生学习方法的研究。当今时代的发展促使教学方法的研究打破了这一弊端，把教推向了学。指出没有教法的转变就没有学生的转变，没有学法的发展就没有学生的发展。新课程实践证明，教法与学法的有效性制约着体育新课程功能的实现。基于此，本节对其驻足与研究，梳理与揭示体育教与学方法产生的机理，摸清其发生的机制，寻求经验避免无效，以期促进体育教与学效果的提升。恰如学者王道俊所言，教学方法是为完成教学任务而采用的办法，是教学活动有效运行的关键要素。它包括"教师教的方法和学生学的方法，是教师引导学生掌握知识技能，获得身心发展而共同活动的方法。"正如学者王策三在《教学论稿》一书中指出，教学方法由教法和学法两方面组成，是教师和学生课堂间交流与互动联结的载体，是教学系统中最具能动性的部分，不仅直接影响着学生学习行为的有效性，而且还关系着教学效率与学习效果的高低和好坏。

一、教学方法的历史变革

从哲学上看，体育教学方法的运用是教师对知识价值关系的认识或反映，烙印着教师自我的教育价值观对教学的"前理解"。标识着教师在完成知识传授任务时，对教与学的选择、安排等的具体表现。从教育的历程看，教学方法的运用呈现出明显的阶段性特征与时代的表达。释义出不同时代背景对知识需求的期待不同，对教学方法选用的要求也就不同，其关涉着与其教育主张产生的特定时代背景相互联系。如在我国古代基于当时社会生产力的低下，导致知识创新的基础较差。教育的基本教学方式是言传与身教，年青一代只能在与年长者的共同生活中通过模仿和记忆学习相关知识。受时代的制约，其教育取向以传授知识为主，通过传授知识来培养学生的德行。因而，传道、授业、解惑就成为教师的天职。为此，教学方法的选用多以讲授法为主要形式。致使看课堂教学能否取得满意的效果，不是看教学方法的正确使用与否，而是取决于教师的学识水平如何。教师讲好了，学生就学好了。长此以往，就把其演变为了"满堂灌"和"填鸭式"的教学形态。这种教学方法最大的优点是"节省时间和精力"，可以在最短的时间内最大限度地向学生传授知识。正如夸美纽斯在《大教学论》中指出："这种教育将不是吃力的，而是非常轻松，一个先生可以同时教几百个学生。"

但当人类社会由低级文明不断前进迈向了21世纪的新知识经济时代文明时，时代要求教育要把知识创新作为衡量的尺度，由寻求普遍性的教育规律走向寻求个人情境化的教育意义。即教育要把人的个体本质中的内在能动凸显出来、发展出来。为个人知识的意义理解与建构提供支持，满足新知识时代对人发展的需求。于是以个性为解放的、新的知识教育形态日益凸显正成为不可阻挡的世界潮流。拉开人类社会由知识取向的教学理解（侧重于知识性积累的拥有）、能力取向的教学理解（侧重于知识的把握与创造）开始迈向解放取向的教学理解（以发展人的完整性和能动性为核心）的帷幕。彰显出个性的发展是社会进步的核心，只有实现个性（最大发展区）解放的教育才是时代的追求。为此，解放人的潜在能力，挖掘人的创造力，促进人的全面发展就成为今天和未来教育的首要任务。也正因为如此，建立以个人为本的新的教学观和教育观，实现教育的本质是解放人的一种个性化学习活动，就成为当代世界各国教育改革的目标和发展的普遍趋势。在这一思潮下，传统的教育观念被彻底颠覆与抛弃，对此美国未来学家阿尔文·托夫勒指出，"未来的文盲不再是不识字的人，而是没有学会学习的人。"显然再用传统"接受式"的教学方法无法培养出学习者个体不同的发散思维。无法扶植与培养学生的创造性，不符合培养个性和创新精神为 21 世纪社会服务的目标，难以满足社会发展对人才培养的要求。因为，21 世纪社会生产力的发展，要求教育不仅要完成传授知识的任务，还要实现让学习者创造新知识的任务。为此，转变教育观念、改革教学方法、探索合作学习、探究性学习、自主学习等，就成为当务之急。正如学者刘丽群认为，教师不是简单的传声筒，他们如何选择教学方法……是教师整体认识与能力的直接反映。鉴于此，我国著名学者顾明远指出，当前社会上都在热议钱学森提出的问题，为什么我们的学校总是培养不出杰出的人才？要回答这个问题……教育确实要担负主要的责任，主要表现在教育观念的陈旧，教学模式的僵化，教学方法的落后，教育评价的片面上。学者们的言论表明，由于受不同时代教育教学观"前理解"的影响，导致教师对教法和学法概念的理解也就不同，因而对其应用范围的认识也就存在着差异。教师要教好学生，提高教学效率，就必须按时代教育的目的选择怎样教和如何教。即教师要会教和善教，就必须懂得教法和学法与时代发展的适配联系，才能科学掌握好教学。新教育理念在当今教学实践的认识论证明，教法和学法的优化结合是推进体育新课程的一个重要组成部分。只有这样，新课程才会由目标走向现实。正如马克思在《费尔巴哈的提纲》中指出："社会生活在本质上是实践的，人的本质是社会关系的总和。"

二、当前体育教学方法存在的问题

教育历史的发展证明，每个教学方法的历史形成，都离不开它所置身的客观环境。我国传统体育教学观，是根据教的内容来预先设定好教学方法。教师只考虑教的任务完成，较少考虑学生学会的方法使用与发生、效率和限制在哪里，这一定型化极大地规制了教师教学方法的选择与运用。因此，我国以往体育教学研究，往往侧重在教法的研究方面，对学法的研究则不够深入。即使接触到了，也只限于对一些具体学习方法的总结。对学法的专门研究还很缺乏，缺少系统的学法理论指导。因而，在实际体育教学中出现教师只关注"教法"的设计与运用，对学生"学法"的思考没有重视，导致出现用教学方法剪裁学法实践的现象。在指导思想上不是使体育教学方法促进学习对象懂了没有，方法会了没有，体验过程了没有，而是力图使学习对象适应教学方法，使学法迁就教学方法。以统一进度、统一模式、统一方法和统一要求为教学方法的原则，其结果是人变成了客体而不是主体。把有趣的体育教学变成呆板的技能传授与刻苦的标准训练，把体育学习变成了"只认技能不认人"的灌输和规训，失去了体育学习懂会乐的因果性和目的性的统一。这种"统一同质"的教学方法，造成享有不同运动优势的学生没得到个体的发展和满足，也影响了一些运动弱势学生的自信、学习动机和态度，使得他们产生失败感，厌弃体育学习、讨厌体育运动，给未来终身体育可循环的建立增添了危机。正如苏联教学论专家斯卡特金指出："我们建立很合理的、很有逻辑性的教学过程，但它给积极情感的食粮很少，因而引起很多学生苦恼，恐惧和消极感，阻止他们全力以赴地去学习。"

那么，怎样才能有效地发挥教法和学法这一复合体的整体功能呢？近几年来，教育研究者们通过对新课程实施的调研总结来看，大家深深体会到要使体育新课程逐步推进实施，必须把教推向学。如果不注意加强学生学法的应用与指导，就不可能使新课程终身体育教学有效地得以实现。并进一步发现对学习概念及其本质与规律的理解和把握，是发挥和沟通好教法和学法的理论与实践的桥梁。通过反思大家认为，在探讨教法和学法的关系时，当前应将重点放在"为学习发现更多的联合因素"，体现出"教学为学习而设计""为理解时刻而教学""学习要有自由度（选择性）"的学法指导研究上，实现教法和学法联姻才是可为的。正如我国著名教育家陶行知先生在1919年《教学合一》一书中所说，"先生的责任不在于教，而在教学生的学。教的法子必须根据学的法子，怎么学就怎么教。""教学做合一是教的法子根据学的法子，学的法子根据做的法子。"对此，联合国教科文组织21世纪教育委员会在《教育——财富蕴藏其中》报告中也提出："教育应该较少地致力于传递和储存知识，而应该更努力地寻求获得知识的方法。"这些论断，深刻地揭示出教育需要以教会学生学习为重要目标。传统教学法与现代教学法两者之间的区别在于，传统"学习"是接受知识，积累知识，注重智力的提高。现代"学习"不仅要求学生掌握知识与运用知识，更着眼于知识方法的能力形成。即21世纪的教育不仅是实现学习理论、运用理论，更重要的是贡献理论。上述思想在我国古代教育家墨子的《公孟篇》一文中曾有记载，如在教法上要"量力施教"，在学法上要"察类明故"，才能使不同的学生在不同的基础上，做到"深者深求，浅者浅求，教者诚其心，学者尽其材"。

三、学校体育教学方法改革的趋势

从致思取向的维度分析，可以发现从20世纪80年代以来，我国学校体育教学的趋势，在指导思想、功能运用和结构特征三个方面发生着根本性的转变。

（一）在教学指导思想上由教会知识转向教会学习

1972 年雅克·德洛尔主席向联合国教科文组织提交了《教育——财富蕴藏其中》报告，其明确提出 21 世纪教育发展的理念，应是围绕"学会认知、学会做事、学会生活、学会发展"的四种学习方式进行安排。并进一步指出，"这种学习不是获得经过分类的系统化知识，更多的是为了掌握认知的手段。"在这一背景下，"学会学习"就成为新世纪课程教学的宗旨、核心理念与教学指导思想的追求。

（二）教学结构特征由以教为主转向以学为主

"以学生学会学习为中心"的新教学特点，已成为问渠当代体育教学理念的凝结与赖于支撑教学的笃行。这要求教学由以教为主转向以学为主的意义建构。在教学内容上，要给学习者提供多样化的运动选择，尊重学习者对不同体育内容学习的需求。在教学组织上，要建立适应学习者个别差异的条件与学习情境，让学习者根据自己的运动能力与技能水平、兴趣风格，选择学习的相应层次与学习领域。在学习考核与评价上，要体现出学会学习的意义建构发生。既要重视成绩考核的结果，也要关注学习进步的发生；既要重视技能学习的评判，也要养成学习者体育学习生命的领会。恰如梁漱溟所说："以文化育人的方式聚集起有价值的东西，有助于正德、有助于知识的享受、有助于精神的提升。"

（三）在教学方法运用上由统一教学转向多元教学

基于此，在教学方法的设计与选用上，要把体育学习纳入促进人发展的视野，正确看待不同学习者体育学习的不同方式。给予学习者更多的学习机会，发现更多学习的联合因素，扬长补短、因材施教使学习者主体性得到充分发挥。推崇采用集体教学与差异教学相结合，实施学习程度分层、学习内容分层、学习方式分层、学习作业分层、学习评价分层等多元化构建，防止学习者有的吃不饱，有的吃不了。让尖子释放出运动能力，放飞体育天赋；让中等生完成提高赶优，增大兴趣爱好养成运动习惯；对运动差生解惑补救，激发学习热情，使其不因为运动能力不足放弃体育学习；达成学习者全部实现终身体育的运动目标。恰如巴班斯基的一个著名主张，"教学即必须把教的最优化与学的最优化融合在一起。"

上述揭示出随着人类社会文明的不断迈进，给教育教学不断带来新取向的理解，要求教学方法对知识的价值关系释放出一种新的解释、新的操作，建立学习跟知识之间的和谐。渴望教学方法重建出合理的师生、生生关系，促进交往对话。为个人知识的理解与建构提供支持，满足 21 世纪新教育对教学方法的需要。反思我们在传统教育发展的历程中对个性化认识的片面与丢失，摆脱教学方法仅是一种控制知识、管理知识的计算范式。认清学生不是机器，教学不是控制。应是解放，是师生平等的对话，教师是引路者和共同成长的伙伴。从这个全新的角度来理解 21 世纪体育教育在教学方法的实施。从个性化、差异性、多元性、开放性等解放性教学路向的基础上，重构出个性化知识学习新尺度的教学方法。为新世纪体育教育实践走向因材施教增添活力，进一步增大和唱响体育新课程对人的发展的意义建构。这一视域的登场，无疑为我们推进终身体育的实施，提供了一个有益的视角和崭新的尺度。凸显出教学方法的变革，对于我国正在展开的体育新课程实施能否成功，尤其具有重大的意义。理解和把握这一点，无疑是十分重要的。正如学者李秉德认为，"教学方法的构建不仅是现代学校教育的一种努力目标，更是实现未来新教育所必需的一种方法，它是现代教育教学的特征之一。"也曾如珍妮特·沃斯在《学习的革命》一书中所说，"世界正飞速地经历一场革命……这是一场思想的革命，一场我们学会怎样学习、怎样找出既新又好的解决问题办法的革命。"

上述学者易言指出，教学方法已成为问渠新教育的形象与样式，是表现新教育教学方式的普遍论述。"工欲善其事，必先利其器"，对其的致知，可帮助我们更清楚地认识体育教学方法的选择与运用。"至道"自我走向体育新教育教学的崇高，改变我们体育教育教学方法在育人方面长期不协调的发展。

第二节　体育教学方法体系的建构与辨析

　　理念性教学方法的构成是教育思想理念特定的内容体系与价值的综合反映结果。一定的理念支配着一定的行为，教育也不例外。教学方法的改革不能撇开教育思想理念，单纯就方法论方法，这样无论采取何种措施，都不能见到效果。只有把教学方法与教育理念统一起来去认识、去研究、去改革，教学方法在实践上才会有新的突破。从而得出论断，理念性教学方法是体育教学方法体系的构成与存在，是体育教学方法体系的组成部分。

一、理念性教学方法的内涵和辨析

　　理念性教学方法是教学方法的准绳，属于教学方法的上位概念。其体现着各种不同教育理念流派的特定教育价值取向，规范着教学方法的设计、选择与实践方式的行为方向。将教学的思维和行为方式与运用程序和准则进行定位。为教学方法的应用设计提供有力的理论支持，是教学方法实施的重要思想基础。明确区分不同教育理念流派教学方法的行为的准则性、目标的针对性、实施的程序性、载体的模式性和内容的法定性。例如，行为主义教学理念强调外在刺激的强化作用，主张通过奖惩物的控制和安排来调动学生学习的需要。再如，认知主义教育理念注重学生内在的认知需要，主张通过增强教学认知的吸引力来激发学生的学习需要。又如，建构主义教育理念力求消弭教育将狭隘的理性和抽象的推理过程，视为完整人生的标准加以过分强调的弊端。其强调基于学习者自身经验和最近发展区的主动建构过程的"情境""协作""会话"和"意义建构"的学习机制，把教推向学的新型学习方式，力求为教学发现更多的联合因素。又如，人本主义教育理念以其独特的哲学认识论，通过对人与世界的诠释，认为人有自我实现的内在需要和独特潜能，因而关注成功体验的作用，重视学习的自由感和成就感，注意发挥学习者的主体地位。又如，多元智能理论，使我们深入了解了人类智能的本质，摆脱了传统智商理论的局限，为教育理论与实践带来了突破性的启示。告诫我们，人没有聪明与不聪明之分，每个学生都有自己的优势智能领域，每个学生都存在八种不同智能不同程度的组合，每个学生会以不同的方法来学习、表征和回忆知识。教学要认识、尊重和充分利用个体智能差异，应针对每个学生的不同需要而使用不同的教学方法。充分发挥每个人的智力潜能，最大限度地利用个体特征促进学习。根据学生的长处与短处致力于学生的整体发展。又如，后现代主义课程批判了现代主义知识观的僵化、封闭的弊端。以解放知识的多元观和有机观为奠基，提出了以流动性、生态性、交互性、包容性为特征的后现代课程目标观。可为全面审视我国基础教育课程的现状，实现课程的转换及正在进行的新课程改革提供富有建设性的依据与参考。正如 D. Britzman 曾说，"学会教学——正如教学本身一样——是一种过程……在此期间，一个教师做了什么，就是他认识了什么，理解到什么，就做了什么。"

由此可见，理念教学方法不仅是一种教育观，而且是人本观、社会观。一方面，它反映着教学是社会实践的决定性，即教学是社会有机整体的一部分，是随着社会历史发展而形成、演化和进步的，它与社会各因素具有复杂多样的关联性。另一方面，它表现为理念教学方法是一个特殊的观念表现，存在多种多样的社会性和文化价值性的取向，与人的存在形式和生活形式等都存在着复杂的关联，这些因素交织在一起对教学方法发挥着作用，内化于教学的实践活动之中，也体现在教学方法的选择与优化过程之中。它可以使教师反省自己日复一日的教学行为的合理性，重新思考那些习以为常的教学行为，更加自觉地运用教育理论对日常教学进行自我监控和调整，真正实现由"工匠型"到"专家型"教师的转变。

但需要指出的是，理念性教学方法"不具有操作性，不能直接运用于学校各科的教学之中，而是通过影响教学主体的思想、观念，渗透到各科具体教学的设计和实施中。"① 其宗旨和构想旨在使教师在教学设计时，能够在拟真教育情境中，面对复杂的教育问题做出选择和判断，生成文化自觉的元专业性的见识。它能帮助教师从不同的角度、不同的变量和因素去考虑看待教育教学问题。富有成效地思考和提升已有的教育经验，解决基于教师个体经验教学实践性的决定和决策。正如美好的理想一样，虽不能保证我们拥有美好幸福的生活，但它确实能够有所帮助，并让这些事情变得更加可能。也恰如美国学者吉布森所说，"全球化新教育的思想……给教育研究和实践提供了崭新的尺度。"

诚如某学者所言，这些教育思想概念体系，在教学发展的过程中，从哲学、社会学、文化学，教育学等领域都对教学方法与学生身心发展规律进行了深入探讨，逐步确立了其教学的基本原理与方法，对于改变教师的思维方式，推进教学的改革与发展，优化教学活动，促进学生全面发展，无不具有重要的价值。近年来，随着教育全球化浪潮的不断迈进，这些具有深远历史渊源的思潮向教育领域全面涌入。迫使体育教育工作者不得不对其与体育教育的关系，重新进行全面深入的研究探讨与思考，以揭示其对我国体育新课程教育与应用的启示。所以，对其进行驻足和研究是必要的和有意义的。

二、原理性教学方法的构建与应用

（一）原理性教学方法的内涵与辨析

原理性教学方法是人们将教育思想应用于课程实施领域的一种指导性方法取向，是解决教育哲学思想、教学规律、教学方式与教学实践联接的问题，是教育思想与学校课程实施之间发挥中介作用的方法，是教学普适性的方法和技术。它上接理念性教学方法的指导，下接学校不同课程的教学内容，其目的是尝试说明产生优质教学方法的某些基本条件，对各种教学方法应用的可能性做一比较分析，努力展示有成效地运用这些程序的条件、范围和广度。力求多侧面揭示方法

---

① 黄甫全 . 现代教学论教程 ［M］. 北京：教育科学出版社，2003：315.

本质的出发原理与相对性，弄清各种教学方法的本质和教学过程的职能。正如学者张力为所说，"原理是可以转化为方法的，无论哲学原理、科学原理或其他知识领域的原理，都可以在一定的条件下向方法转化。原理本身是关于事物本质和规律性的观点与知识体系。它本身只说明'是什么''为什么'，并不直接解决'怎么样''如何做'的问题。因此，原理本身还不是方法，只为方法的形成提供理论与科学的依据，属于方法的理性原则。"

（二）体育原理性教学方法的建构与运用

按照教学方法的媒介特征、功能和学生学习活动的特点进行分类，原理性教学方法应属于教学策略的范畴。如可分为：行为主义原理性教学方法、认知主义原理性教学方法、建构主义原理性教学方法、多元智能原理性教学方法、人本主义原理性教学方法、后现代原理性教学方法。现评述如下，供参考。

1. 体育行为主义原理性的教学方法与运用

行为主义教育理论强调"刺激—反应"作为行为的基本单位，学习即"刺激—反应"之间联结的加强，教学的艺术在于如何安排强化，教学的目的就是提供特定的刺激，以便引起学习者的反应，所以教学目标越具体、越精确越好。有以下闪光的理念可为体育新课程提高教学媒介、教学方法的效率，为促进教师在特定的时间内完成更多的教学任务，学生能学到更多的东西提供策略与指导。

2. 体育认知主义原理性的教学方法与运用

认知主义教育理论强调学习是认知结构的建立与组织的过程，重视整体性与发现式学习。其代表人物布鲁纳的"发现学习理论"、布卢姆的"教育目标分类学"、奥苏伯尔的"认知同化学习理论"、加涅的"信息加工理论"等，这些理论已成为体育新课程改革的支柱，在今天体育新课程的教育实践中发挥着越来越重要的影响。认知主义教育理论有以下经典理念性方法，可帮助教师提升认知视角，确定教学策略，完善教育教学方式和实践指南。

3. 体育建构主义原理性的教学方法与运用

建构主义理论是 20 世纪 80 年代以后兴起的，是当今世界一种重要的国际性教育思潮，对世界各国的教育产生着重大影响。其思想和主张已深深地渗透在我国新课程之中，指导着我们的教育教学。建构主义教育理论有以下闪亮的理念性方法，可帮助教学发现更多的联合因素，体会为学习而设计的可行性和有效性。

4. 体育人本主义原理性的教学方法与运用

在人本主义中，人的品格塑造成为教育的主流方向，教育致力于促进人们德智体美劳全方面发展。人的全方位素质提升体现在以下几个方面，第一体现在人的综合素质方面，主要包括学习技能、学习能力、体育能力以及社交能力等；第二体现在人的情感思维方面，主要包括情感意识、思维方式以及价值观体系等等。在人本主义教育体系中，罗杰斯的并行课程内容可以很好地满足人本主义所提倡的教育目的。并行课程主要包含知识课程、情意课程和体验整合课程，并且组织意义学习作为教学的基本动力，罗杰斯所指的意义学习主要分为两点，第一点可以称为"无意义学习"，无意义学习的内容主要包含那些没有特定意义的教学内容，比如一些涉及心智的教学内容；第二点是"意义学习"，意义学习内容主要针对个人行为以及情感等方面的学习，意义学习在个人综合素质塑造方面有着深刻的促进作用。

5. 体育多元智能原理性的教学方法与运用

多元智能教育理论与我国多年来倡导的素质教育改革诸多理念不谋而合，由于其对于我国当前教育改革和实践表现出较强的指导性和适用性。因而自引进以来便得到了理论界和实践界的广泛关注和一致认可。目前全国范围内自发或有组织地在本校实施多元智能教育或进行多元智能相关实验和研究的中小学校已有百余所。为此，对其理解与把握是必要的。以下理念性方法，可帮助你的教育教学思想超越传统狭隘智能的认识，激发对学生个体学习潜能的理解与施教。为个性化的教与学，开拓出一片蔚蓝的天空。从传统的应试教育升级成人本教育，从关注学生共性升级成关注差异化发展的教学内容，在思想观念上发生翻天覆地的变化，从最原始的学校教什么，学生学什么，转变为学生需要什么，学校教什么。

6. 体育后现代主义原理性的教学方法与运用

后现代课程观是针对近代学校教育受日益强化的技术性支配，形成了以学科为中心的课程结构，结果出现了人与自然、人与社会、人与其自身偏失的批判基础上产生的。这是有其必然性原因的，我国目前教育的改革以及试点工作需要这种全新观念的支撑，并且从目前改革现状以及试点成效来看，在新课程中已经看到了一些全新观念的影子，在《基础教育课程改革纲要（试行）》中我们发现，其纲要秉承的核心理念即全新的观念。

后现代主义教育理论有以下破旧立新的理念性方法，可帮助你的教育教学思想从时代"喧嚣的回响"看待教育教学，从知识的多元观、有机观、开放观思考教育教学，重新审视和比较体育教育教学的未来，建设什么、发展什么。

三、体育操作性教学方法的建构与运用

（一）操作性教学方法的内涵与辨析

操作性教学方法是学校教育各门课程独有的具体教学方法总和。每种方法具有的特性，只适用于特定的科目学习与固定的程序和方式。具有"方式的具体性""内容的特定性""程序的稳定性"和"应用的可操作性"等特点落实在教学行为和手段上的具体方法，或者叫"学科具体教学法"。正如有学者认为，学科具体教学法与特定的教学内容相聚合，它具有相对固定的教学程序，运用于一些特定的教学方式和手段，如讲授法、演示法、练习法、游戏法、竞赛法等。学科具体教学法使用的合适与否，与教学内容的契合程度存有关联。要注意两个方面：第一，方法本身的合理与否。比如分散练习法用于新授课教学上可能会不合适。第二，方法使用的合适与否。比如发现法用于复习课教学上可能也不一定合适。因为每种方法都有其优点和缺点，当一种教学方法产生合适的效果时，它就有效，反之就无效。

（二）体育操作性的教学方法与运用

1. 行为主义教学策略的运用

程序教学模式是行为主义教学的经典，对世界教育产生过深刻的影响，至今仍被教学使用，其教学方案有很多特色值得我们学习、领会、选择运用。根据斯金纳的设计，程序教学的过程是把教学内容根据学习过程分解成许多小步骤，并按一定逻辑排列好。每一步骤根据学生回答问题后，通过出示正确答案，使他们确认自己反应的正误，然后再进入下一步骤的学习。如领会式教学模式，在快速跑学习中，教师首先让学生带着问题练习，然后提出为什么有的同学跑得快，有的同学跑得慢，让同学们进行总结。紧接着让同学们再练习，再总结，在做中不断改进与提高，从而完成学习目标。

2. 认知主义教学策略的运用

先行者组织策略是认知主义教学的经典，其基本主张与我国课前预习不谋而合，已经自觉或不自觉地渗透在我们的教育教学之中，成为新课程教学理念的重要支柱，下面对其理论的由来、背景、方式和策略进行评述，供我们学习、领会、选择运用。

3. 建构主义教学策略的运用

在建构主义教学模式中，较有代表性的、成熟的教学策略有 3 个：抛锚式教学（即情景教学）、随机访问教学和支架式教学。这些模式能够帮助我们正确把握体育教学设计、优化课堂学习、增进学生的理解力。

（1）抛锚式教学。抛锚式教学也称为情境教学、实例式教学或基于问题的教学，就是根据事先确定的学习主题在相关的实际情境中选择某个真实事件或真实问题，在课堂上展现出与现实中专家解决问题相类似的探索过程，教师提供解决问题的原型，并指导学生的探索。这种教学使学习在与现实相类似的情境中发生，以解决学生在现实生活中的问题为目标，对于培养学生解决问题的能力和探索精神有重要作用。

（2）随机访问教学。通过对建构主义学习理论中的认知弹性理论分析和研究，我们发现当人们处在不同的认知情景中时，人的灵活性以及随机性被最大化地发挥出来，同时根据这一分析结果，我们总结出了随机访问教学，也就是我们通常所说的通达教学。通俗来讲，随机访问教学是指通过更改学习的时间以及情境来实现教学目的，并且在教学中，不停变化的场景可以激发出从未有过的灵感，这就是随机访问教学的方法和目的。对于学生而言，随机访问教学模式可以满足学生通过多种角度以及途径学习的目的，从而增加认知以及学习的积极性。对于随机访问教学的概念我们不能一概而论，而应该细化来进行分析和探讨，随机访问教学需要将教学内容细化到每一个场景中去，通过不同的场景变化来使学生更加具有吸引力，同时可以多角度增加学生的认知度，随机访问教学源于计算机中的访问系统，在访问式教学中也可以理解为对一个有计划构建的场景进行访问，并且从中获取学习的知识。

（3）支架式教学。苏联著名心理学家维果斯基曾经着重研究过儿童的心理发展水平，他提出儿童有两个主要的心理发展水平，其一是实际发展水平，其二是潜在发展水平。通过对这两个发展水平的研究他发现，在这两个水平相互转换之间存在一个过渡区，他称为"最近发展区"，而这个理论正是在其文化—历史心理理论上发展而来。通过对维果斯基理论的研究我们得出了支架式教学理论，即重视社交以及文化知识的作用，同时该理论还证实了儿童心理发展是一个社会与文化认知的过程。

4. 人本主义教学策略的运用

(1)"非指导性"教学模式。"非指导性"教学模式是以人本主义心理学为基础，着眼于学习者人格发展，以学习者为中心的教学模式。其理论强调学生"自我实现"潜能的作用，教师仅仅起"促进"作用，所以叫"非指导性"教学。罗杰斯认为，传统教学中的"教授知识"最多是给学生一些陈旧过时的知识，这种"依赖知识、依赖训练、依赖接受某些被教授的东西是毫无用处的"。"非指导性"教学理论首先基于对人类的基本信任，相信人类的天生潜能是积极的，只要后天提供一定的条件，潜能就会自然而然地释放出来，潜能也因而得到实现。

(2)学习者中心的教学。该主张认为教师要成功进行以学生为中心的教学，必须具备以下几个特质：①信任学生：如果教师能相信学生具有发展自己的潜能，则应该允许他们有机会选择自己的学习方式；②真诚的态度：卸下教师的面具，感知学生的心理感受和体谅学生；③尊重学生：尊重学生的人格、情感和意见，不随意批判学生，不使学生感到威胁；④了解学生：深入了解学生的内心反应，并设身处地地站在学生的立场了解学习过程。

(3)人性化的教学角色。强调个人选择、师生关系及班级气氛等条件的重要性。师生关系不但能增进学生深入学习或了解自我，而且是有效率教学的特征。基于此，教师欲使教学有效，必须设法建立良好的师生关系。

(4)安全感的学习气氛。一个班级是一个小型的社会体系。从这点来看人只有在轻松愉悦的氛围中才能发挥出自己最大的潜能，这一点同时适用于儿童阶段的学习过程。要想发挥出学生的潜力就要为学生构建一个轻松愉悦而具有安全感的学习氛围，试想一个学生处在一个乌烟瘴气充满了责骂与批评的学习氛围中他的身心怎么能健康的发展？没有了健康的身心，又谈何塑造人才呢？

(5)成就感教学。人本心理学家强调个人的自我知觉是决定行为的基本因素。为了培养学生积极的自我观念，学校应重视成就感教学，使学生在学校活动中获得成功的满足，肯定自我价值，逐渐形成一个健全积极的自我观念。在教学上，应依据学生的个别差异因材施教，实施个别化的教学，减少学生在团体中的挫败感。在评价方面，应重视学生的自我评价避免学生间的相互比较。

(6)价值澄清教学。价值澄清教学承认人有选择的自由和自我决定的能力，它通过一些教学活动，协助学生对自己的信念、情感、行为做自我分析和自我反省，而理清自己的价值观、确立自己的形象。

(7)陶冶情感的教学。人本主义心理学家认为将知识与情意的教学分开是一件不可思议之事，这两者是相互关联，相辅相成的。在陶冶情感教学方面，人本心理学家提出下列重要的教学策略：①在教学中，教师宜将自己真诚地流露，使学生了解教师的内心感受；②教师要了解学生的需要和情感，并协助学生建立积极的情感；③安排适宜的情境，使学生有机会探索自己的情绪，或学习感知别人的情感，以及得到被尊重、被接受和被了解的经验。

5. 多元智能教学策略的运用

加德纳认为，教学目标的多样化和教材选择的多样化是实现个性化学习内容的教学策略的关键。为此，有以下教育教学要素供大家学习、领会与运用。

（1）分层次教学。根据布鲁姆的目标分类法，可将学习内容分类呈现，以适应不同水平学生的需要：①通过对学生知识结构以及学习能力水平进行分类，再根据分类的结果进行因材施教；②给学生自由发展的空间，鼓励其用所学技能运用到实际操作之中；③时刻保持教学内容的创新与发展，以满足学生的发展需要。

（2）以强带弱发展性教学。通过对多元智能领域的研究和探索，我们发现优势领域和弱势领域存在于每一个学生之中，同时通过多元智能理论我们总结出应该对学生的优势领域和弱势领域进行互补，在优势领域稳定提高的基础上，强化其弱势领域。所以对于学生的优势潜能教师要给予鼓励和肯定，同时要"因材施教"的对待每一位学生的需要。采取多种形式，在多种不同的学习情景中进行。帮助学生发现和建立其智能优势领域和弱势领域之间联系的切入点，提供运用自己的运动智能强项来发展弱项的机会，引导学生有意识地将其从优势领域活动所表现出来的智能特点和意志品质迁移到弱势领域中去，从而使学生的学习能力得到均衡发展，使教学名副其实地成为促进学习能力充分发展的有效手段。

第三节　体育学习方法的选择与运用

美国著名未来学家阿尔温·托夫勒，针对21世纪知识时代的来临深刻洞见地指出，"未来的文盲不再是目不识丁的人，而是那些没有学会怎样学习的人。"国外学者这一全新教育观的指出，"学会学习"不只是一种教育观念，也是一种方法论和认识论的命题。梳理出体育教学，要由教的方法走向与学的方法联姻，使学习者由传统学习方式——知识的被动接受者，转变为知识意义的主动建构者。因而，教会学生学习的方法，学会学以致用就成为体育学法的目的。正如联合国教科文组织教育发展委员会，在《学会生存——将于世界的今天和明天》报告中指出的那样："教育应较少致力于传递和储存知识，而应努力寻求获得知识的方法（学会如何学习）。"

基于此，解析体育学法的构成与组织，概括总结其实施与策略，提出理论范式。为促进体育教与学方法的建设开辟活水，为教师在教学形态选择与运用、重组或再造提供启示认知；为教师联盟 21 世纪体育新课堂教学方法的设计，提供完备的理论支撑；因而对其发掘探析，这无疑是重要的，也是十分必要的。

一、影响与制约体育学法的要素

（一）对体育学法的本质认识不清

从影响体育学法问题的角度分析，体育学法问题的产生，既有时代认识思想的逻辑演绎存在，也有体育教学自身方法论体系的不完善。正如学者张笛梅深刻地指出，21 世纪的变革，不仅广泛而深刻地改变着我们的生产方式、生活方式、工作方式，也深刻地改变着我们的学习方式。学者易言释义出，受过去时代发展的制约，我们在理论上，只是单一地以感觉论为基础阐述掌握知识的过程。把探索如何有效地教作为教学法则，缺失没有建立如何使学习者学会学习的理论与方法。没有说明教与学两者之间可共量、可通约的共相与殊相运用统一的理解和阐述。质言之，此种现象表明，我们只发挥了教师的主导作用和教师的教学智慧，没有发挥学习者学习的主动性和学习智慧的力量，因而它是不完善的。对此学者于素梅的调查指出，目前教育学和体育学的专家，对学法的专门研究还很缺乏，其研究还处于起步的阶段。因而，导致发生对体育学法的本质认识不清、体育教法与学法的构成与组织不清，缺乏体育学法理论的指导，影响与制约了终身体育的培养与实施。置身于人类社会的发展来看，以教为主的教学范式，已不能适应 21 世纪的知识化、信息化发展的要求，使学习者"学会学习"已成为当代人类学习的新特点。正如联合国教科文组织在《教育——财富蕴藏其中》一书中指出，学会学习是 21 世纪人类生存和发展的必要条件。为此，解剖体育学法存在的问题，鉴别与破译影响体育学法的要素，使体育学习活动顺应社会发展的步伐就成为必要的。

（二）缺乏体育学法理论的指导，致使体育学法的构成与分化不清

心理学研究证明，行为是认识的反映。认识是判断定势，选择方法的依据，决定人对事物的看法与行为方式的反映。我国学者对教法的认识比较深刻完整，形成了独立的范式与范畴。而对学法的研究论述甚少，没有形成应遵循的理论范式与明晰独立的科学范畴。即使有些论述也局限于意义性的描述，缺乏以学法实践语境为设计的逻辑、结构与方法的明确指导，致使教法与学法的结合上未能有机交融、体育学法的构成与分化不清，导致形成"只讲教不管学"现象不断蔓延，影响了新课程学会学习的教学实施。因而对此进行研究，已成为亟待解决的问题。正如有学者指出，教材中内隐的认知框架，影响着教师教学策略的筹划与教学方法的选择。

通过对教学理论的研究与认识，已演绎形成比较完整的科学体系。但对体育学法的各要素关系、不同条件和环境、组织方式和展开形式的一般规律，尚无确凿的认识提出。这一认识落差，影响与制约了体育学法的构建，难以适应时代对学会学习的要求，难以为体育新课程的逐渐实施提供支撑。敦促我们，今后不仅要正确处理好教与学的关系，还要从不同角度进一步认识和解释出学法的现象与规律才是可为的。可以说，这是我们每一名从事体育教学的工作者应该深入探索和研究的课题。

二、体育学法的分类和必备素质

（一）体育学法的分类

学者吴也显指出，什么是"学法"，学法是学生完成学习任务的手段或途径。从认识论讲，它是指在教师指导下，学习者获得经验方法的总和。从方法论讲，学法即指导学生学会学习，或者说是教育者指导学习者，对学习方法进行的一种反馈与监控。因而释义出，体育学法即学生完成体育学习任务的手段或途径，是一种有意识地引领学习者主动学习状态发生的认知策略，是指导学习者由学会知识走向学会学习的方法。根据加涅的学习内部条件与外部条件的分类，体育学法的结构可由学习价值观的表述、学习方法的指导两部分构成。前者可由知识认知和学习意义建构等组成，如"为学习而设计""为理解而教""学习自由度"等。

后者可分为定向引导阶段、理解应用阶段、领会创新阶段。沿着这一理解，体育学法的要素一般含有下列方面：预习发现、寻疑问难、边练边思、自我检验、自我校正、理解应用、意义建构等。在现代教学理论中，学生被转变为教学主体。传统教学中的硬式教学法已经被取代，取而代之的是引导性教学，主要包括引导学生对学习内容的自主探索，以及独立思考，从提升学生的求知欲望入手。古罗马教育家普罗塔克曾经说过"儿童的心灵需要用火种去点燃，而不是简单地去填满。"所以在现代化教学中，我们要教会学生"主动学习""主动探索""主动做事"的根本方法。促使学习者实现，一是主动接受；二是自主发现；三是通过意义建构的途径和方向指引，帮助学生由学习的必然王国走向自由王国的生成与转换。

（二）体育学法的必备素质

集合新课程经验得出，学法分类的构建应从学生的两个素质入手。首先，针对学生的心理素质进行探索，应当努力提高学生的求知欲望，以及考察学生的兴趣爱好；其次，对于学生学习能力的探索，突出表现为在学生综合能力的基础上因材施教去进行分类和总结。教学经验证明，这两点在意义建构体育学习方法中尤其重要。诚如鲍尔诺夫认为：学习唤醒，可使主体的人在灵魂震颤的瞬间，感受到一种从未体味过的内在敞亮。学习主体在获得思想解放的同时，思想认知水平也会有显著的提高。处于唤醒状态的学生，其智慧和心灵都闪烁着耀眼的光芒。布卢姆曾经说过，如果每一个学生都能找到适合自己的学习方法，那么所有的学生都能有很好的学习效果。据此认为，上述对学法的研究与论述，可敦促我们从不同角度，进一步认识学法的现象与规律，正确处理好教与学的关系。因而，对其探索和研究是必要的。

三、体育学法的组织和运用

根据加涅学习内部条件与外部条件的分类特征，我们认为体育学法的组织与运用，可从学习过程的指导、学习方法的指导两部分着手建构才是可为的。实践证明，以此作为划分学法组织与运用的依据，一是能够突出"教学的目的性——使学习者掌握体育知识与技能"，即教师指导教授的艺术性；二是能够体现出"教学的主体性——使学习者领悟学会学习的方法"，即学习者学练的艺术。

心理学研究证明，学习主动性来自学习环境的情境适配与知识意义的建构。这一命题指出，学习过程存有学生以及学习内容有机组合的过程，在建构主义中有效学习的四大支柱分为：情境、协作、对话以及意义架构。这些视角指出了学习的成功，不仅靠智商还要靠情商，有效学法的实施取决于"知、情、意、行"的发生。基于这一理解，我们认为指导学习内容的体育学法设计应在以下方面下功夫。

（一）从学习内容的设计着手

其一，学习内容的深度、难度与学习活动适配性的安排。指向完成什么学习任务，达成什么教学目标。

其二，学习活动内容的顺序性和进度性的安排。场地、时间、器材等能否符合学习者的学习要求，达成有效学习的展开。

其三，学习活动的差异性的设计安排。是否具有多元性、多样性、多层性等知识意义建构的发生，是否符合不同学习者的能力、条件、性格，达成有效学习的展开。

其四，学习活动的行动和效果的设计安排。能否引起生生互动、师生互动等合作学习的发生，能否为参与的学生提供成绩考察和奖励，即达成懂、会、乐。因为这些特点的重要性是它能够感染、引发、激励学习者的情感，并产生良好的自主学习行为，保障学习活动持续深入。

（二）从学习内容的方式着手

教学论指出，教学应根据学习活动的不同而不同，应根据学习对象的情境变化而变化。这一命题指出，学习具有个性化的特点，只有适应学习者特点的方法才是好的教学。基于此，我们认为有以下学习方式供参考借鉴。

（1）布鲁纳认为"学习的最好刺激乃是对所学材料的兴趣。"由此看出体育教学首要思考的教学内容是如何增加学习的趣味性，以及如何在体育教学中调动学生的兴趣爱好。

（2）苏霍姆林斯基曾经说过："请记住：成功的欢乐是一种巨大的情绪力量，它可以促进儿童时时学习的愿望。请你记住无论如何都不要使这种内在的力量消失。缺少这种力量，教育上的任何措施都是无济于事的。"通过苏霍姆林斯基的理论我们得出，教师在教学过程中要积极营造学生的成功感，让学生在成功的氛围中去学习和改变。

（3）在体育教学中教师应当积极营造一种现实的体育环境，这个环境应当与体育教学的内容以及技能相匹配，同时让学生在这个环境中通过所学技能去充分体验，从而在体验中体会到运动的快乐。所以要求老师在教学内容的选择上要注重学生的体验，注重学生在运动中获得快乐。诚如赞可夫指出："要以知识本身吸引学生学习。"

（4）在体育教学中应当穿插大量的富有情节性以及趣味性的体育游戏，体育游戏作为一种教学方法和手段不仅可以增加教学效果，同时还能提高学生的兴趣。"有了它，一个枯燥的练习可以变得津津有味，一个沉闷的教学可以生机盎然。"所以在体育教学中老师要善于用体育游戏来促进学生的兴趣培养，通过体育游戏强化学生的技能，使学生在学习过程中不仅能学习到知识同时处在一个相对愉悦的环境中。通过刺激学生的兴奋度来引导学生进行自主探索和学习，引导学生积极去融入体育教学中。

（三）从学习过程的指导着手

联合国教科文组织提出，学会学习是 21 世纪人类学习的特点。这一命题指出，形成一种独立的学习方法，要比获得知识更重要。因而释义出，形成学习者学会学习的方法，是教学策略制订的最重要标识。阶梯发展论认为，客观事物的发展都有一个明晰的阶段划分过程。为此，从内涵和外延两个方面来看，指导学习者学会学习，需经由自身的习得和后天的教化两个阶段而成。其实现需要两个基本条件，一是外显学习（形成经验）。通过不同学习条件的习得与运用，完成"实践—认识—再实践—再认识"的新旧经验的循环与深化。教师要遵循由量变到质变的规律完成这一循环和认识。分阶段设计不同的环境和条件，逐段策划学生实践学习中运用知识、经验和智慧，形成学会学习的方法。二是内隐学习（养成学习习惯）。人类学习不仅有动物王国认识世界的自然性模仿，还存有抽象反思自我能动改造世界的属性。因而，可通过意向性学习的能动建构，缩短自然学习的时间，进入飞跃阶段。学习实践证明，学习者通过自我意向性学习的总结与领会，可促进学习者学会学习的方法，步入精神境界进入内隐学习。不受外界环境的影响与条件的干扰，可自主自觉地监控自己学习。即唯物辩证法说的否定之否定，获得学习的能力。

从体育学法策略中可以看出，其方式有：布鲁纳的发现式，不直接提供学习内容，让学习者自己领会发现消化学习内容；奥苏伯尔的接受式，把学习内容直接呈现给学习者，让其吸收内化；斯金纳的程序式，把教材系统条理化，让学习者按进程学习；布鲁姆的掌握式，在集体教学后，根据不同学习者知识掌握的程度，然后再施以超前学习、扩大学习、补救学习等安排。需要注意的是，在其应用过程中，不存在先进方法与落后方法之分。它们之间尽管存有差异，不同方法有自我"供求"的指向与衍生的运行机理。但从学习的目的以及聚合效应来看，存有互补的关系，具有密不可分统一的特征，对其的选择与运用，不能陷入二律背反非此即彼的泥淖。如外显学习与内隐学习两种教学设计，都有其教学结构特点，虽然它们是不可相互替代的，各有其教学方法的共同点。但应根据其学习属性的不同阶段，灵活选择方法的应用。正如巴班斯基曾说，"教学的方法和形式具有一定相互补偿性，因而同一种任务可能借用不同的方法和形式来解决。"

综上所言，要求在学法教学方式的设计上要体现出以下特点：

其一，交往性。现代教育理念指出，师生互动、生生互动等，多向交往教学方式的学习效果最好。因而学法的方式设计，既要重视学习者自身学习信息的获得，也要考虑学习者之间信息的转化加工的反馈联系。

其二，多层性。因材施教原则告诉我们，学习者之间存有学习能力的"不平等"。每个学生的兴趣爱好以及能力水平都有很大的差异。同时要想实现学生终身体育的教学目标就要找准学生的兴趣爱好，有针对性地教学，实现有意义的教学。因此，学法的方式设计必须面向学习者的差别，施以多层的个性化学习选择，让不同质的学生都能得到学习的收获和满足。

其三，信息性。奥苏伯尔从学生知识学习的过程、结果和有效学习条件进行研究，提出有意义学习与机械学习、直接学习与间接学习的方式。要求我们根据学习表征的特点施以设计，方可取得有效的学习方式。学法的方式组成既要有间接的接受式学习方式，也要有直接的发现式学习方式，还要有独立的自主发现式学习方式。因而，学习的过程不仅要有老师教学生学的过程，也要有学生之间的合作学习过程，还要有学生自主学习的领会过程。

由上而知，体育学法的目的就是使学习者学会学习。什么叫学会学习？苏霍姆林斯基指出，学校面临的主要任务，首先是教会孩子学习。通过具体的学习方法就能够转化为一定的学习能力。既提高学生学习的积极性和科学性，又能达到促进学生举一反三的目的。

正如体育学法要素的构成指出：①学习需要用兴趣爱好等非智力因素引导，主要是解决学习目的和学习动力问题。②学习过程各环节及其方法的指导，主要解决学习方法问题。③学习能力的指导，主要解决学习习惯的问题。因而，我们认为指导学习过程的学法运用与安排有以下方面，供参考借鉴。

第一，解决学习目的和学习动力的方式。具体为：提高学习的元认识，了解学会学习的意义、特点与策略，才能建立学会学习的认知与方法。正如心理学研究证明，行为是意识的反映。学习策略不是先天具有的，是在具体的学习过程中形成的。因而，学习策略在一定程度上讲，是一种学习技巧、学习习惯和学习情感体验的养成，它是内化学习者学会学习的基础。

第二，解决学习方法的选择与运用的方式。具体为：①建立学习策略。学习指导经验证明，根据学习内容的特点正确选择和使用学习方法，建立学习策略至关重要。如果学习方法不能与学习内容和个体学习的心理特点相匹配，实现学习的目的就会很困难。②学会评价学习策略。相关研究指出，建立学习策略是低水平的认知策略，只有学会对自己学习的活动进行评价和监控，主动调节影响与制约自我学习活动的相关因素，才是真正的学会学习。正如美国学者 B J. 日耳曼所说，如果学习者能够学会评价和监控自己的学习进程，那么他就可以成为一个"聪明的学习者"。

第三，解决学习能力的运用方式。具体为：学会比较总结，使学习者通过对自己学习经验的总结，就能知道成功在哪里，失败在哪里。逐步提高自己学习能力和水平，走入学会学习，形成学习策略。如通过与他人进行学习方法的交流取长补短，做到有自知之明，提高自主学习的自觉性，形成适合于自己的学习特点。

四、常用的体育学法

依据四川省教科所严成志的学习理论分类，常用的有 6 种基本的学习方法：①观察学习法；②模仿学习法；③抽象概括学习法；④解决问题学习法；⑤逻辑推理学习法；⑥总结领会学习法。

（一）观察学习法

观察法是学习者借助视觉有目的、有计划对学习对象的活动，通过深入地观察以获得信息资料的一种方法。观察法由来已久，它来源于记忆的原理，形象的东西比抽象的东西更有利于记忆。体育学习的经验告诉我们，通过观察获得的学习对象的整体印象深刻，良性大脑皮层容易建立神经联系形成动作技能的表象，可起到抽象思维难以达到的效果。借助此法，可使学生直观学习内容，明确教学对象，缩短学习时间，做到胸有成竹，是体育学习的首要方法。

（二）模仿学习法

模仿学习是体育教学中必不可少的学习方法，同时也是培训体育技能的重要手段，是不可代替的方法，夸美纽斯在《大教学论》中有过描述，其认为没有模仿的学习过程是枯燥乏味的，同时也是非常混乱的。正是因为体育教学有其独特的特点，体育教学中的每一项技能都需要学生实际模仿才能熟练掌握。同时直观的模仿性学习能增加学生对于体育运动的理解，从而能更快速地掌握学习技能。所以在体育教学中老师教学的重点，首先是让学生充分理解每一个体育运动的动作要领，只有充分理解才能做到模仿，从而才能熟练掌握该技能。通常在一个体育运动教学的最初阶段，教师先要讲解每一个动作的大致要领，而不去讲解细节。因为在学习的最初阶段如果讲解一些过于细节的动作要领，学生就会进入一个理解的障碍区，相对于初学者而言这是很容易造成混乱的。

以下两个方面是针对体育教学方法的介绍：

首先，在学习的初级阶段，对于体育动作的讲解要由粗到细地展开。在前期需要讲解该运动的标志性示范点，先让学生对于该项技能有一个明确的定义以及大致的了解。在模仿一段时间之后再根据实际情况在进行细化讲解，这样才能使体育模仿性学习方法发挥积极作用。

其次，针对体育运动难度和结构的不同，去安排动作的讲解要领。通常整体讲解适用于那些机构比较复杂但是相对于难度不太大的体育运动。同时，分解讲解则适用于那些结构相对简单的体育运动，同时对于比较困难的体育运动在分解讲解的过程中还要采用其他方法进行辅助。

（三）抽象概括学习法

体育学习不仅仅是实践的积累，同时也是思维的锻炼。对于抽象概括学习法而言，杜威曾经说过，"思维是明智的学习方法。"而体育教学需要从形象思维向抽象思维进行过渡。学生对于体育知识的理解与掌握是概念认知、感觉认知、思维加工的运动形式。因此，该法对减少干扰因素，提高课堂时间比率和学习质量具有极为重要的作用。

该方法告诫我们，一是教师应从动作要领方面为学生进行新旧分析，从而帮助学生对于该技能的掌握和学习；二是在日常的教学中，教师要根据学生的学习效果不断进行总结和概括，并且及时给出一些建议。比如在体育运动的分化阶段，教师要仔细讲解动作的精细要领以及动作示范。正如发现学习理论认为，要给予学会学习的方法来促进学习者学习。针对抽象概括学习方法的教学安排，如果教师注意到下列因素，学习就可能产生良好的效果。

其一，以往的经验对于学生的学习而言往往比较重要。对于学生已有的经验进行总结和概括可以提高学生对于该项运动的知识认知水平，从而帮助学生对于体育动作进行抽象理解。

其二，对于一个需要不断变化，同时该变化有不可预知的情况下，学习应当遵循从简单到复杂的学习规律，这是因为迁移从一个难的动作到一个容易的动作，比从一个容易的动作到一个难的动作更容易产生。

（四）解决问题学习法

在逻辑学中，关于问题的探索是思维的起源。前苏联教育家斯卡特金认为，问题是学生学习的关键，因为学生反思顿悟的过程同时也是学生掌握新知识的过程。不注意发现问题或是感觉不到问题的存在，是难以学好体育动作技能的。从方法论说，体育学习是一个新知识覆盖旧知识的过程，同时也是解决问题的过程。因为体育运动的直观性，学生问题的解决有助于对体育动作的理解和学习，而解决问题学习法也是当今体育教学中对于知识巩固以及探索的最佳途径。

对于解决问题法中最重要的环节是对于问题的交流与探索。在解决问题中有两个主要的影响因素：一是依靠内部信息中的反馈结果来改进自己的学习；二是依靠教师和同伴的外部信息反馈来改进自己的学习。为此认为，解决问题学习方法的教学安排，有以下具体实施的方法可供参考。

（1）分析学习策略法。教学经验证明，让学生事先了解学习历程，并且通过对学习的了解总结出相应的策略，并且制定合理的学习方法以及学习进度。

（2）学习成果分享法。相关数据表明，学生之间进行学习成果的分享可以增加彼此对于学习内容的学习和认知。

（3）同伴合作辅导法。学生同伴在互相学习中有着心理影响的作用，同时双方不同的学习方法与学习策略可以相互探讨和帮助。

（五）逻辑推理学习法

逻辑推理学习法可以提升学生的逻辑思维能力，并且养成抽象概括的习惯。而逻辑推理学习法可以培养学生主动学习的学习习惯，并且促成其建立主动学习的逻辑体系。该方法可引导学生发现已知和未知之间的差异或矛盾，引申从抽象思维上升到具体思维活动获得新知识。

针对逻辑推理学习法的特点，有下列注意因素可帮助逻辑推理学习法产生良好的效果：

其一，心理学研究指出，正向迁移更多存在于两个动作相似的运动技能中。由此可以看出，如果想要促进学生逻辑推理学习法的养成就要多鼓励学生更多地参与体育运动体验。

其二，奥苏伯尔认为学习最佳的手段是在学习前对所学技能进行的理解以及领会过程。而"先行者学习材料"的推出正是促进学习者意义学习的重要途径。

（六）总结领会学习法

从方法论来看，可以说总结领会学习法，是元认知活动的最高水平。这一学习方法，在体育学习中的应用大体有两个途径：①运用总结领会学习法，可推使初步理解的体育知识和技能不断扩大加深，使不大熟练的技能趋于纯熟，促进知识结构化；②运用总结领会学习法，可回顾反馈学习了一个阶段之后，取得了哪些经验，今后应该怎样继续开展学习。从某种意义上说，总结领会学习法保证学生形成"正确"的思维，可使体育学习活动从低级思维过渡到高级思维。正如法国思想家、教育家卢梭说："形成一种独立的学习方法，要比获得知识更重要。"

为此，从上述内涵和外延两个方面来看，该学习法的指导可从以下几点进行。

第一，指导学生养成良好的学习习惯。首先要养成勤奋的学习习惯；其次要养成用心的学习习惯；最后要养成专心的学习习惯。

第二，引导学生进行有效记忆的方法。可以引导学生多进行学前预习以便加强记忆，并且充分了解"记忆遗忘规律""序进累积规律""学思结合规律""知行统一规律"等一般规律，并且主动去改变自己的学习习惯。

第三，引导学生掌握系统的学习方法。在学习方法上需要引导学生对于学习材料进行系统分析以及总结，并根据适合自己的方法采取不同的形式加以训练和培养。

第四，引导学生做笔记的习惯。做笔记可以增加学生对于知识的理解，同时也可以帮助学生加强对学习技能的记忆。

综上所述，学法是联结教法有效性的载体，是引导学生从原有知识经验中"生长"出新知识的最具能动性部分，不仅直接影响着学生学习行为的有效性，而且还关系着教学效率与学习效果。这一命题梳理揭示出，教法与学法不仅引导和规划着学生学习的活动，也展现着教师的教学理念和艺术体现。对其进行认识和理解有助于教学目标的达成，减少无效行为的干扰，使抽象的教学内容得以展开和具体化。恰如巴班斯基曾经指出："教学方法的本质实际上取决于学生的学习认识活动，学和教是相应的活动，教的逻辑是程序和心理方面。教学方法取决于学的方式和教的方式协调一致的效果。"

第四章 体育教学模式的构建与策略研究

20 世纪 70 年代末和 80 年代初，我国的体育教学改革全面展开，这个改革是以体育教学思想转变为先导，以体育教学手段与方法的更新为基础的，但是，经过一段时间后，人们发现这种改革的形态在某种程度上却导致了理论与实践研究之间的脱节现象。因此，自 80 年代后期开始，人们在寻求体育课堂教学优化、提升体育教学效率与提高体育教学质量的过程中，出现了与教学思想和教学方法相联系的体育教学过程结构的研究，发现对体育教学模式的研究可以更好地把握教与学的关系，促进体育教学优化，从而开始关注体育教学模式的研究。

20 世纪 90 年代，体育教学领域的研究人员正式提出"教学模式"这一概念，并采取了多种方法推进这一研究。在这些研究人员孜孜不倦的努力下，体育界人士对体育教学模式的地位和作用有了深入认识，对其在体育教学理论和教学观念转化为教学实践方面的中介、桥梁作用有了正确认知。

近年来，我国体育教学领域的改革日渐深化，研究人员围绕体育教学模式理论和实践开展了很多研究，催生出了多种多样的教学模式。国内研究者从不同研究视角切入对体育教学模式做了界定，但并没有形成一个统一的定论。对于体育教学模式，每位学者都有自己独到的见解，但其概念要想实现规划化、统一化却非常困难，需要学校体育理论界对其做出明确的定义。

目前，体育教学模式概念研究有三种基本取向：一是体育教学结构模式观，二是体育教学程序模式观，三是体育教学方法模式观。在体育教学模式概念研究方面，研究视角不同，体育教学模式的内涵也不同。一方面，这种方式能使体育教学模式研究得以释放，使其研究更加细化；另一方面，这种方式无法让体育教学模式研究做到统一，使得研究比较混乱，教师在体育教学实践中无法灵活选用教学模式与教学方法。为此，研究人员必须围绕体育教学模式这一概念开展深入研究，统一其概念定义，以减少指导理论上的偏差。

体育教学模式的研究领域颇多，目前对体育教学模式的比较、分类、归纳、综合等研究还存在分歧，使许多体育教师特别是基层体育教师面对多元化的体育教学模式，反而无所适从。例如：体育教学模式如何分类与选用？体育教学模式如何命名与创新？体育教学模式与单元教学、体育课是何关系？各种体育教学模式概念、理论基础、结构、操作程序、使用范围、适用条件、教学评价方式是什么？如此等等，在下面的内容中会有具体的讨论。

第一节　体育教学模式论

一、体育教学模式的思考

教学模式定义的提出者是美国教育家乔依斯和韦尔，他们认为教学模式是一种范型或计划，可以构建课程和课业，帮教师合理地选择教材，提升教师活动。我国《教育大辞典》对教学模式做了如下定义："教学模式是反映特定教学理论逻辑轮廓的、为保持某种教学任务的相对稳定而具体的教学活动结构。"综上，我们可以得出教学模式的定义：教学模式是一套根据特定的理论体系有目的地组合而成的教学设计或教学方法，这里的目的指的是完成特定的教学任务。所以，一般情况下，教学模式会具有以下特点：完整性、针对性、可操作性、标准性、反馈性。

教学目标不同，所产生的教学模式也不同，每一种模式都要为目标而服务。对某一种教学模式的效果进行评价，关键要看这种教学模式能否达到预期的教学目标。教学理论与教学目标不同，所采用的教学模式也要有所差异。日本广冈亮藏先生提出一种理论：每一种教学模式都有各自适用的教学条件，这种教学条件包括教学目标、学习者的水平、教材等，世界上不存在万能的教学模式。

以不同的教学理论为依据，教学模式可划分为三种不同的类型：第一，以儿童的认识发展规律为依据，教学模式可分为三类，一是发现式教学模式，二是掌握学习教学模式，三是探究训练教学模式；第二，从社会学层面切入，以人际交往理论为依据，根据发展学生社会适应性的目标，教学模式依然可以分为三类，一是小组研究教学模式，二是合作教学模式，三是社会调查教学模式；第三，从心理学层面切入，以人格发展理论为依据，根据发展学生个性、技能、情感的目标，教学模式可分为两种主要类型，一是暗示教学模式，二是程序教学模式。

上面说到教学模式是一套根据特定的理论体系有目的地组合而成的教学设计或教学方法，其组合性主要体现在它是教学单元、体育课程的一部分。体育教学是在"双轨制平台"基础上形成的一个独特的教学过程，这个双轨制指的是发展学生健康体能，让学生掌握运动技术。"双轨制平台"是发展学生体质，让学生掌握体育文化的基础，离开"双轨制平台"，体育教学就不能称之为体育教学。

"双轨制平台"有两大基本理论，一是人体发展的适应性规律，二是运动技能形成规律。

体育教学模式源于体育教学的基本理论与实践，一般教学模式源于一般教学理论与实践。由于一般教学的理论也是指导体育教学的基本理论，因此体育教学模式的指导理论应被包含于一般教学理论之中。

但由于体育教学有明确的教学目标及复杂的特点，比如学生要有一定的生理负荷及学习体育的技能、学生之间互动频繁、室外教学组织比较复杂等。所以，体育教学必须配备特定的教学模式，也就是发展体能的教学模式和学习技能的教学模式。体育教学模式都应该且必须立足于体育教学的基本教学，同时要与现代教学模式相结合，从而衍生出一种高级的体育教学模式。

事实上，在一个基本理论或成熟的教学模式的基础上产生的教学模式叫作某一个教学模式的"变式"。"变式"指的是根据某种相同的基本理论，以原有的教学模式为基础，对其略加调整形成的一种"新"的教学模式。现如今，我国所说的体育教学模式基本上都是教学模式的"变式"。当然，教学模式"变式"体现了教学模式的发展和进步。

二、体育教学模式的内涵

（一）教学模式的概念

简单的理解，模式即指"模子""样子"。我国汉语词典对模式的解释是某种事物的标准形式或使人可以照着做的标准样式。英文"模式"为 Model 一词，它和"模型""模范"是同义词。西方学术界通常把模式理解为经验与理论之间的一种知识系统。美国的沃纳和赛福林等定义为"再现现实的一种理论性的简化形式"。它有以下三个要点：①模式是现实的再现；②模式是理论性的形式；③模式是简化的形式。

研究者们从不同的角度和需求切入，对教学模式做出了不同的解释，于是，迄今为止，教学模式还没有形成一个明确的定义。其中有一些极具代表性的解释：

"教学模式，是构成课程（长时间的学习课程），选择教材，指导在教室和其他环境中教学活动的一种范型或计划"（乔伊斯和韦尔）。

"把教学模式称为教学策略"（弗·鲍克良）。

"教学模式是导向特定学习结果的一步步的程序"（因特、埃斯特斯、施瓦布）。

国外以乔尹斯和韦尔为代表的定义认为，教学模式是构成课程和课业、选择教材、提示教师活动的一种范型或计划。并进一步指出，"教学模式就是学习模式。教育的最终目的是能够提高学生更容易、更有效地进行学习的能力，因为他们不仅获得了知识技能，也掌握了学习过程。"

国内有些学者认为：乔尹斯和韦尔用"范型"或"计划"对教学模式进行解释过于简单，没有切中教学模式的内涵，没能对教学思想和教学理念做出深入思考，无法对教学模式做出深入研究。在实践教学的过程中关于设计教学、组织教学会形成一些理论，这些理论就是教学模式，用简单的形式将这些理论表达出来就会形成两种基本见解，一是过程说，一是结构说。

过程说将教学模式纳入教学过程范畴，认为教学模式就是教学过程的模式，是一种有关教学程序的"策略体系"或"教学样式"。其中较典型的提法是"教学过程的模式，简称教学模式，它作为教学论中的一个特定的科学概念，指的是为完成规定的教学目标和内容，对构成教学的诸要素所设计的比较稳定的简化组合及其活动程序"。这种观点强调了教学模式中的"组合方式"和"活动程序"，突出了其可供模仿性和操作性，但忽视了其理论性。教学过程离不开一定的程序，但程序不等同于模式，教学模式除实施方案外，还应明确其目的和实施条件。

结构说认为，教学模式属于教学结构的范畴。结构说的典型提法是"把模式一词引用到教学理论中来，旨在说明一定教学思想或教学理论指导下建立起来的各种类型教学活动的基本结构或框架"。从广义上讲，结构就是事物各要素间的组织规律或形式。具体到教学结构方面，教学结构指的就是教师、教材、学生之间的组合关系。从狭义上讲，教学结构指的就是各教学环节、步骤、阶段之间的组合关系。一般来说，人们使用的都是从狭义层面定义的教学结构。

教学模式与教学结构不是对等关系，即便教学模式与教学结构关系密切。教学结构具有一定的客观性，因为组成教学结构的各要素间相互依存、相互作用的关系是客观存在的，深受构成规律的制约。而教学模式具有主观性，因为它是人们以教学规律为基础，通过教学实践探索得到的。

我国教育界对教学模式的界定有多种，从教学方法的角度来定义教学模式，认为教学模式是"教师根据教学目的和教学任务在不同教学阶段协调应用各种教学方法过程中形成的动态系统"。从教学结构范畴来定义教学模式，认为教学模式是"在实践中形成的反映特定教学思想的教学活动的结构方式的范型"。从教学设计和组织教学的角度来定义教学模式，认为教学模式是"依据教学思想和教学规律而形成的，在教学过程中必须遵循的比较稳固的教学程序及其方法的策略体系"，从而形成了以下几种不同的界定。

（1）教学模式属于方法范畴。其中，有人认为教学模式就是教学方法，有人则把教学模式视为多种教学方法的综合。

（2）教学模式和教学方法既有联系也有区别。各种教学在具体时间、地点和条件下表现为不同的形式和时间序列，从而形成不同的教学模式。

（3）教学模式是以大量实践为基础，将经实践证明有效的教学经验进行筛选、提炼、概括、总结，形成稳定的结构框架和活动程序。

（4）教学模式就是根据某些教学思想建立起来的能实现预期教学目标的稳定的教学程序和实施教学方法的策略体系。

（5）教学模式是根据某种教学思想，以某主题为核心形成的稳定的、系统的、理论的教学范型。

（6）教学模式是根据某种教学目的，依据某种教学理论形成稳定的教学程序，并对这种教学程序的实施方法进行概述，教学理论的具体化，是教学经验的总结。

（7）教学模式是以一定的教学规律为依托，以实现教学目标为目标，通过创造教学环境鼓励学生学习的教学范型。

由此可见，教学模式有三大基本要素：一是教学理念和教学目标，二是教学结构和教学步骤，三是表达简洁、有利于推广的个性化范例。

教学模式是以教学实践为基础对教学经验做出的概括和整理，当然教学模式不是简单地呈现个别教学经验。教学模式与教学方法不同，教学模式是教学方法升华的结果，它对教学理论和思想在教学模式构建中的作用做了强调。同时，教师模式被很多人视为将理论付诸实践的工具，既能对教学实践进行指导，又能催生出新的教学理论。

不同的研究者一定对教学模式存在不同的理解和认知，说明教学模式的存在是科学合理的，是"可证伪的"。同时，正是因为这种分歧的存在，使得与教学模式相关的理论更加完善。当然，分歧与争鸣的延伸是建立在基本认同的前提下的，共识具有本质性的特点。

（1）模式不能与方法等同，它和语言、练习、比赛等教学方法分属不同的层次。

（2）模式不能与计划等同，计划只是外在表现，无法深入教学模式所蕴含的教学思想或意向。

（3）模式也不是理论，至少不仅仅是理论，它还内含着程序、目标等远比理论丰富得多的东西。

我们可以把教学模式理解为开展教学活动的一整套方法论体系，它实质上是在一定教学思想或教学理论指导下建立起来的、较为稳定的教学活动结构框架和活动程序。它是教学理论的具体化，又是教学经验的一种系统的概括。它既可以直接从丰富的教学实践经验中通过理论概括而形成，也可以在一定的理论指导下提出一种假设，经过多次实验后形成。

（二）教学模式的构成要素

尽管人们对教学模式的概念界定不一，但对教学模式的认识基本趋向一致。如吴永军认为教学模式是由指导思想、理论依据、目标、实现条件、操作程序、主要变式和评价构成，李秉德认为教学模式是由指导思想、主题、目标、程序、策略、内容和评价构成；裴文敏认为教学模式由教学目标、教学程序及其操作要领和教学条件四个基本要素构成。由此可见，一个成熟的教学模式至少要有理论依据、教学目标、操作程序三个要素组成。

1. 教学理论或思想依据

任何教学模式都有一定的教学理论或教学思想依据。如程序学习教学模式的理论依据是行为主义的操作条件反射学习理论；合作学习教学模式的理论依据是社会主义的人道主义和个性民主化；快乐体育教学模式的理论依据是运动情感变化规律和终身体育思想；即兴展现体育教学模式的理论依据则是认识规律、动作技能形成规律、生理机能活动规律、青少年生长发育规律的融合。有的教学模式是在长期的教学实践中形成的，可能开始的时候没有十分明确的理论依据，但在对教学经验进行系统分析、综合和概括时，总有其一定的指导思想。

2. 教学目标

教学模式都是指向一定教学目标的，即是为达到特定的教学目标而设计的。如合作的目标，就是使学生具有民主精神、独立人格和创造才能，着重培养学生的协作精神和社会适应能力。发现教学模式的目标，是使学生具有创造能力，成为研究者、创造者，教学目标是教学主题进一步具体化的标志。

3. 操作程序

操作程序是指教学在时间上展开的逻辑步骤和每个步骤的主要做法等。体育教学模式的操作程序是指科学合理的课堂教学组织过程，它包括课前的所有教学准备工作和课中的合理操作过程，以及必要的课后总结工作，不同的体育教学模式，在操作程序上有一定的区别。当然，操作程序只能是基本的和相对稳定的，不是一成不变的。

（三）体育教学模式的研究

我国在体育教学模式方面的研究开展的时间较短、发展较慢。从《当代五种教学论与体育教学》这篇文章发布开始，国内外体育界的专家、学者才开始重视体育教学模式，有关体育教学模式研究方面的论文也才开始出现，这些论文为体育教学模式的研究作出了巨大贡献。目前，关于体育教学模式还没有形成统一的定义，但也出现了一些具有代表性的观点：

最早关于体育教学模式概念论述的是李杰凯在《沈阳体育学院学报》1995年第2期上发表的《关于体育教学模式一般理论的研究》论文：根据教学论中关于教学模式的研究成果，结合体育教学的特点来归纳体育教学模式的科学定义，才能做出正确的结论。体育教学与其他理论学科的教学相比，至少有四个方面的因素是体育教学所独有的。

（1）从学生学习的特点来说，体育教学是以身体练习为主要手段的技能习得活动，在身体活动与思维活动相结合的过程中掌握知识技能，因此体育教学模式既要体现动作技能的形成规律，也要体现体育活动中人体生理机能变化的规律，同时还必须遵守人类认识事物的学习规律。

（2）从教师教的特点来说，体育教师是在较大的空间内组织教学工作的，他不但要传授体育知识技能，而且还要组织学生通过身体练习来增强体质。

（3）从教学的环境来说，体育教学是在相对开放的空间内进行的双边活动，学生在课堂上有较多的交往机会，因此，许多非智力、体力因素将影响体育教学的效果。

（4）从体育教学的内容来说，体育运动技能的多样性决定了体育教学必须采用与内容相适应的教学模式，这种相应的教学模式是以不同的教学目的以及不同体育技能的习得规律为依据制订的。

体育教学模式必须能够很好地反映上述四个特点。因此体育教学模式是蕴含特定体育教学思想，针对特定体育教学目标，在特定教学环境下实现其特定功能的有效教学活动结构和框架，是以简化形式表达的体育教学思想理论和教学组织策略，是联系体育理论和体育教学实践的纽带。此研究关注了体育教学的特殊性和体育学科的规律。

体育教学模式是在一定的教学思想指导下，为完成规定的教学目标和任务而形成的规范化教学程序，包括相对稳定的教学过程结构、相应的教学方法体系。

最新版的《体育科学词典》中对体育教学模式的定义为"按照一定的体育教学理论或教学思想设计，具有相应结构和功能的体育教学理论或教学活动模型"。它包括教学理论或教学指导思想、教学目标、教学条件、操作程序和师生组合五个大因素。

总结我国体育界对体育教学模式概念的研究主要形成了以下几种不同的界定。

（1）体育教学模式，是蕴含特定体育教学思想，针对特定体育教学目标，在特定教学环境下实现其特定功能的有效教学活动结构和框架。

（2）体育教学模式是在体育教学思想的指导下形成的一种课堂教学结构，这种教学结构相对稳定，且具有一定的典型意义，具有标准化的特点。

（3）体育教学模式是体现某种教学思想的教学程序，它包括相对稳定的教学过程结构和相应的教学方法体系。主要体现在教学单元和教学课的设计和实施上。

（4）体育教学模式是教学理论的转化，是一种最基本的体育教学框架，可以用来进行课程设计、选择教材、对师生活动形式进行规定。

（5）体育教学模式是体现某种教学思想的或规律和原理的教学单元或教学课的程序，它包括相对稳定的教学群体、独特的教学过程结构和相应的教学方法体系。

（6）体育教学模式是体现某种教学思想或规律的体育教学活动策略和方式。

（7）体育教学模式是在一定教学思想和教学目标指导下，根据对象的身心特点和教学条件以及体育教学过程的特点而设计和实施的课堂教学的模型结构和程序。

（8）体育教学模式指的是根据某种教学思想或教学理论，对体育教学活动进行设计、组织，通过实践建立起来的各种体育教学活动的范型。

（9）体育教学模式是在一定的教学思想指导下，为完成规定的教学目标和任务而形成的规范化教学程序，包括相对稳定的教学过程结构、相应的教学方法体系。

（10）按照一定的体育教学理论或教学思想设计，具有相应结构和功能的体育教学理论或教学活动模型。

归纳起来可以发现，体育教学模式与教学模式两者之间就其内涵来讲并无本质差异，体育教学模式是教学模式的学科体现。因此，体育教学模式可被理解为体育教学组织活动的一整套方法论体系，其实质是在一定教学思想或教学理论指导下，为实现特定教学目标而设定的、相对稳定的教学活动程序，是连接体育教学理论和教学实践的纽带和桥梁。

三、体育教学模式的本质及构造

教学模式的内涵是"教学的程序",它又分为过程结构和相应的教法体系两个核心部分,这是由过程结构的"骨骼"和教学方法体系的"肌肉组织",共同组成的教学程序"躯干",是具有直观性的教学模式。但这个躯干并不是没有特点,它的特点首先来自它的自然结构,即"结构孕育了功能",其次来自影响这一结构并反映其中的教学指导思想,这时它已是兼有理论性和直观性的教学模式。教学模式的"躯干"既然具有特性就必定有独特的功能,当然也有它的最佳适用范围,包括运用的内容(相对应的教材)、对象(相对应的学生特点如年龄、运动能力、体育基础、性别等)、效果(相对应教学作用),再加上相适应的教学条件(如教师水平、设施条件水平等),这时的教学模式就有了操作性,同时各方面因素的规定更加强了稳定性,当然整体优化也就成为可能了。

至此,才是一个完整的体育教学模式(图 4-1)。

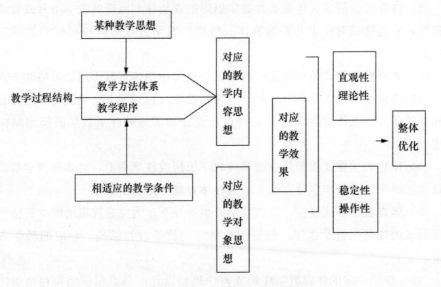

图 4-1　体育教学模式的本质与构造

四、关于建立体育教学模式的依据的讨论

我们曾提出了"我们应该用(依据)什么来建立模式"的问题,这是在实验

研究中困扰研究者的问题，有的以某种教学思想来作为依据，有的以某种教学方法作为依据，还有的干脆以某种名称说法作为依据，于是出现名称多样、分类混乱、模式无限的误区。那么到底应该以什么来建立模式呢？我们可以从比较成熟的教学模式的建立中获得启示（见表4-1）。

表4 1 教学模式和对设计模式依据的分析

模式	系统教学模式	发展式教学模式	掌握教学模式	程序教学模式	范例教学模式
依据分析	高效而系统地传授知识技能的过程规律	人在认识、发现事物过程中的规律	人在掌握某种知识和能力过程中的规律	人在学习知识过程中的反馈原理和规律	人在掌握关键知识后在推广过程中的规律

体育教学模式应该以什么来设计呢？本文认为同理也应该以我们在体育教学过程中必须遵循的各种规律性来设计，而在体育教学过程中除了有同其他教学相一致的认识规律外，还有其独特的技能规律、运动负荷规律、情感体验规律、人际交往规律等。据此我们提出了以下的设计方案（见表4-2）。

表4-2 教学规律与教学模式

规律	体育教学过程结构	模式
认识规律	问题假设—实验性练习—验证练习—结论评价	发现式模式、启发式模式
技能规律	整体认识—分解学习—完整串联—熟练巩固	技能传授式模式、程序式模式、自学式模式
运动负荷规律	准备性活动—主活动—副活动—整理活动	训练式模式、活动式模式、自练式模式
情感体验规律	初步体验（活动乐趣）—挑战学习1—挑战学习2（学习乐趣）—创造改良（创造乐趣）	情景教学模式、快乐教学模式
人际交往规律	集团组成—集团学习—集团机制—集团解散	小群体模式、体育课堂社会模式

综上所述和分析，我们再对体育教学模式研究的视角进行一下探讨。本研究认为体育教学模式研究有以下几个方面：①建立依据，包括对教学指导思想和对教学规律（原理）的认识两个部分；②建立稳定性，要使一个教学过程真正成为模式，必须使之有可模仿性和稳定性，而稳定性来自对"过程结构"的确定，就是对一些过程因素（环节）的确定，如发现教学模式中的"问题提出"这样关键的环节，快乐教学模式中的"初级水平的体验"环节等；③建立操作性，这主要指要有过程结构相应的教法体系，如展示、确定问题的方法，让学生初步体验运

动乐趣的场景布置和随后引导纵深发展的方法等；④建立特性，要根据一定的指导思想确定某一教学模式的主要功能和次要功能，突出其特性不要追求"万能模式"；⑤明确适应范围，每一模式都有其特定的功能和特性。所以它有最佳适应范围，包括对象、教材、条件等，只有明确这一点才能使教学模式更有针对性；⑥明确对效果的评价，特定的教学模式应该达到特定的教学效果，否则就失去了其教学模式的必要性。应该在建立模式的同时，明确对这一模式效果评价的指标。

五、体育教学模式的结构、类型及应用条件

体育教学模式结构可划分为4层：第1层是教学指导思想，其内容涵盖了理论依据、应用范围和功能目标；第2层是教学程序，明确教学程序是让教学模式被人仿照的关键一步；第3层是教学方法体系和教学过程结构。教学模式与教学方法不同，教学模式是从更高层面对教学现象作出的概括，一种教学模式往往体现了多种教学方法，教学过程结构对教学规律的不同形式做了描述，将教学过程的各个要素组合在了一起；第4层是实现教学目标的条件，其内容包括教学设施、对师生的要求等等。

对于体育教学模式来说，上述4个层次是主要变量，体育教学模式体现的就是教学过程主变量及这些变量之间的规律性联系。体育教学模式要立足于科学的教育理论假设，通过逻辑演绎而形成。体育教学模式形成后，要通过严密的教学实验对其科学性、优效性加以证明。从某层面来看，教学模式就是教学理论的一种表现形式，是教学经验不断升华的结果。正是因为具有这种特性，所以教学模式才成为了理论实践化的重要工具，才产生了优效性的效果。

为了更好地将体育教学模式用在实际教学过程中，我们必须对体育教学模式进行分类。在分类之前，我们要先明确分类依据。现阶段，体育教学模式分类有两大依据，一是功能分类，也就是从教学目标、教学任务、教学条件、教学作用等方面切入寻找分类依据；二是结构分类，也就是从教学程序、基本指导思想、组织形式等方面切入寻找分类依据。所以，本文根据体育教学目标、条件和任务对体育教学模式的类型进行了划分。

过去，传统的体育教学目标可分为两类，一是传授体育知识与技能的教学目标，二是发展身体的教学目标，体育教学模式的构建多围绕这两大目标进行。近年来，国内学校的体育教学改革不断深化，开始大力推行终身体育教育和素质教育，端正学生对体育活动的认识，培养学生对体育活动的兴趣和爱好，促使学生

养成良好的体育运动习惯。在此形势下，学校的体育教学目标变得愈发多元化。所以，我们要以学校体育教学目标为依据，从传授体育和技能、发展学生能力、提升学生身心素质、培养学生运动兴趣和爱好等方面出发构建体育教学模式。

具体来看，围绕传授体育知识和技能构建起来的体育教学模式有三，一是系统学习教学模式，二是掌握学习教学模式，三是程序学习教学模式；围绕发展学生能力、提升学生身体素质构建起来的体育教学模式有三，一是发现学习教学模式，二是目标学习教学模式，三是问题解决学习教学模式；围绕培养学生运动兴趣和爱好构建起来的体育教学模式有二，一是小群体学习教学模式，二是自主学习教学模式。

在应用方面，体育教学模式要对以下条件进行把握：第一，体育教学模式要和体育教学目标保持一致，学校要根据体育教学目标选择相应的教学模式；第二，体育教学模式要和学生发展水平、学生个性特征保持一致；第三，体育教学模式的选择要和教学环境、教学条件相适应；第四，体育教学模式要实现综合运用。

六、对十种体育教学模式的分析

（1）技能掌握式体育教学模式含义和其教学指导思想：经常被称为"传统的体育教学模式"，因为这种模式受到苏联教育思想的影响，比较注重系统的运动技能传授，所以也可以说是一种以系统教学的理论为基础，主张遵循运动技能掌握的规律性来安排教学过程的教学思想和教学模式。教学过程的结构特征：教学的单元设计是以某一项运动技术教学为主线，以一定难度的到达标准来判断单元规模的，多采用中大型单元，单元内的排列主要以技术的难易度为顺序。教学课的设计以技能的学习和练习为主线，注重练习的次数和必要的运动量安排，主张精讲多练，注重对技能掌握效果的评价。

（2）乐趣体育教学模式含义和其教学指导思想：经常被称为"快乐体育的教学模式"，是近年在国内外的"快乐体育"思想下形成的教学模式。其教学思想是主张让学生在掌握运动技能和进行身体锻炼的同时，体验到运动的各种乐趣，并通过对运动乐趣的体验逐步形成学生终身参加体育实践的志向和习惯。该教学模式主要是遵循运动情感变化规律来设计单元和教学课的。教学过程结构特征：其教学过程的共同特点是具有一个或几个体验运动乐趣的环节，有时这些环节互相连接、层层递进，使学生能体验到运动、学习、挑战、交流和创造的多种乐趣。这类教学模式多采用游戏法、挑战性练习法、集体性比赛法、小群体学习法等教学方法。

（3）小群体学习式的体育教学模式含义和其教学指导思想：有时也被称为"小集团教学模式"等，基本思想是试图通过体育教学中的集体因素和学生间交流的社会性作用，通过学生的互帮互学来提高学生的学习主动性，提高学习的质量，并达到对学生社会性培养的作用。教学过程结构特征：小群体教学模式虽也形式多样，但一般在单元的开始都有一个分组和形成集体的过程。在单元的前半，一般是以教师指导性较强的小组学习为主，在单元的后半，一般则以学生主体性较强的小组学习形式为主，此时教师主要起指导和参谋的作用。

（4）身体锻炼式体育教学模式含义和其教学指导思想：也经常被称为"课课练教学模式"，是 20 世纪 80 年代初盛行起来的教学模式，是在重视通过体育教学进行身体锻炼，谋求学生的体质增强的教学思想指导下的教学模式，强调按人体活动和机能变化规律来考虑教学过程。教学过程结构特征：教学的单元设计也是以某一项运动技能学习为主线，与前述的第一种模式相似，然后根据所教运动技术的特点组织相应的一套身体素质练习作为锻炼身体的内容。

（5）情景和模仿式体育教学模式含义和其教学指导思想：也经常被称为"情景教学模式""形象教学模式"等，是一种适应小学低中年级学生，利用小学低中年级学生热衷模仿、想象力丰富、形象思维占主导的年龄特点，进行生动活泼和富有教育意义的教学模式，主要遵循幼儿认知和情感变化的规律来考虑教学过程。教学过程结构特征：教学的内容多是一组身体练习，小单元较多，在授课的教学过程中一般有一个"情景设定"，或由一个情景来贯穿整个单元和课的教学过程。

（6）发现式体育教学模式含义和其教学指导思想：也被称为"问题解决式教学模式"或"创造式教学模式"等，是主张通过体育教学，使学生既懂又会，并使学生通过学习运动的原理，掌握灵活的运动学习方法，提高体育教学"智育"因素。这种理性的为终身体育服务的教学模式，主要遵循在体育教学中学生认知的规律来考虑教学过程。教学过程结构特征：课的教学过程一般有问题提出、验证学习、集体讨论、归纳问题、得出结论等几个学习阶段，运动的学习和练习则紧密地穿插其中，多采用提问、设疑、讨论等教学方法。

（7）主动性体育教学模式含义和其教学指导思想：这是一个概念比较宽泛，类型多样的一类教学模式，"主动性教学""自主式教学""自练式教学""学导式教学"等大概都属于这类教学模式。这类教学模式主张尊重学生的自主性和自发性，强调给学生以自主学习的空间和机会，培养学生的学习积极性和主动精神。教学过程结构特征：都有一个可以让学生发挥主动性的教学环节。

（8）成功体育教学模式含义和其教学指导思想：经常被称为"成功体育教学模式"，是近年来在国内"成功体育"教学思想指导下开始逐步形成的教学模式。主张让每个学生都能体验运动学习乐趣，积累小的成功为体验大的成功，以形成学生从事体育运动的志向和学习自信心的教学模式。教学过程结构特征：其教学过程结构的特征是在单元的前期和后期都有一个经过改造过的练习方法或比赛方法。这些方法多采用"让位""相对评价"等手段将练习和比赛变成一个使技能好坏的同学都能参加和享受成功乐趣的活动。

（9）选择制式体育教学模式含义和其教学指导思想：主张通过让学生对学习内容、学习进度、学习参考材料、学习伙伴、学习难度等因素进行一定程度的自选自定，调动学生的学习积极性和主动性，在一定程度上满足学生在运动学习中的不同需求，并在自主性、自立性较强的学习过程中形成学生的学习能力的教学模式。教学过程结构特征：其教学过程结构会根据可选内容的不同有一定的差异，在单元的规模上也会有较大的变化，这种教学模式适用于有一定学习基础的高年级学生。

（10）领会教学式的体育教学模式含义和其教学指导思想：是由英国学者嘉宾等在 20 世纪 80 年代提出的一种改造球类教学的教学过程结构，是试图通过从整体开始学习的新教程，改变以往只追求技能，甚至是枝节的技能，而忽视了学生对整个运动项目的认知和对运动特点的把握的缺陷，以提高球类教学质量的教学模式。教学过程结构特征：其教学过程结构的特征主要体现在单元的教学上，表现在从过去的"由局部和分解开始学习到整体学习"变为"由整体学习到局部学习再到整体学习"。

七、体育教学模式研究具体化趋势反思

体育教学模式是沟通体育教学理论与教学实践的中介与桥梁，这种角色决定了体育教学模式研究的重要性。毛振明先生在《体育教学科学化探索》中提出要从三个方面对体育教学模式进行研究。通过分析毛振明先生的观点可知，毛振明先生是从教学实践的角度出发对体育教学模式进行研究的。在体育教学模式研究具体化趋势方面，笔者有不同的观点，具体阐述如下。

（一）模式的特征决定了它的研究不可能过分向实践靠拢

体育教学模式将"体育教学"和"模式"糅合在了一起，既有"模式"的特点，又有"体育教学"的特点。通过上面对体育教学模式特征的讨论可知：体育教学模式与体育教学不同，它是用概括化、简约化、抽象化的方式对体育教学作出的描述。毛先生提出"模式"要有"模"有"式"，其实质就是用"模型"对"模式"进行解释，一边强调了体育教学模式的可操作性，一边将其和具体的教学实践混为一谈。体育教学模式和实践之间有一个"度"的问题，将模式和具体的教学实践区分开来。因为这个"度"的存在，所以体育教学模式的研究不能太过具体化，否则就会变成具体教学实践的研究。

（二）规定体育教学模式的适用范围既无可能也没必要

毛振明先生认为："由于某一模式都有特定的功能和特性，所以它定有最佳适用范围，如适应什么学生水平（对象）、什么教材（内容）、什么条件等，只有明确这一点才能使教学模式更有针对性、更有生命力。"诚然，每种教学模式都有各自适用的范围，但教学模式与教学条件、内容、学生水平之间并不存在直接联系，前者与后者之间存在一个中介——教师。教师以教学内容、学生水平、教学条件为依据选择教学模式，两者之间才真正建立起联系。从哲学层面来看，离开教学过程讨论体育教学模式的适用范围属于形而上的静止观。因为体育教学模式的适用范围随教学过程的变化而变化，很难确定下来。

另外对体育教学模式的适用范围进行规定也是不必要的。体育教学模式的结构一般是由四部分构成，即教学指导思想、教学程序、教学方法体系和教学过程结构、实现教学目标的条件。通过对这四层结构的简明扼要的解释，反映出其所蕴含的教学理论或教学思想的基本特征。体育教学模式结构中无论是否规定其适用范围，体育教师都能根据经验加以填补。如情景教学模式，虽然没有注明适用范围，但教师可以根据自己的教学经验，判定适合小学生。同样，则可以判定发现教学模式适合初中以上学生。

（三）教学模式的可操作性不同于具体教法体系的完整性

毛振明先生认为要建立体育教学模式的可操作性，"这主要是确定与教学过程结构相对应的具体教法体系"，使教师"都能通过对这些教学方法的使用来完成这一教学过程，而并非还要自己去寻找方法"。在这里，体育教学模式的内涵有所延展，其和体育教学方法之间的界限变得愈发模糊，并将体育教学模式中的操作要求与基本程序认定为体育教学方法。

事实上，从本质上来看，体育教学方法和体育教学模式中的操作要求、基本程序存在显著区别。后者经常用精练的语言、象征性的符号进行概括，它不是经验层面的系统和方法，而是凌驾于"术"或"技巧"层面的产物。而体育教学方法则是体育教学实践层面的内容。体育教学模式的操作要求和基本程序与体育教学实践之间的差距，虽使体育教学模式的"可模仿性""可操作性"有了大幅下降，但从实质上来看，它降低的是机械模仿，也就是"原型"的模仿。所以，不能因为和体育教学实践存在差距就否定体育教学模式的规律性和可操作性。

简约性不仅没有降低体育教学模式的可操作性，反而给体育教师提供了一个充足的空间让其创造一种全新的教学设计艺术。格式塔心理学认为：面对格式塔刺激物，人会不由自主地产生一种想要改变它们，让它们的结构变得更加完善的倾向，从而产生一种内在驱动力，主动采取措施予以填补、完善。在实际的教学设计中，教师会打破模式的限制和约束，在模仿中进行创新。如果教学模式太具体，就会使教师的创造性受到消极影响，教师对教学模式进行照搬照抄，从而形成千篇一律的课堂，导致教学过程僵化。

八、体育教学模式研究的现状

据统计，关于体育教学模式的研究主要分为三个阶段：第一阶段，1997 年以前，在这个阶段，与体育教学模式有关的研究非常少；第二阶段，1998 年以后，这个阶段与体育教学模式有关的研究越来越多；第三阶段，2000—2003 年，这个阶段与体育教学模式有关的研究迅速增多，说明自进入 21 世纪以来，体育教学改革力度不断加大，体育教学模式研究随之增强。

从内容选题方面来看，很少有人从事教学实验研究，并且体育教学模式方面的理论研究水平不高，大部分理论研究仍停留在新体育教学模式的意义与作用层面，很多论文都没有进行深入研究，还有很多论文在进行重复研究。

通过对体育类核心期刊进行研究发现：很多核心期刊的研究都集中在体育教学模式理论方面，很少有人从事教学实验研究，且理论研究水平不高，大部分理论研究仍停留在新体育教学模式的意义与作用层面，很多论文都没有进行深入研究，还有很多论文在进行重复研究。所以，未来，加强中小学体育教学模式的理论研究和实验研究将成为重中之重。

现阶段，体育教学模式研究领域存在一些问题，比如体育教学模式的概念尚未统一，体育教学模式的类型没有做出明确划分，与体育教学模式有关的实践研究太少，体育教学模式的适用条件不明等。未来，体育教学模式研究将朝以下 5 个方向不断发展：

①相关理论研究将持续深化，体育教学模式的概念将实现统一，体育教学模

式种类研究将实现规格化，其他理论研究将持续深入；②相关理论和实践的结合研究将备受重视；③体现学生主体性的体育教学模式研究将备受关注，与开发学生认知能力、注重学生情感投入、培养学生体育能力有关的体育教学模式研究将备受重视；④体育教学模式的评价研究将引发关注；⑤重视体育教学模式的优化与选用策略的深化研究。

九、体育教学模式的发展

自 20 世纪 80 年代始，在改革开放的大环境下，我国体育工作者对体育教学模式做了全面而深入的研究，取得了一些阶段性成果，形成了一些成熟、可操作、有特色的教学模式，使体育教学的理论和实践均得以极大丰富，促使体育教学方法、教学评价、组织形式发生了巨大变革，使体育教学质量得以全面提升。但迄今为止，体育教学模式理论和实践方面的研究依然存在很多问题，这些问题主要表现在以下几个方面：

第一，理论指导不清。教学理论是教学模式提出的基础，从某种程度上体现出了价值取向。这里所说的教学理论可以是某种教学思想、教育思想或某具体流派的理论。从教学原理衍生出来的体育教学模式也好，从体育教学实践中衍生出来的体育教学模式也罢，每种体育教学模式都存在一个鲜明的理论，这个理论对体育教学模式的走向产生了决定作用。如果缺乏理论指导，体育教学模式必将走向理论自相矛盾、实践无法践行的地步。

第二，虽然目前有很多体育教学模式，但真正成熟的体育教学模式严重缺失，并且体育教学模式的分类依据不明，分类混乱。

第三，功能比较单一。人们过于关注体育教学模式在传授知识、发展体能等方面的作用，忽略了其他方面的功能。

第四，没有做好对体育教学模式的实现条件、评价方法、评价标准的研究。随着新课程改革日渐深化，体育教学模式研究再次走进了人们的视野。从总体来看，未来，关于体育教学模式的研究，我们要关注以下几大走向：

（1）用新课标提出的理念对体育教学模式改革进行指导。新课标针对体育教学提出两大理念，一是"健康第一"，一是"以人为本"，在这两大理念的指导下，体育教学模式改革明确了自己的方向。未来，体育教学模式的构建要时刻关注学生的健康发展，始终坚持以学生发展为中心。

（2）根据新课程目标体系，未来，体育教学模式要朝综合性方向发展。过去，体育教学模式提出的教学目标比较单一，比如让学生掌握某项运动技能、发展学生体能、培养学生的运动兴趣等，导致体育教学效果也比较单一。要想将体育教学模式的综合效应发挥出来，就必须丰富体育教学的目标，让其具有综合性的特点，让学生的体能、心理、运动技能、学习能力得到全方位提升。

（3）根据我国国情和体育教学实际，未来，中小学体育教学模式研究的重点要放在小单元和课时内的模式结构方面，至于大单元结构则是高中、大学体育教学需要研究的内容。

（4）体育教学模式研究要对多种因素相互作用引发的多样性、多变性进行充分考虑，也就是要根据不同学校条件、教学内容、教学时数、班级模式、教学对象采用不同的体育教学模式，以增强体育教学模式的可选择性、可操作性。

（5）在体育教学实践中引入一般教学模式的研究成果。目前，国内外在一般教学模式研究方面取得了巨大成果，将这些教学模式引入体育教学实践可切实提升体育教学效果。

（6）未来，体育教学模式研究的重点将放在实证研究方面，以提升体育教学模式的可评价性、应用性为重点。从本质上看，体育教学模式的根本目的在于提升教学质量，来源于体育教学实践，也要服务于体育教学实践。在体育教学模式研究方面，不注重实证和应用研究是一项最主要的问题，将来要进一步加强这方面的研究。

十、正确认识和运用体育教学模式

在我国学校体育界，许多研究者根据自己的认识，借助某种建模理论，提出了或移植了许许多多的体育教学模式。一时间各种各样的体育教学模式五彩缤纷，弄得基层中小学体育老师眼花缭乱，真有点无所适从之感。例如，有的人借助教学思想建模理论，提出了"终身体育教学模式""快乐体育教学模式""成功体育教学模式"等；有的人借助教学目标建模理论，提出了"体质教学模式""体育健身教学模式""运动技术教学模式"等；有的人借助教学方法建模理论，提出了"启发式体育教学模式""问题式体育教学模式""发现式体育教学模式"等；有的人借助教学形式建模理论，提出了"小群体体育教学模式""分层递进体育教学模式""合作式体育教学模式"等；还有人借助教学过程建模理论，提出了"新四段式体育教学模式"等。此外，还有什么"主体性体育教学模式""个性化体育教学模式""选择式体育教学模式""自主学习体育教学模式""导学式体育教学模式""情境式体育教学模式""处方式体育教学模式""看、听、想、练、议体育教学模式"等。

之所以如此强调"体育教学模式"，原因有两点：第一，如果上面提到的这些模式都成立，体育教学模式就具有了复合性、多层次性的特点；第二，这些模式有的还只是一个概念，尚未成型，不能称之为模式。所以，体育教师在学习、借鉴体育教学模式研究成果时必须注意以下几点：

第一，正确分析、判断体育教学模式。首先，要明确这种体育教学模式建立的理论基础，这个基础的教学理论是否先进，是否契合现代教学思想，是否适合现代素质教育；其次，要明确这种体育教学模式建立的层次，教学思想层次或教学目标层次或教学方法层次；再次，明确体育教学模式的基本框架，对其可操作性进行具体分析；最后，要明确这种体育教学模式的实用价值、应用条件和应用范围。除此之外，体育教师要保证这种体育教学模式值得自己学习、借鉴。

第二，选择学习模式的内容。因为现有的体育教学模式都是在不同层次上建立起来的，所以其在实现体育教学目标方面发挥的功能不同，适用对象和所需条件也不同。所以，这些体育教学模式都存在一定的局限性。所以，在体育教学实践中，体育教师要根据自己的需要吸取、借鉴不同的体育教学模式，选取其中的精华，对其进行综合利用。

第三，对体育教学模式进行再创造。在对不同的体育教学模式做了整合之后，体育教师还要结合自己的教学经验，根据所处地区教学实际，比如教学改革要求、教学对象的年龄、体育水平、班级人数、体育教学条件等等对整合之后的体育教学模式进行加工，创造出与教学实际相符的体育教学模式，并将其灵活运用于教学实践，不断改造、完善，做到学习体育教学模式，研究体育教学模式，创新体育教学模式。

第四，在学习、运用体育教学模式的过程中谨防出现片面性。体育教师对成熟的体育教学模式进行学习、借鉴能有效提升教学质量与效果，意义重大。但无论哪种体育教学模式都有一定的局限性，体育教师在学习、借鉴的过程中不能盲目地扩大这种体育教学模式的价值，对某种体育教学模式进行强行推广。研究人员与教学人员都必须切记：其一，体育教学模式的学习和应用必须从实际出发；其二，体育教学模式的学习和应用必须对体育教学改革有益；其三，体育教学模式的学习和应用必须注重实际的教学效果，不能流于形式。

第二节　体育教学组织形式

对体育教学组织形式研究是体育教学理论研究的重要课题。体育教学组织是指教师根据体育教学特点、教学任务、内容、学生、场地器材、规范等进行合理安排所采取的措施。体育教学组织的内容主要包括体育课堂常规、队列和体操队形的运用、分组教学和场地器材布置。体育教学组织形式指的是在体育的授课过程中，老师和学生之间相互作用相互配合的构造模式，是老师的教学和学生的学习之间的桥梁。如果教学组织形式运用的恰如其分，那么教学过程的速度会较快，规模也会比较大，教学的质量与效果也会比较高。其反映的是与教学相关的人、时间和空间三元素的布局和部署，所以我们站在教学组织形式的角度来对教学活动加以说明的时候，人、时间和空间这三个方面是不得不考虑的，缺乏任何一个方面都无法全面地了解教学组织形式。

而我国的体育教学组织，最开始是的形式是按照入学时自然形成的班级进行一致的传授和训练，后来渐渐的变成按照性别分组后的自然形成的小组进行联系，这也是我国目前大多数的学校所采用的方式。

从 20 世纪 70 年代末开始，有部分学校把同一个年级的所有学生按照性别分班，进行体育教学活动，这显然是非常大的一个跨越。以上的教学组织形式放在具体的课堂教学中来看，只是最初级的教学分组，固定性是它们的共同点。根据学生的表现特征可将教学的组织形式分为两种，分别是异质分组和同质分组。其中异质分组是我国大多数学校采取的方式，而同质分组是教学组织形式发展所追求的目标。

由于我国目前学校体育条件有限，学生人数多，各地区、各学校的客观条件不一，教师的素质修养不同，教学组织形式可以是多样和灵活的。

在当前，普通高中体育课程实行选项教学已成为主要的教学组织形式。普通高中体育课程选项教学组织形式一般有三种：打破班级界限，同一年级进行选项教学；打破年级界限进行选项教学；班内选项教学。高等学校近些年来逐步实施"双自主"和"三自主"的课程教学组织形式，根据学生的需要，自主选择任课教师、自主选择运动项目和时间。这些改革的目的在于调动学生学习的积极性和主动性。

体育教学采用什么样的教学组织形式并非仅受客观因素制约，还受一定的主观因素制约，主观因素的影响表现在体育教师对多种可以采用的教学组织形式进行抉择，也表现在对原有的体育教学组织形式进行目的性的糅合、改造和创新。

体育教学组织形式的研究领域颇多，体育教学组织形式有何特点？各种体育教学组织形式的相互关系是什么？制约体育教学组织形式的因素有哪些？如何选择和运用体育教学组织形式？如何提高体育教学组织形式的有效性？现代体育教学组织形式的发展趋势是什么？如此等等，在下面的内容中会有具体的讨论。

一、关于现代体育教学组织形式的研究

（一）体育教学组织形式的概念

在教学上按照一定的设计内容来进行体育教学于组织形式上的展开。组织形式必须与教学的内容同步更新，就好比在班集体进行武术方面的教学课程时，其教学在程序上以技巧、技能的多样性为表现形式，来实现其个别化的教学。

师生间的互动直接地反映了体育教学的组织形式，而这种互动的方式不管是以小组还是集体又或者个体之间都可实施，且既间接又直接。

完成师生间的活动所需依附的时空背景是具有一定性的，且要以各互动的方式上所规定的程序与规范为原则，简单来说，在进行体育教学的活动时单位是其最基本的，而要展开练习的学生通过怎样的形式来完成，不同的基本单位在教学过程中其成分的分配以及展开。

（二）体育教学组织形式的特征

1. 体育教学组织形式的多维性

以时间、人员还有空间上的教学活动时的组织及排练来体现体育教学于组织上的形式，为什么说体育教学的活动在组织形式上是有着多维性的？这皆是源于多维性于教学的组织中所决定的，也就是说组织的形式在时间、空间、人员上是共同且同时存在的。就像说将分组教学方式的组织形式应用在某一体育教学的活动中，而以小队的组织形式来实现教师的教学，利用活动课的时制的方式来进行时间上的组织安排等。从客观上讲组织形式于教学上说是具有多维性的，所以全面且完整的对其进行研究是绝对有必要的。

2. 体育教学组织形式的多样性

从组织形式上来说，体育教学组织形式的多样性与教学组织形式的多维性具有密切的关系。纵观体育教学组织发展的过程，是一个由简到繁，由单一到多样的发展过程，比如教学规模方面的，依次为个别、班级、分组、友伴群体等。这种不断发展过程是对之前的模式不断、完善不断、更新不断的过程，如果理解为后者代替前者则是不正确的。

所以，就目前来说在教学组织的形式于体育方面来说其发展是以并存且具有共同性的教学形式的多样性来体现的。同时教学的内容、目标及对象都与之相冲突的多样化的体育教学组织形式息息相关。而体育教学在组织形式上的改头换面以及发展的全新局面，也必然是因为大众全方位地对教学目标有了新的认知，是加深了分析与研究于体育教学的结构及内容，更是以科学的眼光来对待教学对象和其特征，也因此促使其在体育教学的组织形式上更加丰富多彩。

3. 班级教学制仍是体育教学的基本组织形式

学生的组织和体育课堂的教学即教学空间的组织是班级教学制的两个重要组成部分。

在体育教学的实践活动都深受其所创建的班级教学制的影响，就说它所起到的作用是没有哪一个教学组织形式可以代替的。所以，今时今日其地位一直是居高不下的，其在组织形式上的体育教学也是全世界的学校所广泛应用的。不过，这种制度对于个别学生的特殊情况是无法考虑到的，这也是其局限所在且无法实现因材施教等，所以在班级教学制的组织形式上还有着一定的上升及完善的空间，同时也告诉我们不要忘记其他教学组织形式在一定程度上可进行辅助及补充。

二、我国体育教学组织形式的变化

教学活动是以老师和学生之间的关系及学生与学生之间的关系为基础，以完成课堂的教学任务为目的而采取的一种基本的活动。

教学的内容、方式和组织的形式体现了教学过程中使用的具体的教材和具体的任务，把老师的教和学生的学联系起来并贯穿整个教与学的过程。学习内容、教学方式和组织形式三者巧妙地结合于具体的实践，直接作用于学生，使学生的体质、观念和思考方式方面都有不同程度的发展。所以，我们对学生采用何种教学方式、安排何种教学内容时，要遵循因材施教的原则外，组织形式的选择也很重要。其实，选择正确的教学组织形式，可以在很大程度上加强教学的效果，使教学的过程与实际结合得更加紧密，完成课堂教学的任务也就是水到渠成的事情了。

我国最初采取的是按照入学的自然班级进行体育教学的教学组织形式，后来慢慢地演变成按性别分成男女大组后再按照自然的团体进行练习，这也是我国目前大多数学校（基层和农村的学校居多）采用的教学组织形式。从 20 世纪 70 年代末期开始，一些学校开始把同年级的几个班合起来，进行男女生分班按体能上课的形式组织教学，这无疑是一大进步。站在课堂教学实际过程来看，以上只能称为是最初级的教学分组，固定性是它们的共同特点。

调查研究表明，如果能精准地运用教学组织形式的特点，巧妙地调配组织形式，对教学进行合理的分组，对自然的小组进行教学活动，一样可以取得良好的效果。在教学活动中，教学分组的特殊功能决定了教学组织形式的特点。教学组织形式的功能是指为老师和学生营造一个好的课堂环境和打造一个好的学习团体，让学生在这个集体和环境中来进行接收和吸收所学内容。教学组织形式的特点如下：学生时刻能感受到快乐，这种快乐不受组织形式的影响，所有的组织形式中协作和竞争是并存的。所有形式的组织都要保障学生充足的练习时机，但是又要各有特色，以便区分。任何的分组方式都要有合理的教学秩序，还要给学生提供创新的空间。我们在决定采用哪种教学组织形式和如何进行教学分组时，应以以上三点作为依据。这样我们所做的决定才能更有效。

对绝大部分的教学实践过程进行总结归纳，根据学生的能力表现特征来区分，教学的组织形式基本可分为两种，分别是异质分组和同质分组。小组及其小组长一般都是由老师决定的。异质分组被应用于我国绝大多数的学校，而同质分组则是我们在发展方向上追求的目标。对此我们的观点是，所有的教学组织形式都是一定教学思想的附属物。综合体育教育观和现代教育的思想可以看出，实效性和主动性正在慢慢地靠拢，将来某一日，二者能够高度统一，这也是未来体育教学的体现。由此可见，未来中学的体育教学的分组会由异质分组最终变成异质为辅，而同质为主。换而言之，将来的教学组织形式因教材的性质、单元、课堂任务的不同而采取不同的分组模式，根据教学的需要可随机组合。现在的分组教学（同质、异质）活动中，或多或少已经出现了这种趋势。

同质分组和异质分组在教学过程中目前运用较为普遍而成熟的做法主要有两种，一是同级控制，二是混级分流。

我们所说的同级控制即是指老师利用体育方面的教材特点以及教学的知识内容以若干形式的小组来进行学生的分组，以小组的成立透过教材的具体性来区分学生在学习上的相互之间的距离，以此来达到因材施教的效果，同时也促进了学生在学习上的进度以及积极性。而分流的混级型即老师分配学生进行有针对性的训练时，以分组的自然模式为基础的教学方式增加其需要训练的方面，虽然在以练习小组的形式组成的若干成员相互之间在能力上有着一定的差距，可是却也能在活动过程中实现互帮互助的功效，加快进程于学习上。从此方法来看，其分流不但具有灵活性，即课堂上老师可随时进行分配，且进行练习的安排，并实现学生组合的自由性，前提是以自身的学习状况及练习的项目的具体化要求为根据。

三、制约体育教学组织形式的因素

我国学校教学广泛地采用班级授课制这一基本组织形式。近年来的体育教学改革中，有些改革者完全抛开传统的班级授课制，有些新异的教学组织形式是小范围内的实践与研究，有许多人致力于教育教学的个别化、能力分组、兴趣分组、导生制、开放教学等教学组织形式的探索。但什么样的体育教学组织形式符合现代体育教学规律和特点，要不要打破传统的教学组织形式，看法并非一致，加上各校具体条件不同，多种体育教学组织形式实际上是并存的。

促使我们思考制约体育教学组织形式因素这个问题的另一个原因，是我们感到与我国学校体育体制、教材内容、教学方法等方面的改革局面相比，目前在体育教学组织形式方面有点墨守成规，教学改革力度较大的改革举措和实验方案实属罕见，体育教师更多地只局限于教学方法的探讨与改革，而对班、课、时诸多方面不曾想过做相应合理的调整，对体育教学组织形式很少探究，只能将班级授课制作为基本的教学组织形式，而且对这一教学组织形式又往往给以一种刻板的理解……随着体育教学目标的变化、体育教学方法的不断改革，而体育教学组织形式除了班级授课制外，还可考虑采用个别教学、小组教学、开放教学、分层次教学等辅助的教学组织方式，以弥补其不足。但是对于体育教学组织形式与现实的体育条件之间的相应关系，应依据什么去改进和弥补原有的教学组织形式以及教学组织形式是否存在一个抉择问题，都不是很清楚。如果对这一类问题不讨论、不研究，那么根据当前体育教学目标发展的特点，并因此定为传统的体育教学组织形式来实现，这只能停留在空谈地步。制约体育教学组织形式的因素如下。

（一）客观因素

1. 师生数量

师生的数量是决定体育教学组织形式的因素之一。如果学校的学生人数较少，师资比较充裕，教学组织便可小型化，更多地采用个别教学的形式。

反之，学生数众多，师资又比较缺乏，就不得不采用大型化的教学组织形式，更多地采用集体教学，或采用导生制及复式教学等。

2. 学校的体育场地、器材、设施

学校的运动场地是开展体育教学活动必要的客观条件，器材设施是师生发生互动的中介和传递教学信息的媒体，它们都有个数量和质量的问题，如果完全不具备，教学组织活动就无法进行。因此在最低限度的要求达到以后，学校的体育场地、器材设施的数量充裕程度及其质量，就成为选择适宜的体育教学组织形式的依据之一。

3. 体育课的性质和内容

体育教学组织形式决定于体育教学任务和内容，并为完成特定的教学任务服务。体育课的性质和体育教学的具体内容也是制约教学组织形式的因素之一。

（二）主观因素

1. 关于体育教学过程的认识论

关于体育教学理论的认识问题是决定选择体育教学组织形式的因素之一。受传统教学思想影响，传统的班级授课制从一开始就伴有同步化、标准化和外部施予的特征，强调教师的主导作用，使学生机械地模仿，被动地学习制约着体育教学组织形式的选择。因受体育教学改革思想的影响，不同的体育教学思想必然会产生一定的教学组织形式。

2. 体育教师的教学策略

体育教学策略是指达到体育教学目标的总的步骤，包括体育教学组织形式的选择。不同的教学策略很可能导致体育教学组织形式的差异。

3. 体育教师的教育视野和改革意识

一般来讲，体育教师教育视野比较开阔，善于学习和借鉴的教师就容易产生对现有教学组织形式的不满足感。另外，体育教师必须要有教学改革意识，由保守僵化的观念向开放灵活的观念转变，渗透新的时代意识，学习新的体育思想和教学方法，不断进行教学改革，大胆创新。

四、体育教学组织形式运用的研究

对诸多种分组教学形式的分析如下。

(一) 自然班分组教学

从组织的形式上来说传统的教学是以自然班的形态进行分组。其优点是较强的固定性，无条件的束缚，操作时简单、容易，也组织方便，适用于各个年龄段，可不足之处在于没有什么针对性，也无科学依据，所以在授课方面效果较差。

(二) 性别分组教学

从生理以及心理的差异来进行男生女生按性别的方式来执行的教学分组。其是自然班的分组的一种延伸，就分组而言要比自然班的要略胜一筹，原因是因其在男女生不管是心理还是生理上的差异存在着一定的考虑。而老师人数不足，场地的器材及设备不够全面的学校的教学分组就最适合此方式。从年级上来看，以小学 5 年级以上到高中这一区间最为适合。

(三) 健康分组教学

以目前的健康为基础来实施学生的分组情况，就分组的形式上来说这种方式是相对来说比较好的。在初、高中特别受用，其优点是有着较强的针对性，摆脱了课程类型以及教材的束缚。以健康的模式来实施分组的安排也类似于其分组是以体能来进行，值得注意的是分组的过程中要妥善的处理，尽可能地合理分类。

(四) 体能分组教学

运动的能力以及身体的素质为体能的主要内容。其在进行学生的分组时是以差、中、好的体能进行分类。在教学中以体能进行分组不仅有较强的针对性，在灵活性上也有一定的表现。在分组上不管是临时决定还是固定模式都可实现，以高中、初中以及小学的高年级为主要应用对象。

(五) 技术分组教学

以动作是否完成的标准来进行分组于学生。临时、晋升以及固定的分组都是技术分组的部分内容。学生在进行动作的练习时其好坏的程度决定了其分到的组队级别即临时分组，而临时分组又是固定分组的基础，同时以此模式进行分组后在特定的环境下又可安排分组的晋升模式。不管是哪种形式的分组都是以学生对于动作的掌握程度来进行考量及区分的，既灵活又实用还具有针对性。以性别的分组模式为基础来进行技术类的分组，所以这也是其不足之处，虽然可在各年级使用却不适合教材以及身体训练在技术上较差的同学。

（六）目标分组教学

结合上述所说分组方式而发展出教学上分组形式的目标型，其以课程要求为实现目标，继而进行分组的形式，提高了学生在学习上的能动性与积极性，通过锻炼和学习来达到其自身的目标要求，以身体素质方面的训练课以及复习课等为代表。

（七）兴趣分组教学

简单来说就是学生按照自身的喜好来进行分组的安排。此方式促进了学生在个性方面的发展，同时也使其特长得到了充分的发挥，在教学上以教材的选择以及传统项目的课程应用为主。

（八）性格分组教学

就性格上的差异来进行学生的分组，而性格是以内向与外向来构成，按此两种类型来进行分组时的区别处理。此方式有较强的固定性，但只适合复习课以及新授课，在最初分组的时候会受到一定的阻碍。

（九）友伴分组教学

小团体形式是教学分组中的友伴型，当同学间互相有着一致的目标，关系融洽便能以小集体的形式进行组合。从此分组来看其在人际关系上是具有一定的良好性，而且促使了学生的求学的积极性，同时对学生在锻炼方面的习惯上能养成一定的自觉性，并最大化的激发其潜能，适用于以游泳、球类、韵律体操以及田径类为主的多种教材的课程教学。

五、提高体育教学组织有效性之三问

体育教学组织是根据体育教学目标，结合体育教学内容和体育教学方法所采取的体育教师与学生、学生与学生的组织结构形式，体育教学客观环境和学习氛围营造以及体育教学管理要求与策略。体育教学组织的本质是为了保证体育教学目标的实现、是为了保证体育教学顺利、有效地进行。

（一）如何提高体育教学组织形式的有效性

（1）将全体学生学习、小组学习、个别指导三种形式有机结合，构建有利于在师生之间双向、通畅交流的组织形式。教学组织形式的核心是师生之间的沟通与交流平台的构建。

（2）尽量采用组内异质、组间同质的教学组织。根据教学目标、内容场地器材等实际，在对学生学习进行分组时，尽量采用组内异质、组间同质的体育教学组织形式，即有意识地将不同体能、技能、健康水平的学生安排在同一小组，各小组之间基本同质进行学习与练习。按照体能、技能高低同质分组有利于根据学生的不同体能、技能等进行比较有针对性的教学，对于解决有些学生吃不了，有些学生吃不饱问题是非常有效的。但是它的弊端是显而易见的——不利于不同体能、技能学生之间的互相理解与尊重。

（3）体育教师应对学生抱有正面的期待和善于发现学生的"闪光点"。在体育教师与学生接触与相处的过程中，应抱有、表现出并让学生能够感受到教师对他的正面期待。体育教师要善于发现每个学生的特长——如学生在体能某一方面：力量、速度、灵敏等长处；如在某一项运动，甚至是在某一个动作等方面的长处。

（二）如何提高客观环境与学习氛围创设的有效性

（1）体育的场地、器材、设备的准备与布置安排应符合学生的身心特点和满足学生的发展需求。体育教学的客观环境——体育场地、器材、设备等科学合理布局与安排以及练习与学习过程中师生在空间上的分布等，对于体育教学的有效性具有不可忽视的作用。应该充分考虑不同年龄、不同年级、不同性别的学生的身心发展的特点和发展的需求，创设有利于提高学生学习和练习的积极性、主动性，即学生可以做、乐于做的客观环境。

（2）要为学生创造更多学习与练习以及成功的机会。为了达到促进学生身心发展的效果，学生必须有比较充分的学习与练习的时间空间，因此，体育教师应想方设法提高体育场地、器材和设备效应，最大限度地为学生学习与练习以及取得成功提供物质保障。

（3）创设互相关心、互相尊重、和谐融洽的师生关系的学习氛围。体育教学中学习氛围是影响体育教师的教和学生的学的最重要因素，直接影响学生的体育学习效果。体育教师对每一名学生关心和尊重，学生对教师表现出尊敬和积极配合，师生关系协调一致；学生之间表现出真诚的关心友爱、互相学习和互相帮助等，为学生创设宽松、和谐、愉悦的体育学习氛围。给学生创造出友爱、平等、快乐、成功享受的机会。

（三）如何提高体育教学管理的有效性

（1）必须明确体育教学管理是为学生的主动、生动发展创造条件。体育教学管理是指为安全、顺利、有效开展体育教学活动所建立的管理要求与实施策略，主要包括管理要求、课堂常规以及违规管理等。

（2）体育教学常规与要求必须真正被学生理解、认同。只有体育教学常规的必要性被学生真正理解与认同时，这些要求才能成为学生的自觉行动。体育教师要通过适当的方法与途径，给学生阐明体育教学常规与要求对于学生本身与体育教学成效的影响。体育教师在体育教学中不断根据体育教学情境的变化，适时、适度、适当解决体育教学过程中出现的问题，保证体育教学活动处于一种良好的状态，促使体育教学目标的高效达成。

第三节　体育教学模式的分类与选用策略研究

一、体育教学模式的分类

在我国体育教学领域内，强调根据学生的身心特点、发挥学生积极性、促进主动参与将成为体育教学中的新时尚。在我国体育教学较发达的地区，体育教学中的学生参与教学，学生主动自我发展的教学范例已经屡见不鲜。这些新型的教学形式中相对比较成熟的有快乐体育模式、发现式体育教学模式和小群体体育教学模式等。在高校体育教学改革不断深化的过程中，从培养国家所需要的创造型、综合型的高素质人才出发，近些年来高校体育理论工作才和体育教师纷纷对高校体育教学模式进行研究和实验，先后创建了十几种教学模式，形成了目前高校体育教学模式多样化的局面，这对推进高校体育教学改革与发展是十分有益的。当前有代表性的体育教学模式有以下十种类型。

（一）快乐体育教学模式

为了改善学生在厌恶体育方面的学习而发展出快乐模式的体育教学，这也是20世纪80年代的我们国家所进行的愉快教育和日本的快乐体育为基础而衍生出来的就适合我国国情且在其思想上终身受用的一种教学模式。

什么是快乐？从教育心理学的观点看，快乐是一种心理体验，是人类情绪中的重要正情绪，需要的满足是激起快乐体验的源泉。苏霍姆林斯基认为："你任何时候都不要急于给学生打不及格的分数。请记住，我们的快乐是一种巨大的力量，它可以促进儿童好好学习的愿望。请记住，无论如何不要使这种力量消除，缺少这种力量，教育上的任何巧妙措施都是无济于事的。"每个对于快乐的感受是不同的，受事物、时间、地点因素的影响。对于自然人而言，人的本能、游戏或者幽默轻松方面的快乐体育确实是非常重要，不过那些能够促进人和社会的发展的活动显得更加重要。从系统方面来说，快乐体育应该包括三方面的内容：取得成功或者兴趣感到的快乐，人体各方面积极发展感到的快乐，人们被尊重、被依赖时感到的快乐。

快乐体育教学模式，顾名思义，一种以运动为载体，在教学过程中让学生感受到快乐的教学模式，当然这种教学不能脱离了增强体能的目的。快乐体育教学模式的优点就是激发学生对体育学习的兴趣和主动性，形成坚持锻炼的好习惯。快乐体育教学模式的特点就是老师指导学生在快乐中学习，并乐在其中。其适应的条件是，按照教科书的特点，适合中小学生。快乐体育教学模式的基本步骤是：第一步，浅层次地感受运动的快乐；第二步，了解运动乐趣的含义；第三步，经过第二步之后再一次学习；第四步，从学习中得到肯定和运动的成就感。

快乐体育追求的重点是快乐，即轻松愉悦的学习氛围，目的就是为了让学生能够积极主动地学习，在学习过程中有一个良好的情绪，改变被动学习的局面。学生对学习是否感兴趣，一方面取决于授课的内容，另一方面取决于老师传授的方式。当老师授课的方式和所教授的内容有机的融合、相得益彰时，学生能够对授课内容产生非常强烈的兴趣。但是在我们目前正在实行的快乐体育教学模式中，没有考虑快乐体育教学模式中应该适应的如教材等条件，仅仅只做到了让学生开心即可，至于有没有成功地培养学生的兴趣和创造力就不关心了。这种现象要及时更正，以素质教育的思想为要求。在以快乐体育教学模式为指导的实际教学活动中，演变出情景教学和成功体育教学两种教学方式。

（二）成功体育教学模式

教学的目的是教书育人，通过成功教育模式让每一个学生既可以学到专业知识，又可以学习如何做人做事。成功教育的宗旨是让教育对学生负责，让他们在学习中获取知识，为学生创造良好的教学环境，并以教学改革为核心重点进行教育创新。

在以往的教学中，老师通常关注于学生的考试成绩，仅仅依靠考试分数来评判学生成绩的好与坏，这就产生了班级里的所谓的"好学生"与"差学生"。由于有的学生学习基础比较差，在考试成绩分数比较低的情况下，容易产生消极心理，自己容易丧失信心，这不利于学生在学习中的成长。因此对于传统的教育方针和模式进行改革创新，不是仅仅用考试成绩来判断学生的学习成绩，而是多方面的综合素质进行评价。不是以强制性的方式进行教学，而是用另外一种学生乐于接受的素质教育方式，提高学生学习的积极性与创造性，将学生的自愿性、竞争性和激励性融为一体，从而更好地达到教学改革创新的目的。在教学的过程中，老师可以从多方面综合考虑，学生在其他方面有突出表现时，老师也可以进行奖励分，到期末的时候再根据总分进行综合评定，这样既考虑了学生学习成绩分数，也考虑了学生的综合素质。这样的教学创新方式，既让学生可以发现自身的其他优势和潜力，提高自己的自信心，还可以通过这样的综合素质评定方式，让教师可以更好地提高教学质量，达到更优质的教学目的。教学改革是双向的，可以通过这样的模式让学生加深自我了解，也可以让学生进行自我判定和对老师的分数判定这种双向判定方式，让老师不再处于绝对的施教者位置，而是让学生与老师共同参与，提高学生的自我认识和学习的积极性。

通过研究调查发现，教学素质的改革是具有优越性的，在体育教学过程中，学生通过设定目标，到通过自身努力实现目标，获得成功的感受，这种体验的过程可以让学生有种参与感，提高学生学习的积极性，同时还可以提高学生的自信心，促进学生的身心健康全面发展。教学过程一般为以下模式：教学诊断→设立自我目标→超越自我→教学评价→体验成功。学生先通过自我了解，再来设定想要实现的目标，在自己的努力下超越自我，突破自己，达成目标，教师可以通过这样的模式对学生的整体素质进行综合分析判定，这样可以充分调动学生的积极性，还可以提高学生的自尊心和自信心。

我们应该从多方面因素去全面理解成功体育的教学方法，既不能全盘否定，也不可以盲目的追求。通过研究调查，这样的教学方式在低年级取得成效就要超过高年级，在短期内可以达到良好的效果，但是长时间使用分数奖励方式，教学效果就不够明显。所以对于这种教学方式还需要综合考虑，最终还是希望通过改变学生自身学习的学习动机来进行。

（三）情景教学模式

情景教学模式简单来说就是营造一定的故事情景来进行教学。具体来说，就是切合教学的内容，还要结合学生的实际情况，然后借助场地及道具来营造一定的故事情节和情感氛围，目的就是提高学生学习体育的兴趣，最终达到提高学生的基本活动能力，开发学生对体育的兴趣的一种教学形式。情景教学模式中蕴含了尊重、理解，学生们身处其中，通过理解和尊重可以提高其自身的学习兴趣。情景教学模式的特点是它的情景设计可以让学生找到其自身的优势兴奋点，从而高度集中注意力。其作用是可以提高学习兴趣，特点则是学生在不经意间就锻炼了身体，陶冶情操。这种教学模式适应的条件是小学中低年级且有适宜的教材，其基本教学程序是，设置情景→引发运动兴趣→体验情节→运动乐趣→还原。

（四）发现式体育教学模式

发现式体育教学模式的目的是发展学生的创新能力，其内容为结构化的教材，使用创造式的学习方法来解决问题的一种教学过程。这种教学模式的依据是人认识事物的规律。教学步骤为：第一步，老师提出需要解决的问题；第二步，组织提问或者演示；第三步，验证；第四步，总结结论（评价）；第五步，在真实的运动中进行练习和体会。其条件是学生具备一定的体育和科学常识和技能。发现式体育教学模式适合所有的学生体能和技能方面的教学。

（五）体育小集团教学模式

主体性体育教学是在体育教学的过程中激发学生的主观能动性，体育小集团教学就是这种主体性体育教学的非常重要的内容之一。功级教学与素质教育所倡导的发展学生的社会性与提高教学的质量和效率是相冲突的，所以越来越多的学者否定功级教学模式，小集团教学模式也就应运而生。大量的调查显示，学生学习不仅仅只是单纯地想接受老师传授的知识，他们更希望在学习的过程中结交朋友、沟通感情或者探讨某些问题，学生们的这些需求也是其发展社会性的需要。从一堂成功的教学活动中可以看出，学生所获取的信息只有一部分是来自老师的传授，另一部分则是来源于同学之间，这样学生得到的比老师传授的要多。只要老师善于引导，营造活跃的课堂气氛，不论老师还是学生都会激发出许多的灵感。

小集团体育教学模式是指：首先把学生们按小组划分，各小组内的成员与成员之间，以及以小组为单位的小组与小组之间，根据老师的指导进行相互的讨论和学习，从而使教学的质量和效率大大提高的一种教学方法。此处所涉及的分组具有极其重要的意义，它既是响应坚持从实际出发原则的具体的行为活动，还是此种教学模式中小群体的最基本的形式。而"小集团"则是结合学生个体的实际情况，根据因材施教和遵循学习要求的原则来组织分类的。体育小集团在教学过程中所采取的基本流程是，首先是老师表明教学活动所要达到的目的，然后对学生进行分组，第三步是各小组进行学习，第四步是小组与小组之间进行交流，最后课程结束，小组解散。这种教学模式也存在着一些矛盾，比如说，老师和学生之间，各团队的"头领"的产生和自身的能力之间，还有就是集体教学和个体教学等。

合作竞争模式是由体育小集团模式"进化"而来的。合作竞争模式既重视协作，又重视竞争，还重提高学生各方面素质对提高学生全面发展的要求。为了让学生们更好地适应未来的发展，素质教育需要投入大量的关注力在现代竞争方面，协同意识的培养和评价方面也不能放松关注。纵观社会的发展，不论是各种组织还是企业规模越来越大，越来越适应社会和国际的需要，而生活在这个社会的任何一个人，了解我们所处的这个世界，和这个世界上的人或物相互协调合作，这是每个人必须要有的常识和技能。

协作和竞争，我们都给予同样的重视。因为竞争和协作对提高工作效率所起的作用是显而易见的。但是在日常的实际生活中，每个人对于竞争和协作的侧重点是不一样的；由于每项工作都有其自身的特性，为了提高工作的效率，有些工作适合竞争，但是有些工作则需要协作。学者们通过调查研究表明，如果某些工作团体中的任何一个人都可以独立完成，那么这项工作则适合竞争；如果这项工作必须通过团体之中的成员合力协作才能更好地完成，那么这项工作更适合协作；还有一种情况也比较适合协作，那就是团队中的成员的意向是协作的，且工作的分工明确；如果团队成员的意向是独立自我的，且对工作没有发自内心的热爱，那么则适合用竞争的方式来激发员工的工作兴趣。由此可知，竞争和协调是要根据具体的情况来界定的。

素质教育的目的是增强人们对于协同和竞争最基本的认识，教会人们如何根据实际情况选择协同和竞争，以及方法和技巧的采取与运用，以便能更好地适应未来的社会。对于了解和善于协同者来说，人们经常用"集体情商"的能力来描述。这种观点和实践在体育教育中越来越被广大教师所理解和接受。

总而言之，合作竞争教学模式是指在刻意营造的复杂程度较高的运动环境中，老师指导学生们通过自己的努力和成员之间的相互协作，一起努力，战胜困难，共同完成任务，以此来提高学生们竞争意识与协作意识共同发展。合作竞争教学模式最大的特点是老师和学生一起参与，在体育教学的运动中，学生们能学会如何协作与如何竞争；合作竞争教学模式的作用是提高学生们的协作能力和竞争方面的认识。根据学生群体的年龄，结合教材的特点，合作竞争教学模式具有相应的适应条件，低年级的比较适合协作，高年级的则更适合竞争。这种教学模式教学的流程一般为：第一步，分组；第二步，设置需要解决的问题；第三步，寻找解决问题的方法；第四步，学生之间共同合作；第五步，比赛；第六步，也就是最后一步，体会协作带来的快乐。这种合作模式的缺点是不能突出技能方面的教学，从而教学的方向也就不好把控了。

（六）"三基型"体育教学模式

"三基型"体育教学模式在体育教学指导思想方面的特征主要是以给学生传授体育方面基本的知识、技能和技术为重点，使学生的身体素质变强，这种教学的组织形式以原教学班为主。优点是：充分激发老师的主观能动性，通过老师言传身教的方式来让学生彻底消化吸收所接收到的体育方面的基本知识、基本技能和技术，使教学活动有章可循，有利于培养学生优良的思想道德品质和高尚的集体主义精神。

（七）"三段型"体育教学模式

就"三段型"而言，其在体育教学的指导思想上的特征主要是从基础功的训练来开展学生的体育运动活动，提升其体育方面的能力，并养成良好的体育锻炼习惯。从形式上来说，高校的教育组织将其课程按段区分：基础课开设在一年级，专项课开设在二年级，选修课则开设在三、四年级。不管是从体育的基础上说还是从其能力提升以及习惯的养成而言，都有一定的益处。

（八）"并列型"体育教学模式

这种教学模式的特征是在体育教学指导思想方面，注意调动学生体育学习的积极性，有利于培养学生的体育能力，重视学生个体差异和因材施教，其教学组织形式是在一、二年级同时开设基础课和专项课。其优点是注意对体育基础不同的学生区别对待，因材施教，能满足不同体育水平学生的需求，有利于调动学生学习的积极性。

（九）"一体化"体育教学模式

这种教学模式的特征是在教学指导思想方面，侧重于增强学生体质和培养体育锻炼的习惯，其教学组织形式是把早操、课外体育活动与体育课程的教学有机地结合起来。这种教学模式的优点是使体育教学和课外体育活动有机地衔接，加强了体育教学的整体性，有利于培养学生体育锻炼的习惯，提高学生的身心健康水平，也能使学校的体育场地和器材设施得到充分的利用。

（十）"超市型"高校体育教学模式

"超市"经营的核心理念就是由"卖方市场走向买方市场"。这种转变使部分理性的消费者感到物有所值。高校体育教学当然不是做"生意"，但其双边关系、主体和主导问题却是我们一直在研究的问题。"超市型"体育教学理念对我们的启示是要建立以学生为主体的体育课堂教学新格局，让学生充分表现自己的体育才能，发挥自己的个性，真正成为课堂教学的主人。学生成为课堂的主人还表现为学习的自觉性、积极性、主动性和创造性得到充分的发挥。当然，这需要科学设计、合理规划，只有这样才能做到"五个解放"，即解放学生的大脑，让他们多想一想；解放学生的双手，让他们多做一做；解放学生嘴巴，让他们多说一说；解放学生的眼睛，让他们多看一看；解放学生的空间，让他们多动一动（陶行知语）。这五个解放思想和"超市"的理念对现行的体育课堂教学模式是强有力的挑战。

以上归纳的都是一些相对独立的有特色的模式，这些模式是为了更有利于实现某些教学目标。但是我们建立的模式不是体育教学改革的终极模式，它还会并且应该随着我国体育教学改革的深入不断发展。在对这些教学模式进行了初步探讨之后，还是需要指出，这些模式的发展还不是很完善，有待于继续深入探索。从发展的角度看，突破教学模式，也是教学和研究的需要，"建模"是为了"无模"说的就是这个道理，"建模"表示一种相对的成熟和稳定，"无模"是一种突破和发展。根据新的学校体育思想，我们应善于总结教学经验，使我们体育教学模式的发展更加完善。

二、体育教学模式的特征

近年来，由于人们对教学模式的普遍关注，在各级各类书刊、杂志上出现了各种各样的体育教学模式，有的比较成熟稳定，有的还在探索实验阶段，有的甚至只是改头换面地搬用了其他教学模式，旨在刻意地杜撰属于自己的所谓"新"教学模式，这是在教学模式过程研究中不值得提倡的。构建高校体育教学模式应从是否有利于提高教学效率，是否有利于学生素质的全面发展为目的，体现以下几个方面的特性。

（一）新颖性、独特性

体育教学的思想和理论是体育教学模式的核心所在，其新颖性是指采用先进教学理论和思想来指导新的技术形成新的教学模式。要突显出新型课堂教学模式的"新"字，则要在教学的方法、目标、手段及教学观念上都有不同于一般课堂教学模式的地方。而教学模式的独特性是指新型模式的教学目标、教学范围和教学条件都是特定的。新教学模式建立的目的是以旧的教学模式为基础，在其上进行的拓展，以新的教学理论为依据，为了达到某种特定的教学目标，并不是简单地为了代替旧的教学模式。但是新的教学模式虽然很先进，但它也不是万能的，一样有应用范围和条件的限制，只有满足其特定的应用范围、应用条件和目标，才有可能达到理想的教学效果。

（二）可行性、推广性

构建一种新型的体育教学模式应该是符合和体现现代先进教育思想和教育理论要求的一套比较完整的操作要求和基本程序。无论是从其形成过程还是从其构建目的来看，都必须通过实践验证用来指导体育教学活动。对于具体的操作要求和基本程序应该是具有可行性，否则它也不能成为教学模式。新型的体育教学模式只有具备了可行性才有推行价值。某种教学模式虽有一定的实施条件，但这种条件不宜过窄，要能够让他人模仿和运用，要有明晰的可以借鉴的操作程序。如果人们无法进行模仿、运用，进行推广，这样的所谓"模式"就会失去了其研究价值，最后只能是昙花一现。

（三）稳定性、发展性

如果一种教学模式趋于稳定的话，那么这种教学模式也就形成了。要是一种教学模式的操作程序和固定的理论框架是变化的，那么这种教学模式是不成熟的。课堂教学模式所形成的是老师的教学活动和学生的学习活动的单位之间稳固的关系，还有就是教与学活动进程结构形式，没有固定的模式，是无法被人掌握的，也缺乏可行性，这种模式即使存在，也是没有意义的。此处稳定的意思并不是指绝对毫无变化，它只是相对的，任何一种教学模式的形成都是一个持续进展的过程。要想对现有的教学模式进一步的发展和完善，就要求我们的教师们在教学领域积极主动的探寻，去反复的实验对教学模式不断的补充更新。教学的理论和实践有机的结合便生成了教学模式，教学模式一旦稳定发展，步入持续发展的正轨，就可带来不可小觑的效果。所以，新型的体育教学模式，要想充分体现其价值就必须融入实际的教学活动，并在教学的过程中发展和完善。

（四）多元性、灵活性

多元性、灵活性是当前教学模式研究和发展的一个主要趋势。对于不同的教学媒体具有不同的教学特性与功能，不同的教学内容、知识类型、教学对象年龄层次等都具有自身的特性。因此，在构建新型课堂教学模式时应注重统一性与灵活性相结合，建立多元的新型课堂教学模式。就某一特定新型课堂教学模式而言，教学的结构进程虽然是固定的，但是教学方法却是灵活的，因此，同一课堂教学模式，教学过程也可以是丰富多彩的。

三、体育教学模式的选用策略

（一）依据教学的教材思想选用体育模式

体育教学思想是制订体育教学模式的灵魂，不同的体育教学思想赋予了具体教学模式生命力，使教学模式有了明确的方向盘，并时刻把握正确航线，最终去完成它预期的使命。为了达成某种特定的教学思想，我们需要精选教材内容，但由于教学思想的多元化，教学内容的选用也体现了多样性、复杂性的特点。

（二）依据单元教学选用教学模式

在精细教学类内容中，大纲规定了各个项目的学时，以确保各个运动项目单元教学任务的完成，并使学生能熟练掌握几项运动技能。因而"大单元教学"是一个非常重要的概念，它是指根据项目中的不同环节、重点主次安排不同的教学任务、教学步骤、教学方法，以确保各环节的衔接，并顺利完成完整动作的教学。由于在单元教学中，存在着掌握技能的不同阶段，因而在教学的不同课次、不同阶段应有主次之分。有了主次，我们在教学模式选择上就有了差别。

（三）依据外部教学条件选用教学模式

体育教学的条件较为复杂，把它初步归为两类：第一类指固定的一些硬件，如各地区、各学校的各种体育器材、设备场馆；第二类是指不固定的硬软件，如各地区、各学校的传统体育项目，现代教学手段与仪器（幻灯、模型、录像、多媒体、课件等）。优选的方法是指各硬件的不同组合形式，即针对具体的教学目标、教学内容、传统项目，合理地选择多种体育场地器材并对场地进行合理的布置，运用多种教学辅助手段如挂图、教具幻灯、模型、多媒体课件等来实现不同的教学目标。

（四）依据教学对象选用教学模式

教师是教学活动的主导，学生是教学活动的主体，主导与主体因素构成了体育教学活动的主要素，它是教学活动要素中最重要的成分，因而在选用教学模式时，也要考虑到师生的具体情况、具体特点。

第五章 现代教育信息
技术与体育教学的融合研究

目前，世界各国都在大力推进信息技术在教学过程中的广泛应用，研究如何充分利用信息技术提高教学质量和效益的问题，如何加强信息技术的应用，已成为各国教学改革的重要方向，完全可以说，以电脑化、网络化、教学化为重要内容的"信息化"不仅是知识经济到来的标志，也将是知识经济时代教育的主要标志，离开了教育信息化，教育创新将失去载体；而没有这种载体的所谓"创新"，也不能适应知识经济时代对教育的要求。而体育教育作为教育的一个重要组成部分，它是以一门学科而存在，也要适应"知识经济"这一时代的要求。

第一节 信息技术教育的基础内容和特点

一、数据技术教育的基本内涵

"教育信息化"一词最早在我国出现是在 20 世纪 90 年代，同时也广泛流通于国外，用国外的英文来说，教育信息化的英文单词为：informationization、informationalization、informatization。但是关于"教育信息化"准确的内涵，目前为止没有人作出过比较全面、精确的阐述。

根据现代汉语语法的使用，在名词或形容词之后可以加上后缀"化"字构成动词，使原来的词性和词意发生变化，"化"字加在名词之后也成为一个新动词，作用是使原来名词的内涵、作用扩大化，以便在更大的范围或更多的部门得到功能性的表现——例如机械化、工业化、智能化、网络化、信息化等。从总体上看，"信息化"是建立在"信息"与"化"的结合上。信息是教育的涵盖范围和使用用途以及作用的广泛扩大，化就在更大的程度上将信息在更广阔的领域、更多的教育单位和更加广阔的范围内得到体现。同时，将定义延伸，信息技术中的技术就是将信息采集、研究、保存、转换、处理和使用等相关的方式方法，通过这些方式方法可以将信息更大范围地宣扬，那也就是说，信息化和信息技术化都是在同一水平线上的，所以说信息技术能够更高层次更广范围得到使用和高效发展。

通过以上论述，把教育和信息化两个词语连接起来，就是所谓的教育信息化，它可以这样解释："信息与采用存储利用信息的技术在教育部门教学领域的使用和宣传。"这个就可以定义为教育信息化。

二、教育信息化的教育特征

2012 年，全国教育信息化报告会在北京举行，在会上教育部正式提出要全面实施"三通两平台"建设和"两项重点工作"。具体的"三通"为"宽带网络校校通""每个班级都具有上等质量的教学资源即班班通"和"每个人都可以自如地使用网络进行学习，做到网络空间的学习利用人人通"；三通两平台中的两个平台就是说"教育管理信息系统平台"和"数字化教育资源公共服务平台"。前文提到的两项重点工作主要是指将教学的条件提升优化，达到教学地点的教学资源信息化网络数据化，另外还要将教师的应用信息技术的能力得到提升优化，让每个教师都可以通过高强度的培训来提高教师的信息应用的能力。教育部通过对"三通两平台"的全面推行，进一步落实了教育信息化所追求"三效"目标。

教育信息化的全面转变——也就是说将信息化大环境下的教学理念、教学方法和教学方向进行整体转变，同时也将教学课堂的模式进行了彻底转变，要做到以下几点：

（1）教学理念。改变"以教师为中心"的教育思想，现阶段的教学发展趋势要求，在教学过程中，全面发挥教师主导作用；在学习过程中，更要强调学生的主体地位，最终形成"主导—主体相结合"新型的教育理念。

（2）教学观念。转变"传递—接受"的教学观念，当下的教学活动的主要关键点在于具有价值的运输知识和领悟知识。侧重点在于师父领进门修行在个人的本质，所以，新型教学观念，即"有意义传递主导下探究相结合"。

（3）教学方式。转变以"口授—板书—演示"为主的教学方式，当下的教学方式是"启迪、诱导和点拨"，其目的是更好的关注学生。

（4）学习方式。转变"耳听—手记—练习"的学习方式，从被动接受转变为主动探究的"自主—合作—探究"的新型学习方式。

（5）课堂教学结构。新型的课堂教学结构是，要教师在教学过程中发挥主导作用，还要老师的引导和学生的认知探索相互结合联系，反映出学生通过老师的讲解传授慢慢地仔细地进行自己的深刻领悟的最终目的。

三、教育信息化与教育技术

（一）教育技术的 AECT 的意思解释

在 1970 年的时候，美国的教育技术委员会在一份报告中给出了教育技术的大体定义，即"教育技术具有一定的发展方向和目的，在对人类不断的请教和宣传探讨的基础上，通过对劳动力和精神层次的联接，达到教学目的更好的实现。这种教育技术是一种更加系统的全面的方法。可以通过它对教学结果和教学过程进行评价、考量、规划并实践。"

在之后的 1994 年，对于教育技术的 AECT 定义又有了新的更加正式专业的定义：

Instructional Technology is the theory and practice of design，development，utilization，management，and evaluation of processes and resources for learning.

翻译为中文，就是说教育技术是对于教学资源和学习经过的规划、拓展、使用、规范和考量的理念和实际应用。

这也就是说，教育技术主要是围绕着教学技术的前后范围来研究，但是不单独应用于教育的领域范围，还应用于其他领域，比如企业训练领域。同时，教育技术的应用也从之前的单一技术，转化扩张到了现在的多方技术，比如软技术，也就是技术方面的方式方法和理论理念方面，比如舆论网络媒体方面。媒体在现代教育技术中的作用举足轻重，想要学习和教学还是需要利用媒体来进行的。利用媒体才能更好地进行教学技术的操作。这个定义的重新提出，将教育技术的研究载体转换成为教学资源和过程的理论与实践的问题，这也间接说明了教学理念已经不单独注重于老师向学生传输知识，而是更加注重学生自主研究探讨学习内容的能力。从两方面来讲，学习过程就是利用背景，数据的相互联接，来学到老师的传授内容，获得知识和能力。另一方面，学习资源就是在得到知识和技能之前，所需要掌握的数据资料和环境背景。同时需要掌握的是，全新的和以往不同的教学理念要遵循以下两个条件，一是教师方面要给学生提供优质的数据资料和信息资料，还要提供给学生良好的学习环境；二是学生要通过老师的传授教导，主动吸收汲取并深入探究所学内容。做到这些，才可以将教育事业与现代化发展同步，这样才能符合当今社会全方面学习、主动学习、共同学习、一直学习和自动学习的教育大格局。

教育技术的定义还没有完善，因此又在 2004 年 6 月，专门部门又对它进行了修订和完善，提出了新的方案定义，同时又规划在第二年进行最后的定义发布，所以学术界习惯称之为 AECT（05 定义）：

Educational Technology is the study and ethical practice of facilitating learning and improving performance by creating, using, and managing appropriate technological processes and resources.

翻译为中文，就是说教育技术是通过对技术过程和教学资源的创立、利用和适当整理，来达到学习的更深度和绩效的更高度的探讨和更加合理规范的教学实践。

通过这以上两种定义的不断探索更改，教学方式方法的内涵和外延发生了一系列的变化，通过对定义本身的解读，可以看出：

（1）研究对象的变化。在"94 定义"中，教育技术的研究对象是学习过程和学习资源，而"05 定义"则聚焦于促进学习和改进绩效的技术性的教学经过历程和教学的信息数据资源，这个定义比起之前的定义，覆盖面比较狭窄。而且，教学和教育技术的转换，扩张了技术的范围，范围延伸到了整个社会的教育观念的大方向。

（2）对于教育技术目的的研究探讨的变化。在"05 定义"中，教育技术的目的描述为以下两个方面：

1）促进学习。这表明教育技术在发展过程中更加强调学生自主性。

2）改进绩效。这表明教育技术在发展过程中重视结果，同时说明技术不光可以支持学习，还可以支持工作。

（3）研究范畴的变化。在"05 定义"中，教育技术的研究范畴由"94 定义"的五个方面缩减为三个方面。

1）创建就是建造和延伸发展的联合，就是为了适应不断变化的学习环境而进行的探究类，理念类和实际应用类的活动，这种变化正好切合了不断创新的深远意义。

2）评价融合进入了创造发展，利用实施、规范管理，可以将评价正规合理化，通过这一融合，可以将现代化管理学变换成为不断改进，多次改进，不停发展的理念。

3）注重技术能够进行实地使用，并且在使用过程中遵守道德规范，这一方面反映出了技术的理性，更具有客观性、准确性。

（4）理论的不断转变。通过前文提到的两个定义，可以得出两个定义之间不同的侧重点，最开始的定义偏向理性和现代主义价值观，而后来的定义更注重于构建主义认识论和后现代主义价值观。

（5）研究形态的变化。在研究形态上，"94 定义"界定为"理论"与"实践"，"05 定义"则界定为"研究"与合乎伦理道德的"实践"。首先，不再单纯注重理念，而是深度研究，这就意味着除了利用理论之外，还需要对理论进行深度探索和长远建造构建。"研究"一词的使用，更加体现了教育技术的研究是一个动态的过程，是一个不断前行的过程；其次，"实践"这一研究形态，"05 定义"把教育技术的发展与伦理道德相结合，格外地着重了"合乎伦理道德"这个定语，用伦理道德去启发和规范教育技术实践。

（二）教育技术的本质特征

1. 作为操作性系统

总体来讲，技术是方法，规定和工具的统一，利用这些对自然进行改变，对生活进行改进改变和改造自身。也就是说，所有起到一定作用的操作性的体系，都可以称为技术。

通过实施的对象不同，可以将技术系统分成不同的两个方面，一个是软技术，另一个是硬技术。软技术系统的操作对象是社会人文要素，对应产生的成品就是非物质化的概念类制品或者是行为类制品，不是实物类的，就可以称为"软制品"。和软技术不同，硬技术系统的操作对象是真实存在的物体，自然产生的或者是人工产生的，所产生的结果是物质类的技术制品，称为"硬制品"。两个技术系统之间相互连接，相互帮助支持，谁都离不开谁，教育技术也不例外，是以软技术为主硬技术为辅的技术系统。

从操作性方面来分析教育技术，就是利用相关的工具资源围绕着不断的设计发明的各种行为，产生目标结果的过程。或者可以说，利用已经拥有的成果资源，不断创造建造的行为活动。

2. 作为实践领域

教育技术是具有很强实践意义的应用学科，按行为主体进行不同的划分，面向专职工作者的教育技术和面向学习者的教育技术。而这里对于针对专职工作者的教育技术反应在教育技术专家的实践领域，它的活动操作特性是为他做的设计，就是为了职业工作者和学习者创造技术性的相关资源。但是面向专职工作者的教育技术也由此转变成了绩效技术，与经济挂钩。这样一来，它就具备了为他做的设计和与用设计的共同特点。"与用设计"的特征是，第一体现在职业工作者通过已经掌握的技术资源来进行创造，还有一个就体现在经常性地与朋友同行和专业人士进行合作创造，教学者从实质上讲也是要利用技术改进绩效来作为一类特殊的职业工作者。面向学习者的教育技术是真正的学习技术（Learning Technology），即身处在一定的学习环境中实行内部认知操作，具备了用户中心设计（User Centered Designing）或在用设计（Designing Within）的特点。

3. 面向教师的教育技术

为了促进我国中小学教师教育技术能力的发展，教育部在 2004 年 12 月颁布了《中小学教师教育技术能力标准》（试行），《标准》分为"教学人员教育技术能力标准""管理人员教育技术能力标准""技术人员教育技术能力标准"三个相对独立的部分，每一部分都包括"意识与态度""知识与技能""应用与创新""社会责任"四方面的能力描述。

该标准是从能力结构角度来描述面向教师的教育技术的。从实地考察实地使用这点来看，教学工作者可以通过工作的主要内容来进行教育技术的实际应用，包括以下几方面：

（1）不断创造和使用不同的教学学习资源。任何事情的操作都需要利用一定的相关资料，相对应的教育的资料就是可以促进学习的资料，这种资源就是学习的人员可以与之发生关系，并且有着深刻意义的知识资源、设施资源、学习环境、教学内容和与学习相关的服务（由教学人员提供）。

一些资源被称为"设计的学习资源"，是专门为学习目的所设计的。还有一些资源被称为"利用的学习资源，是为其他目的而设计，能为学习者所运用的。

（2）用系统方法设计和组织教学过程。推动教学的进展光利用学习资源也是不够的，这只是笼统的概念，不光要知道利用什么，还要知道怎么利用，如何有效地利用，也就因为这样，才会有更多的同仁将目标放在教育学的整个方面，大的方面进行细化，各个击破，全部掌握，比如教学媒体，各种教学资源共同组成了教学系统，只有合理利用，进行整体规划，才能有效地设计和组织教学过程。

教育技术中系统方法的运用必须要有计划地进行，然后进行创造改进，从而达到最终的教育目的，同时对于这个方法的应用也是一个不断进行完善修正，合理理性的过程。如何运用这个传统的方法，需要遵循一定的步骤，正确有效地使用。步骤分为：制订教育目标，对目标进行深切理解，制订达到目标的计划方法，规定方法的先后顺序，确立用什么媒体，确定使用何种教学材料，对教学方法和学习资源进行审核讨论，最后完善和修正教学资源和教学方法直到合理达标。这种有效性体现在效能（Efficacy）、效率（Efficiency）、效力（Effectiveness）、伦理（Ethicality）和优美（Elegance）五个方面，简称为"5E"。

（3）改善工作效率和完善自身。也就是说，作为老师，不但要教育学生，还要不断进行自身学习，活到老学到老，才有资格教育他人。

教师这个职业是双向的，教育他人的同时不断充实自己，这种情况下，可以利用教育技术来为教师的工作效率进行改善调整，在对各项教学资源进行创新、利用的同时也是对教师改进的过程，使用教育技术创造和构建教学的同时，也是提高和整改教师的工作效率的过程。为此，教师需要掌握适用的技术工具，以便对技术资源按照教学的要求进行再设计，与专家、同事或其他相关人员进行合作与交流，对学生的学习过程进行有效的评价与管理，教育技术的有效合理利用，可以更加规范、合理性地将教学工作者的工作效率进行改进提高。

再次强调的是，教学工作者的工作特性，需要做到教人教己，不断充实自己的知识能力，才能教育好他人，成为合格的教育工作者。为此，提供专业发展的资源、支持专业实践者共同建设、为实践反思提供工具和平台教育技术又成为教师自我发展的实践场。

（三）教育的电子化、技术化和信息化

外国没有这个词语，属于我国的专属名词，即"电化教育"，该名词产生在我国的 20 世纪 30 年代。从我国的《中国大百科全书》中可以查到关于电化教育的定义："通过电器化电子化的器械设备，如幻灯片、广播、电视等媒体和电子设备进行的教育活动"。传到国外以后，《国际教育词典》又将定义称为：利用收音机和电视之类进行的教育。从这里可以看出，电化教育的应用比较局限，只是单纯地依靠电能和电子传播媒体，是因为这个概念对其所关联的传播媒体的界限有明确的规定。

20 世纪 80 年代以来，我国开始采用国际通行的教育技术作为学科名称，但是电化教育到现在为止仍然被广泛运用。教育技术和电化教育从本质上来讲是有相同之处的，因为两者的最终目的都是要让学习者学习到知识能力，达到教育的最终目的。同时，二者教育的作用、特性和解决困难的方式方法也是差不多的，两者都是利用研发的成效来创造新的教学资源，与此同时，再利用全新的教学理念和教学方式方法来掌控全部的教学过程。

不过，从定义涉及的领域来讲，教育技术要比电化教育范围广阔很多。"AECT94"定义中就说明了教育技术指的是所有与教育相关的全部要素的学习资源。虽然电化教育涉及的都是通过研究出来的新的成果而全新发展起来的影像、声音等媒体教学方式。正是因为这样，教育系统必须采用规范的流程来解决困难，这个处理方式是遵循教育系统的大方面来入手，也就是教学和学习全部过

程的系统规范的方法。在实际操作当中，这个方法可以适用于每一个教育阶段，甚至可以统筹教育的大方面问题，还可以对开发课程中遇到的各种问题和课堂教学过程中的各种问题进行解决。但是电化教育和教育技术比起来，要狭窄一些，尽管方法使用的相似，但是它更注重电子类的细微系统。不过有的时候，电化教育还是会涉及更广一些的领域。但其主要是去研究小系统的控制和变化效果的，当然更多的情况是以大中系统的其他因素作为不变的条件。

综上所述，电化教育从属于教育技术，是教育技术的一个分支，同时也是从教育技术衍化而来，而且电化教育更加侧重现代媒体的创造发展和使用。到了20 世纪 90 年代末期，因为网络电子信息化的不断发展，逐渐在教育领域的渗透，我国不断出现了信息化教育的理念。我们认为，同电化教育概念一样，信息化教育也是教育技术的从属概念，代表教育技术发展的新阶段。

第二节　现代教育信息技术与体育课程的有效整合

一、现代教育信息技术与课程整合内涵

（一）网络技术与课程实践

课程实践是一个具有多重含义的术语。对于不同的人而言，在不同的情境里，课程的内涵和外延也是有比较大的差异的。事实上，对课程的不同定义都隐含着某种假设和价值取向，也隐含着某一种意识形态以及对教育的某种理解和信念，从而一定程度上标明了这种课程最关注哪些方面。

1989 年，郭元祥先生和施良方先生就"关于课程问题的四十年学术争鸣"这一课题进行研究时，收集了国内外关于课程的 50 多种定义，发现关于课程的定义，从广义到狭义、从词语本义到引申义、从要素到功能、从课程设计者到实施者、从静态到动态、从过程到结果、从设计到评价，应有尽有。但是这些众多的定义还是可以归为两大类：其一是日常话语的课程概念；其二是学术话语的课程概念。作为日常话语的课程概念，也就是人们在日常生活中对课程产生的具有经验主义特征的理解；作为学术话语的课程概念，严格来说，也是来自生活经验，不过它对课程做了更为广泛而深刻的理性思考和界定。日常话语形态的解释和学术话语形态的解释在一定条件下是可以相互转化的。

什么是课程？日常话语的课程概念是指"学问和学科"，而通常又以"学科"的理解为主，比如语文课程、数学课程等等。它可以指"一门学科"，也可以指"学科的总和"。这种对于课程的理解最接近我们的经验世界。因此，这种理解对于我们的教育实践影响也最大，由于它和我们的直观理解很接近，因而也最容易被接受。但是这一日常话语概念的理解并不能准确说明"课程"，因此有必要在此讨论在"新课程改革"中的一系列教育观念的转变，以统一认识。理解课程并不是一个独立的事件，必须考虑整个教育全局的要求。所以，正确认识和处理信息技术与课程的整合，必须树立全新的教育观念。我们将课程中所包含的要素逐一进行理解，以求全面把握课程的含义。

1. 课程即经验

除了将课程理解为"学科"以外，还有诸如"课程即书面的教学计划"、"课程即预期的学习结果或最终定义"、实践就是经验、实践是被指导的定向活动、"课程即文化再生产"等等各种理解形式。这些理解形式并不相互排斥，它们从不同的独立视角揭示了课程的本质。

在此，我们将课程理解为"有指导的学习经验"。正如美国学者泰勒（R. W. Tyler,）认为，唯有学习经验，才是学生实际认识到的或意识到的课程。其中"有指导"包含了"有计划的一样、有意图"的意思，即充分肯定了教师及教育机构的教育意志。我国著名教育学家陶行知先生就认为：我们在生活中，接受的一切，都会让我们受到警示，而且我们会在接受与启示中不断地发展、不断打造自己。就像许多大家所认可的，生活是学校，我们在接受各种教育的教育思想理念，正是一种"课程即经验"的体现。很显然，"经验的获取和积累"是理解新课程观念的核心。

2. 素材是模板

素材是模板就是学生把素材看作是认识事情的基础，引导我们走向想要的生活，通过这些素材，我们会效仿，为的是形成自己规范的人格，这些素材可能不是所有学生都需要，或者是需要所有，但你不得不承认，他确实让我们认清了事情，能够理性地对比分析事情的表面，并对其深层次的意义进行挖掘，所以素材就是模板。

3. 教师即研究者

教师不再只是在实践过程中起传递者的作用，他会变成自我主动频道调适者、情况分析者和补充者：实践者对自己应该有更高层次的定位和要求。教师不再只是一个真理的宣传者，而是一个学生学习的促进者、帮助者，是真理的追求者和探索者。在全新的教育观念下应当要树立一个积极的、能动的教师形象。

4. 学生是知识的建构者

学生是课程整合过程的主体，对整个学习过程有着自主、自控的权利和责任，在新的教育观念的指导下，学生的角色随之也发生了很大的变化，具体来说，学生由原来的问题回答者变为了问题的质疑者，由原来的被动听课者变为学习的参与者，由原来的解题者转变为出题者等。总之，学生不再是被动地接受知识，而是主动地进行知识的构建。因此要实现教育理念从"以教师为中心"向"以学生为中心"的转变，关键在于发展学生的能力，应当努力做到以下几点：

第一，理解学生、不误解学生。教育者必须准确掌握受教育对象的知识结构，理解并接纳他们的现状，包括他们的能力特点、学习习惯、情感态度、价值观等，唯有全方面地了解教育对象，才能进行因材施教。

第二，尊重学生、不轻视学生。个体差异是永远存在的，不同地域、民族、性别的受教育者在学习能力和学习效果、道德修养和综合素质等方面都可能存在差异，教育者既要全面发展学生的综合素养还要关注每个人的个体差异，虽然这些人为因素很难控制，但是作为教育者必须从学生的角度出发，尊重并给予前进的鼓励。

第三，服务学生、不利用学生。教育要以学生为本，要为学生的"学"服务，而教师是学生"学"的过程中的指导者、服务者、支持者以及帮助者，教师不能为了满足自身的需要，而让学生达到某种目标。

第四，启迪学生、不蒙蔽学生。处于中心位置的学生并不是十全十美的，大多数情况下需要通过教育启发使其加强个人全方位的能力，当然在这个过程中教师应注意启迪熏陶的方式，不能采取训斥、强制等过激手段，教育者要在点滴中通过影响、熏陶和启发，使学生自身逐渐感悟、反省并形成正确的价值观。

第五，激励学生、不压抑学生。以学生为中心教育模式的根本目的是促使学生扬长补短、各得其所。教育者要充分开发学习者的潜能，不能以固有的评价模式和评价标准去衡量学习者的学习效果及个体能力，并力求建立和谐而又独特的师生关系，推动教育教学改革深入发展。

（二）信息技术与课程整合的目标与意义

1. 形成自我主动的态度

终身教育是现今流行的一种教育思潮，其思想渊源可以追溯到古代。20 世纪 60 年代的法国人郎格朗认为终身教育是与有限的学校教育相对的，它贯穿于一个人生命的整个过程，影响着学习者生活的各个方面，是全面性和连续性的统一。联合国 21 世纪教育委员会将其描述为"与生命有共同外延并已扩展到社会各个方面的连续性教育"。

一直学习，一生实践，就是要每个学生能按照自己的现有形式和自身的需求，本着这样的想法，形成自己连续的计划，进行主动约束，给自己鼓励，用所有的方式抵达自己想法的过程。

2. 形成学习者良好的信息触觉

从大的方面来说，信息感觉要有信息挖掘的想法，要有获得的能力，要有一定的道德，要有扶持能力的知识四方面的素质；狭义的信息素养通常指信息能力。信息技术与课程整合就是要培养学习者这些方面的素养，其中信息知识是指学习者要熟悉与信息技术相关的常用术语和符号、了解与信息技术相关的文化及其背景、熟知与信息获取和使用有关的法律和规范；信息能力是核心，要求学习者有对信息的挑选、获取、分析、加工、创造、传递、利用、评价和系统安全防范的能力；信息意识是要培养学习者对客观事物具有价值信息的觉察、认识和力图加以利用的强烈愿望，要有信息抢先意识、信息忧患意识；信息道德的主要内容是要求学习者诚实守信、实事求是，在信息传递、交流、开发利用等方面服务社会群众、奉献社会，并且要努力促使学习者自觉遵守一定的信息伦理道德标准来规范自身的信息行为与活动。

3. 形成实践方法

在高端网络技术的参与下，在现有学习环境中，实践者的实践方式都发生了改变。实践者最主要的是利用信息化平台以及数字化资源获取知识，而不再是单纯依赖于教师的讲授和对课本的学习。实践的主体——园丁，要与实践的参与客体相互合作、相互配合、分享素材、扩宽思路，在研究、发现、改变、展示中进行实践。学习终端不再是单一纸质版，还有更丰富多样的电子终端，例如阅读笔、图形计算器、表决器、手机、平板电脑以及各种体验式的学习终端，这些功能强大的学习终端对当今时代的实践者学习的意义给出认可的信号。所以，用高端网络与实践融合，会让学生接触到最极致的实践方法。

二、现代教育信息技术与课程空间要素的整合

课程的空间要素包括课程的编制者、学习者、课程内容和环境四个方面。高端网络和时间需要整体元素的融合，主要就是指高端网络与实践的这四个整体要素的融合。高端网络与时间融合的底层要求是从实践空间要素角度出发，就应该会有实践从业者的合作、实践接受者的配合、实践内容的符合、外部环境的吻合。在这之外，最应该有的是还原学习原有的模样，回归其本身，以自身为主的整体结合。下面将对课程空间各要素进行分别探讨。

（一）关于课程编制者

课程编制者主要指对课程进行编排、组织，并能够形成一定的方案或计划等的有联系的参与者，可能是有联系的实践相关的政府官员、实践的专家、教育技术专家，也可能是实践学校的相关领导以及课程具体实施人员即教师。在这一空间要素上基于课程编制者的整合，主要是采用一定的训练或相关的探索形式，使实践编者们学习与实践有关的基本知识、基本理论，掌握现代信息技术，具备一定的实践素质和信息元素，并在此具备情况之上形成开展高端网络技术和实践结合的低层技能，使现有的信息实践的采用能力提高，在所有方面开发出符合时代需要、满足学生发展需求的信息化课程。同时在课程研制开发的过程中，课程编制者也要充分利用信息技术，收集、加工、处理、整合各种信息。在编制文字教材的同时，综合利用现代信息技术，设计、开发与教材同步配套的教学软件。

（二）关于课程学习者

课程学习者主要是指学生，是学习课程的人。从学习者的角度来说，在这一要素上的信息技术与课程整合就是要利用信息技术来营造一种师生之间相互平等、相互尊重、共享自由的关系和氛围。需要指出的是学习者实质上也是课程研制者的一个有机组成部分，但在传统课程的研制过程中，往往都忽视了学生研制者这一有机组成，所以在这方面的整合策略还需要组织建立相关的制度，确定相关实践者的从业地位，形成课程实践者的整体结合的意识、行动能力、获得能力，让他们一同参与高端网络与时间整体结合的设计。在课程的学习过程中，以

及在参与课程研制过程中，学会利用信息技术获取信息，处理加工信息，构建自己的知识体系，学会利用信息技术与学科专家、教师、家长、学习伙伴等进行交流，同时还要不断地培养自己的信息道德素养，在整合实践中得到提高和发展。

（三）关于课程内容

课程内容是指各门学科中特定的事实、观点、原理和问题，以及处理它们的方式，它是学习的对象，源于社会文化，并随着社会文化的发展而不断更新变化。基于课程内容的整合，主要策略有以下三个方面：一是要将信息技术作为课程内容，并且要确立和加强其在学习中的地位；二是其他课程内容，并且适宜用信息技术作为其载体的，要充分利用信息技术来加以传播；三是信息技术并非万能技术，还需要为可能用网络用语、符号等无法表示的部分保佑必要的转换空间。

（四）关于环境

课程要素中所提到的环境，是指影响人的学习、生命存在及其活动的各种文化因素的总和，它包括了对人的学习具有影响作用的各种空间内的各种相关要素，同时也包括了时间进程中的有联系要素。从外部空间整体地看，情景是很特殊的实际存在的环境，有校园环境和社区环境，其中校园环境具体来说包括教室环境（如实验室、教学场地等）和宿舍环境；社区环境包括家庭环境在内。通常提到的实践空间，如果从人的学习生命存在及其活动功能实现与现存状态的角度来看，其内容就更加丰富，包括生理、心理、物质、交往和活动等。

（五）关于以人的学习为本的课程空间结构

1. 网络手段与实践整体区域结合

高端网络手段与实践的整体结合，在之前讲的实践的四个整体元素结合，更需要往前一步，实施回归学习的本源的整体实践的结构的综合方法，其根本就是，使网络手段的扩展得到好的发展，时间的整体要素也得到好的运用。扩展网络技术和运用好整体实践要素的关系，可以通过以下三种方式来实现：一是"学习信息技术"（Learn about IT），把高端的网络技术作为模仿的榜样，主要包括对网络技术课程内容的学习，对高端网络技术基本技能的掌握，以及信息技术对社会的影响和作用的了解；二是"用信息技术来进行学习"（Learn with IT，缩写为：L-with IT），使信息技术成为教师、学生进行教与学活动的工具；三是"在信息技术中学习"（Learn in IT，缩写为：L-in IT），基于信息技术的教育文化环境开发，这种环境包括物理环境、资源环境、社会性环境三个方面。

2. 网络技术与整体实践时间的元素结合

网络手段与课程整合不仅存在于空间维度上，更是参与到课程研制的整个过程中。从理念、目标，到内容、评价均有所涉及。下面的提示卡给出了课程研制的一般过程。请大家根据自己的上课体验及感悟，想一想：在课程研制的过程中，信息技术可以以怎样的形式或方式参与课程整合？并将见到的、想到的和听到的整合方式记录在下面的横线上。下面用一些例子作为参考：

A同学：我们在多媒体网络教室上课的时候，老师使用"电子极域教室"软件，利用局域网组织学习活动，比如分组、作业提交等。

B同学：但是有很多同学第一次都不会使用"电子极域教室"软件提交作业，所以我认为：在学习目标的制定中应该加入"学生能够使用相关信息技术完成学习"。

在时间的纬度上，课程是一个动态的过程。将实践运用过程归纳为：形成实践理念—确定目标—择取内容—组织内容—学习经验—学习活动—开展课程评价。

这七个环节在整个教学过程中扮演着不可代替的作用，就像各个组成部分一样，为了达到预期的计划效果，必须有效地合作，不过分强调其中某一个环节，但也要准确指定每个组成环节对所要到达的目标作出的贡献，以及它们之间存在的相互关系。七个环节层层递进，下面将对每一个环节作简要介绍。

（1）形成信息化课程理念。要实现信息技术与课程时间要素的整合，首先就要求在具体实施整合之前，课程研制者要形成一种信息化课程理念。理念指导着课程研制者的实践活动。这一步很重要，它直接关系着下面要素整合的成败。高端网络技术实践理念也就是形成网络实践的哲学，它包括两方面，一个是一般的，另一个是个性化的。网络技术实践理念有社会、个人、知识和自然等要素，其中网络技术文化艺术、心理学艺术、网络技术以及生态主义艺术是主要来源。

（2）网络技术实践目标。它的基础是现有教育的目标分支，突出信息文化发展需要而形成的、对学习者通过课程学习后应该表现未来的可见行为的具体的、明确的表述，是一系列可参照执行的基本标准。因此我们不仅要大力投入组建教育实践项目分支体系，还要在运用原有的教育实践目标要素之上，结合信息技术的特点、结合实践的实际，研发更新网络技术实践目标。

（3）择取网络化内容。择取网络化内容主要是指在选择一般文化内容的基础上，还要选择文化发展方向的信息技术的精华，从容地把二者紧密地结合在一起，重点突出信息技术与一般文化内容之间关联性的内容，拓展学生学习内容的范围，改变传统课程中内容单一、固化、相互分离的现象。

（4）构建信息化课程结构。课程结构是指课程各部分之间的排列组合，也就是研究实践的所有组成部分是如何八个部分联系在一起的。高端网络技术包括表面结构和内在结构，在表面层面，网络技术实践是认识学生学习的根本技术，它是想把我们的网络技术实践结构从原来的单科，发展到整科领域结构。这也是世界范围实践改革中重新组合的新趋势。在内在层面，需要每个单科领域贯穿网络文化的内容。

（5）把经验变为现实。在我国的网络技术实践中，一直是有内在，但缺乏把这些内在的、好的技术变为经验，经验是在不断做、不断错、不断改中沉淀下来的。网络技术与实践的整体结合是要让学生在课程中了解到深层次的意义，并不是一味地重复、机械地做事情。在以往的实践中，"内容"化为与学习者分离的特殊文化，教育被异化为从外部将"内容"灌输给学生的过程。为解决这一问题，就需要形成一种把内在变经验的套路，运用实践组成新方式，把经验变为现实。

（6）创新信息化课程实施活动样式。课程实施是指把新的课程计划付诸实践的过程，其研究关注的重点是课程计划实施过程中实际发生的情况，以及课程实施的各种影响因素。信息化课程实施活动则是指在信息化课程实施过程中开展的各种教学或学习活动，如教学、自学、管理以及其他各种活动。目前在学校教育中运用的多的课程，如探讨研究、组织活动、发现选择以及合作学习等。这一环节是对实现学习经验转化的促进，通过多样性的实施活动，促进学习经验的更好转化。

（7）发展信息化课程评价技术和方法。课程评价是指研究课程价值的过程，是由判断课程在促进学生学习方面的价值活动构成的。这一环节不仅仅是七个环节的结束，同时它又是这个时间要素整合过程的新开端，它对其他环节起到了修正改进的作用，通过评价不断修正前面的环节，使整个系统更适合于结合发展。

三、现代教育信息技术与课程整合的形态

（一）网络技术作为学习内容

L-about IT 直译就是"学习信息技术"，就是将信息技术作为一个专门的学科开设，旨在让人们掌握赖以生存的重要工具——信息技术。

高端网络技术实践的主要目的，是本着为了扩展学生的网络资源、扩展信息要素为出发点，把网络技术当作研究的榜样，学生有效地学到高端网络技术的基础知识，学习网络技术的基础技能、原始工具的使用，掌握一定的网络技术。但同时，高端网络技术实践的运用并不是仅仅为了学习网络技术本身，更重要的是要让每个学生形成自己的个性化，使其得到更好的展现，会运用网络手段促成多方的交流、合作、打开眼界，提高判断水平，形成运用网络技术完成问题的落实，做好一生学习的准备，要知道高端网络信息的明确，是我们每个人的权利，也是我们应付的义务。按照它的规定，形成与网络技术相匹配的观念和感觉，为打造出这样适合社会的复合型人才提供支持。根据信息技术新课标（课程标准），信息技术作为学科科目、作为学生学习的对象包含三个方面的内容：知识与技能、途径与方法、个体态度与价值观。

（二）信息技术作为学习环境

L-in IT 直译为"在信息技术中学习"，就是在信息技术构筑的环境中学习，在这样一种模式下，信息技术扮演了一个环境角色，这个环境包括了提供的物理环境、资源环境和社会大环境，这种模式一般融入前两种模式中，不单独发挥作用。

1. 提供物理环境

信息技术提供物理环境，主要是指由各种信息技术、信息传播媒体及运作软件组成的物理环境，如设备、媒体等物质性环境。目前越来越多的中小学在加紧建设计算机室、多媒体综合电教室、电子阅览室、多媒体语音室等，配置数字幻灯机、投影仪、实物展示平台等，信息技术物理环境的建设已初具规模。

随着信息技术本身的发展，这些原本独立的环境逐渐相互融合起来，形成了目前中小学中应用最为普遍和广泛的"多媒体网络教室"。一般来说，多媒体网络教室包括虚拟 Internet 教室、电子阅览室和多媒体语音室，其主要功能包括教学示范、广播教学、屏幕监视、资源共享、个别辅导、协作讨论、远程管理等。多媒体网络教室是由实践客体机、实践主体机以及汇总支持器构成。实践客体机和实践主体机联系起来构成大平台的教学网络，而大平台的媒体影音多通过转换影音设备与实践客体机相连，由主体自己把握。教学网络平台由数据汇总支持器转换到中心处理服务器完成，再把打印设备、扫描设备、投影设备的那个外置设备连接到中心处理服务器上，接受平台媒体影音教学网的控制和支配。中心处理服务器能和校园网的多媒体教学网连接，进行信息交流。

2. 提供资源环境

信息技术提供资源环境主要是指利用信息技术提供丰富的教学材料和资源，是以提供教学信息服务为主的系统。该系统的特点：一是拥有大量的信息资源；二是提供自由的访问。这些材料和资源是为教学目的而设计的，但有些资源并非为教育而设计，但因其具有教育利用价值而被用作为教学资源环境，如电子化图书馆。

利用信息技术构筑的资源环境，具有三个方面的性质：选择性、劣构性和开放性。[①] 随着信息技术教育环境在中小学的不断完善，各种教学和学习资源也逐渐积累起来，这种在信息技术环境下，特别是在计算机和网络环境下的电子化实践需要的素材，含有网络书刊、模仿场所、数据集合、电子百科、教育网站、电子论坛、虚拟软件库等。

3. 提供社会性环境

信息技术提供社会性环境，主要是指利用信息技术，特别是计算机和网络通信技术，可以为学习者之间、师生之间、师生家长三者之间创造和提供一个相互交流、相互学习的平台。

这种社会性的环境中既有真实的人人之间的交互行为，也有人与虚拟的学伴之间的交互行为。例如虚拟学伴，它主要是利用计算机来模拟教师和同级学生的行为，从而形成一个虚拟的社会学习系统。随着信息技术的不断发展，现今还可以利用网上群体虚拟现实工具 MUD/MOO（Multiple Users Dimension 或 Multiple Object Oriented）支持异步式学习交流，以这种形式来创建虚拟学社。这样一个平台，一个模拟空间，会给我们提供很多向外界传递的工具，有电子邮件、Word 文档、电子期刊等，都会不同程度的联系学生同伴之间、小组之间，甚至是班级之间的各种学习活动和校园文化。利用信息技术来提供这种社会性环境的实例除了上面提到的虚拟形式外还有很多，如统一合作的实验场所、模拟的实践场所。统一合作的场所把现实的实验情景与模拟的实践合成在一起，它是用高端的网络手段解决现实的问题，统一的实验场所把实践者分成很多个部分，所有实践小组都会组成一个小型社会。在整个过程中，只有组织者、领导者能够获取最

---

① 所谓选择性是指资源环境作为一类学习支持系统，其中拥有丰富的信息资源，可供学习者随意选择；所谓劣构性是指资源环境中的对象之间存在较弱的结构关系，不同于教科书那样内容经过精心编排；所谓开放性是指学习者、适用时间、使用目标等方面都带有很大自由度。

大的资源，其他成员只是向组长表述想法和观察实验过程和结果。而且，每个部分的每名参与者都会有自己负责的方面，主体在整个过程中，对每名参与者的表现、成果进行把控。模拟场所是指用高端的网络技术建造的实践区域，使不在同一处的组织者与参与者都能够及时了解到所有的情况，还可以用网络边界的通信功能，做到正常实践场所能做的活动，还可以不同步教学。

四、现代信息技术与体育课程整合的案例分析

（一）现代信息技术与高校体育课程整合的内涵

信息时代的高速发展赋予了高校体育教育发展的契机和挑战，在这种形式下的高校体育教学内容无论是教学组织形式或者教学方法都将受到信息化的影响。在现代高校体育教学中，信息化浪潮可以帮助体育教师在体育教学模式上进行多元化的补充，可以说高校体育教学正在经历着一场信息化革命，而信息化革命的结果是高校体育教学体系中实现了不同知识体系、教学资源、教研资源以及课程资源的完美结合与补充。在信息化体育教学中，学生将会更加直观地感受到体育教学带给自己的体验以及帮助，这是信息化体育教学所具有的独特魅力。随着信息化体育教学的普及与发展，传统的语言教学以及单一的训练式教学将被新兴的教学方法和教学体系所取代，信息化教学增加了学生的体验感以及直观感，在体验式教学中更加具有主观能动性，丰富的体育教学内容增加了学生的学习兴趣，同时弥补了教师在教研方法中的空白，也在一定程度上提高了教师的教学效率和教学成果。在信息化体育教学中，学生被赋予学习主体的身份，在教学方法上也由传统的言传身教转变为引导学生积极探索，同时老师也由传统教学中的教科书式教学转变为研究内在本质性的教学，这无疑提高了学生学习的创造力，也同时提高了教师教学的能动性。信息化体育教学丰富了高校体育教学内容，多元化的教学资源使得教学在教学内容的选择上更加游刃有余，体育教学课堂也变得丰富多彩，同时学生在体育学习中更加能够找到自己所喜爱的教学内容，这种创新性的教学方法无疑更加受到学生们的喜爱和追捧。

信息化体育教学需要将现代信息技术与高校体育课程相结合，并且将现代信息技术融入高校体育课程中的各个方面，如体育课程选排、体育成绩录入与查询、学生教师共享交流平台以及教师评选等，而网络化的教学改革不仅提高了教学效率，同时降低了人耗和教研成本，高校体育教学的高效运转离不开科学的课程管理以及现代化的信息交互。

信息技术与体育课程有效整合是体育课程教学的理想模式，是现代高校体育课程教学努力的方向，当然，要做好有效整合，还受到诸多方面因素的制约，本课题组对江苏省 24 所高校体育部、系、院的 42 位教师发放了调查问卷，初步了解当前江苏高校在信息技术与高校体育课程整合方面的现状及存在问题，并进行了研究和分析，提出相应的对策和措施，促进信息技术与体育课程有效整合。

（二）现代信息技术与高校体育课程整合的现状

在高校体育课程信息化改革中，通过走访和调查得出以下几个结论：首先，作为学校而言，其本身对信息化教育改革以及信息技术持欢迎的态度，并且能够充分配合改革，从越来越多的校园网络建设以及教务信息化可以证明，同时在教学楼建设以及图书馆建设中也越来越多地融入数字化教学技术，但是值得注意的是由于各个高校在教学规模以及师资力量上存在着差距，所以数字化教学改革成果依然存在着不同的差异。其次，由于我国高校体育教学数字化改革发展较晚，同时信息化开发也比较晚，这就导致了我国高校体育教学数字化改革中缺乏大量的数据基础，突出表现为多媒体教学设备以及计算机设备不足以满足当前的量化需要。最后，根据目前我国高校体育教学数字化改革的成效来看，依然存在很多的不足，突出表现为两点，其一作为教学主体教师而言，长时间的传统教学方法已经成熟，在接受新鲜教学方法上稍有欠缺；其二由于体育教学的教学内容不同，在数字化教学中需要投入大量的资金用于基础设备建设，这对于一些经济基础薄弱的高校而言显然是一个沉重的负担，所以这就导致了一些高校在数字化改革方面力不从心。

1. 现代信息技术应用于高等教育的总体现状

计算机网络技术以及多媒体网络教学技术是本书探讨信息技术应用于高校教学中的重点课题和核心内容。同时想要完整的探究信息技术在体育教学中的应用成效，就要充分研究信息技术在学校教育中的结合情况以及改革成效。

通过对于高校教学系统中信息技术应用的数据分析来看，大多数高校在学校信息化改革中将主要精力放在了学校办公、课程管理以及图书馆阅览服务中，这几个模块在高校网站以及信息化办公系统中较为常见，但是只有少量学校具备先进的信息系统以及丰富内容的存量系统。

随着高校教学信息化改革的深化进程，信息技术被广泛应用于课程教学中，同时得益于信息技术的先进优势，许多教师也积极将信息技术用于教学内容中，突出表现为一些理论课程中，但是相对于一些像体育课以及电工实训课等注重实践的课程中依然缺乏相应的信息技术教学方法。

随着信息技术的普及，越来越多的高校将信息技术改革作为高校提升品牌影响力的手段和方法，为此一些高校在数字信息化建设中不惜投入大量资金来健全网络系统的建设和优化。

2. 当前体育教学方法运用现状

体育教学有其自身的特点，它是在体育教师和学生的共同参与下，运用适当的方法，指导学生掌握体育知识、基本运动技术和技能，增强学生体质，培养体育能力和良好思想品德的一种有目的、有计划的教育过程。目前体育教学的绝大部分课程还在沿袭传统的教学模式。其中，体育课教学特别是基础体育教育可分为：理论学习和技术学习。理论学习的教学还是以教师讲授为主。理论教学以教师为中心，只强调教师的"教"而忽视学生的"学"，全部教学设计理论都是围绕如何"教"而展开，很少涉及学生如何"学"的问题。按这样的理论设计的课堂教学，学生参与教学活动的机会少，大部分时间处于被动接受状态，学生的主动性、积极性很难发挥。技术动作的教学总是以形象化来教学，但教师受到身体素质和环境等客观条件制约，教学时很多技术动作难于做到标准示范，使学生难以根据教师讲解示范建立正确动作概念。在体育教材中有很多腾空、高速运动、翻转的技术动作。学生很难把这些瞬间完成的动作看清楚，也就很难快速建立一个完整的动作表象。这时教师只能反复示范，重复讲解，最终的结果是影响了教学进程，而且，过多的讲解和示范还容易让学生产生错误认识。由此可见，过于单一、传统的体育教学方法无法满足学生的需要和教学目标的实现，只有采用先进的、多元化的教学手段和方法，才能提高课堂教学效果。

3. 体育教学部门所拥有信息技术资源现状

信息化教育离不开硬件资源的支持，比如计算机、多媒体显示以及数据网络等，充足的设备是信息技术与体育教学资源整合的基础，但是通过对于高校硬件资源的调查数据来看，各个高校的硬件资源投入差异化比较明显，在 24 所高校中，具备充足的计算机设备的高校只有 6 所，其中江苏高校体育教师用于体育教学的教研网络以及计算机配备情况很不理想。更有甚者，有些高校没有为体育教师配备固定的办公场所，而且高校比例竟然接近 30％之多，这些高校的体育教师如果想要利用网络获取教学资源，只能回到家中或者其他场所去获取，这极大地阻碍了体育教学信息化的改革进程，相较于其他学科，体育教学部门的信息技术投入则显得非常低迷。

高校体育教学内容的信息技术改革不光需要有良好的硬件设施作为支撑，同时需要有一定的软件实力作为资源的补充，软件实力指的是在体育教学中所需要用到的网络支持以及网络课件资源等，现代信息技术应用于教学中的核心内容是网络资源，但是从当今的教学改革中我们看到，这种网络资源在各个学科中的占有比重非常不均匀，并且缺乏一些相对较优质的信息资源，对于体育教学而言，这种情况更加严重，那么造成这种现状的原因总结起来主要有以下几点：首先，学校没有足够的经济实力去建设或者组建相对健全而专业的资源网站；其次，相较于其他学科而言，体育教学有其自身的教学特点，在教学内容上更加注重因人而异的教学理念，所以在教学资源的优选和甄别上存在比较大的困难，并且在体育资源的选择和补充上还要注重每个学生身体素质的差异化以及兴趣爱好，这无疑使得体育资源获取上又增加了困难。同时我们目前还没有比较专业而健全的体育教学网站也是形成这种现状的另一个客观因素。现有的体育教学资源获取渠道最多的是在互联网上，但是看似丰富的教学资源背后却没有固定的教学体系，内容繁多且杂乱，很难从中找到适合自己的教学资源，同时还需要耗费人力以及时间成本从庞大的信息库中筛选。同时随着多元化教学方法的普及，现有的网络教学资源已经不能满足学生的需求，现代体育教学的信息化技术应用则非常有必要建设专业的体育教学资源网络。在调查的 24 所高校中，配备齐全的体育课程管理以及教学软件的高校只有 2 所，并且实际的教学资源还很有限，但是相较于其他高校则已经非常不错了。

4. 体育师资队伍信息技术素养的现状

　　教师在高校体育课程信息技术改革中居于主要的引导地位，这就意味着高校体育课程与信息技术相结合的关键因素是教师所需要具备的信息素养。这就要求教师自身首先要掌握先进的数字化教育观念，并且身体力行学习新鲜事物，努力将先进的教学理念以及信息化理论充实到教学内容中，正所谓打铁还需自身硬。

　　但是相较于目前的改革现状来看，我们的一些高校教师对于信息技术的掌握程度还不尽如人意，缺乏最基础的信息化教育意识，没有从实处将信息技术与教学方法相结合，也没有从信息化角度改变已有的教学模式，导致这种现象出现的原因是传统的教学观念已经在教师的脑海中根深蒂固，先入为主的教学方法很难使教师针对教学方法进行创新和总结，同时有一部分体育教师认为体育运动以实践为主，在潜意识里认为信息化教育不适用于体育教学中，正是这种误导性的思维方式阻碍了高校体育信息化改革的进程。

（三）实现信息技术与体育课程有效整合的对策与措施

1. 加强教师业务培训，提升教师信息技术素养

从信息化教育改革来看，教师作为教育改革的先行军，势必会影响整体教学信息化改革的进程，同时教师的主观因素也制约着高校体育教学与信息技术相结合的发展，所以，提高教师信息技术意识，强化教师的信息技术素养是促进高校体育教学与信息技术相结合的重中之重。在当今阶段，高校体育信息化改革有着非常深远的促进作用，只有让每一个体育教师树立起信息化意识，并且积极乐观的将信息技术融入体育教学中，才能实现高校体育教学的数字信息化成果。

综上所述，对于高校体育老师的信息技术培养有必要建立专业的培训体系，从基础做起，通过实践和培训提高教师的信息技术运用能力，如此不仅能提高体育教学的教学效率，同时还能促进体育教学与信息技术的融合。具体来看可以分为三种方式来增强体育教师的信息化技术。首先，建立专业的培训机制，采取对体育教师信息化技能专业训练，从而提高体育教师运用信息技术的能力；其次，可以选择学习力比较强的体育教师去其他优秀学校拓展学习，通过这种形式增加体育教师与其他优秀学校的探索频次，从而提高技能；最后，对于体育教师自身而言应该通过各种渠道自学深造，主动探索信息技术对于体育教学中的应用方法，从而将信息技术真正融入体育教学中。同时对于一些信息技术意识比较强的教师要给予鼓励和支持，树立标杆意识，以便提高体育教师整体技能水平。

2. 选择适宜教学内容与信息技术有效整合

对于教学内容与信息技术的课题选择上要秉承合理的观念，要从实际角度出发，因地制宜的选择性融合，在信息技术应用方面也应当照顾学生的感受以及考虑切实的师资力量等因素。在教学内容的选择方面主要有以下三方面作为参考条件。首先，一定要根据既定的教学目标来选择合适的信息内容，并且在教学内容的选择上要尽量优化，达到效果最大化。其次，在信息技术与教学内容的选择上一定要考虑到最佳的教学效果。再次，在教学内容选择上一定要尽可能选择有趣味性以及更加能够吸引学生的内容。同时还要有针对性地对一些传统的项目以及运动做适当的创新，以增加学生的学习兴趣。最后，不管教学内容如何选择，首要的出发点都是要适应学生的实际运动水平，充分发挥学生

的学习兴趣。

3. 增加投入，加强信息技术的硬件和软件建设

高等教育现代化催生数字化、信息化校园建设，信息技术的硬件是实施信息技术与体育课程有效整合的基本保障，计算机、网络、多媒体设备是现代信息技术的最基本的硬件要素。因此，进一步完善校园网络建设，配置计算机、多媒体、视听设备，这不仅是体育课程教学的需要，更是现代化高等教育发展所必需的。信息软件资源是信息技术的灵魂和核心，主要指一些教学软件、管理软件以及数字化的课程资源，只有不断完善各类教学和管理软件，加强学校信息中心和教学资源中心建设（教学资源库、VOD 视频点播系统、数字图书馆、网上远程教学支撑系统等数字化教学资源），才能真正发挥信息技术在学校教育中的作用，促进高等教育现代化。

随着高校体育教学信息化的深化改革的不断推进，许多高校也建立了一些数字化信息设施，但是从整体效果来看，许多应该配备的数字化设施还不健全，比如顺畅的教学网络、多媒体教学设备以及固定的多媒体教室等等，同时一些专业的课程网站以及体育软件实施的建设也非常有必要，这些客观问题都是决定高校体育信息化改革成败的关键因素。

4. 延伸体育学习环境，转变体育学习方式

多元化社会背景下的学习方式也愈加多样化，信息技术与体育课程整合引起教学方式的变革，使得体育学习时空适当延伸，体育学习环境适当变换，特别对于体育知识的学习、复杂技术动作的了解，可以安排在课外时间，通过网络，观看视频资料等信息技术手段加以实现，教学环境的建设从单纯的操场、训练房延伸到多媒体教室、图书馆、计算机房、学生宿舍区等地方。调查数据显示高校的网络、网站建设比较完善，这为信息技术与体育课程有效整合提供了有力的支撑。

对于体育课程与信息技术相结合而言，对于体育学习方式应当较原来有所改变，改变的方向分为以下几点。首先，针对时空观念的改变。传统的体育教学仅仅在校园内部展开，但是需要改变的是还可以在其他场所进行体育学习。在学习方式选择上也不仅仅依靠老师或者书籍等，还可以借助互联网进行网络学习，从这点来看，体育教学已经不仅仅从课堂的 45 分钟转换到随时随刻的体育学习中；其次，从实际角度将信息技术改变成一种学习工具，利用信息技术加强自身对于体育知识的掌握；最后，将信息技术从辅助教学内容改变为主导性的教学工具，

从学生角度出发利用信息技术增强学生的学习积极性，鼓励学生进行自主探索与学习。同时，教师可以利用网络平台加强与学生的互动交流，也可以利用信息技术和学生一起探索体育教学的方法等等。

新的教学内容以及教学方法势必会通过信息技术与体育课程的结合而展开，在新的教学方法中，学生变成了教学主体，一切的教学内容真正从学生的切实情况而展开，这是体育教学信息化改革的标志。同时利用信息化教育平台，学生和教师之间增加了互动黏性，教师可以更多地考虑到学生对于学生的感受，多方位的互动平台不仅能够增加师生之间的感情，同时还能第一时间获知学生的学习感受，以便对教学内容的进一步探索和改革。通过对于江苏高校体育教学信息化改革的成效进行研究，我们看到了现实存在的一些问题和缺陷，并且根据这些现存的问题提出了一些整改的措施和建议。同时要想实现体育教学与信息技术的完美结合还需要考虑很多现实问题，比如学校师资力量、学生客观情况以及不同地区的教学内容等等，通过对不同问题加以分析和总结对高校体育教学信息化改革进行正确的引导，但是需要注意的是，在改革的过程中不能偏离体育教学的核心教学理念以及教学规律，一定要遵从客观规律进行信息化改革。

第三节 翻转课堂模式引入体育教学中的应用研究

一、翻转课堂的内涵与实施步骤

（一）翻转课堂的由来

近些年来，在教育界的热点非翻转课堂（Flipping Classroom，或译为"颠倒课堂"）莫属，甚至于 2011 年在加拿大的《环球邮报》上，被评为是影响课堂教学的重大技术变革之一。

随着信息化社会的不断发展，教学的资源更加丰富，教学的手段也更加多样，教师主宰课堂的灌输式教学已经无法适应当前教育教学的需求，将信息技术广泛应用于教育教学领域已经成为时代发展的必然趋势，这对提高教育教学质量和优化人才培养模式具有重要的现实意义。在信息社会的时代背景下，基于信息技术的变革、人性学习需要的满足和解决课堂教学现实困境的需要，翻转课堂应运而生发，人们对翻转课堂的价值探讨也在不断展开。

在 2007 年前后，美国的乔纳森·伯尔曼（Jonathan Bergmann）和亚伦·萨姆斯（Aaron Sams）在科罗拉多州落基山林地公园发明了翻转课堂。

翻转课堂的创始的起因源于学生因各种原因没能及时上课，这带给了乔纳森·伯尔曼和亚伦·萨姆斯两位化学老师启发，便将传统的教学模式（课堂上听教师讲解，课后回家做作业）进行"颠倒"或"翻转"，形成新的教学模式即——课前在家里听看教师的视频讲解，课堂上在教师指导下做作业（或实验）。由此迎来教学史上的重大技术变革。

何克抗（2014）认为，翻转课堂更符合人类的认知规律，有助于构建新型的师生关系，促进了教学资源的有效利用与研发。曾淑煌（2014）认为，翻转课堂可以有效解决 2 个矛盾，即教学进度与学生知识掌握速度之间的矛盾和教师共性化教学与学生个性化认知的矛盾。秦建华、何高大（2014）的研究指出，翻转课堂可以实现个性化学习和因材施教，实现教育公平。随着研究的推进，学者们对翻转课堂的价值的认识在不断深化，并越来越注重翻转课堂综合价值的发挥。遗憾的是，翻转课堂并未得到体育界的普遍关注，在体育学科中的研究几乎处于空白状态。在反对灌输式、提倡个性化教学的今天，研究翻转课堂并尝试探讨该模式在体育教学中的价值和实施策略，对于优化体育教学效果、进一步深化我国体育教学改革无疑是有价值的。

（二）翻转课堂的内涵

对于翻转课堂内涵的解释，综合起来可以分为两种。一种观点倾向于用翻转课堂的实施流程代替内涵，这种解释在当前最为普遍，可称之为"流程说"；另一种观点倾向于用翻转课堂的功能代替其内涵，可称之为"功能说"。"流程说"通过具体的实施步骤来解释翻转课堂的内涵，翻转课堂的推广人萨尔曼·可汗给出的解释最具代表性：学生晚上在家观看教学视频，第二天回到教室做作业，遇到问题时则向老师和同学请教，这种与传统的老师白天在教室上课、学生晚上回家做作业的方式正好相反的课堂模式即为翻转课堂。"流程说"的解释倾向于对翻转课堂实施步骤的微观阐述，虽清晰明了，却不符合概念界定的规范性要求。"功能说"倾向于从宏观上对翻转课堂进行解释，注重凸显翻转课堂的核心价值。例如，翻转课堂即通过对知识传授和知识内化过程的颠倒，从而改变传统教学中的师生角色并对课堂时间的使用进行重新规划的一种新的教学模式，也被称为课堂翻转。"功能说"主要从学生知识学习与内化的有机结合方面对翻转课堂的内涵加以解释，这显然是片面和浅显的。事实上，翻转课堂的功能并不限于改变学生知识、技能学习和内化的顺序，它在学生的学习态度、习惯、兴趣以及学生在各种能力的培养等方面，具有传统教学模式难以比拟的优势，可见，"功能说"有以偏概全之嫌。

综合前人的认识，翻转课堂的内涵可以理解为：以能力培养为目标，以信息化网络和实际课堂为中介，以分组学习为基础，注重课前知识技能学习，课中、课后知识技能内化和应用的个性化教学形态。

（三）翻转课堂的实施步骤

翻转课堂的实施步骤可分为课前、课中和课后 3 个部分。课前，教师根据教学目标对教学内容进行模块切割后，将微视频、PPT、动画等形式的教学资料传到在线网络教学平台，学生依靠这一特定的教学平台在课前完成知识和技能的学习，并达到初步掌握的程度，教师根据学生的在线测试结果或小组成员学习中反馈的问题掌握学生的学习情况；课中，学生通过教师的精讲、分组讨论、组织活动和有针对性的学习实践，逐一解决学习中遇到的问题；课后，教师对学生的学习情况进行评价，完善课程教学中的不足，并依据评价结果对下次课进行教学设计，学生则总结反思学习中存在的问题，并对知识和技能进一步巩固。

身体直接参与、体力与智力活动相结合、身体承受一定的运动负荷是体育教学的基本特征，亦即技能性和健身性，这明显区别于其他学科的课程教学。体育课程教学的基本特征决定了其在教学环境、教学内容、教学方法、教学组织管理、学生的情感体验等方面明显区别于其他学科教学，因而在体育教学中实施翻转课堂也定然与其他学科的课程教学有所差异。在体育教学中实施翻转课堂，为保证体育教学的实效，体育教师的教学设计不能采用固化的模式，要把增进学生健康看作贯穿于课前、课中和课后的主线，在遵循运动技能形成规律的前提下，适当增加课前、课中和课后的实践比重以加深学生的运动体验，同时也要将安全防范工作贯彻到翻转课堂的始终。以翻转课堂模式下太极拳的课前在线教学为例，体育教师除了以微视频的形式对太极拳动作讲解和示范外，还要把太极拳的发展历史、功法、健身原理以及安全防范方法等作为重点设计到在线虚拟教学平台上，因为单纯依靠模仿动作是无法让学生产生兴趣和领会动作要领的，最终会导致翻转课堂流于形式。

（四）翻转课堂的发展

1. "可汗学院" 兴起

凭借着自身的优势和影响力，翻转课堂自 2010 年以后拓展于全美乃至全球，当然，翻转课堂的飞速发展离不开"可汗学院"的全力相助。

在 2004 年前后，孟加拉裔美国人萨尔曼·可汗为了远程辅导亲戚家的小孩学习数学，把教学视频提前录制好，同时可汗为了有需要的人士免费观看和学习，便把教学视频发到 YouTube 网站上，在此之后，方便学习者们进一步的教学训练，萨尔曼·可汗又增加互动练习软件。

在 2007 年，一个非营利的教学网站成立了，此网站是可汗在之前的教学视频和互动练习软件的基础上进行优化整合而形成，教学网站采用教学视频的形式讲解各学科（不仅是数学）的教学内容及网上读者关心的诸多问题，并给予自我定位，网络练习，进度时时跟踪等教学方式。

在 2009 年，可汗由"兼职"转为"全职"，在精心的运行与维护下，这个教学网站不是以赚钱为前提，盈利也不是其目的，学院成立之初就以此名字为自己命名。

学院迎来前所未有的较大发展是在 2010 年，不仅得到比尔·盖茨的关注，还陆续收到了他和妻子共建基金的数百万美元资金的帮助。正是由于此原因，学院的影响力大幅提升，影响范围也不断扩大。后来此学院还研发出能及时、快速、准确的集合学生的数据的体系，使学生了解自身的学习状况，有利于老师更好地掌握进度，有利于老师更好地进行翻转课堂。此系统使学院所提供的教学影音质量，支持学习的工具都有显著提升。

此学院在不取报酬的情况下，所提供的影音却是优质的。一方面有利于课堂实施得更加顺利，另一方面使课堂的用户量大大增加，随着翻转课堂的使用率增多，使用范围的扩大，翻转课堂在北美乃至全球教育工作者的视野中，大受欢迎。随着翻转课堂在应用区域和受影响人群的扩大发展，在教学内容与教学方式上，翻转课堂都有着全面的改进。如上所述，这种课堂方式，是把以前教师上课任务，学生任务，作业完成任务的方式进行了位置交换，变成课前在家里听看教师的视频讲解，课堂上在教师指导下做作业（或实验）"。

2. 慕课的出现

翻转课堂的出现虽然改变了传统的教学习惯、教学模式，但形式比较单一，并且带有自身的局限性。

直到 2011 年以后，它在全球教育范围内，以另一个全新的模式出现在公众的视线内，这种不局限的形式的出现克制了课堂带来的缺点，改变了在课前家中教与学，从内容到形式的改变。

从这种不局限，非单一的模式，只从他的名字 Massive Open Online Courses

就可以看出，"慕课"的特征是：它所强调的是相互的和返回的，提倡建立在线共同学习的区域。

在以往的共享课程中，存在着诸多的不灵活，如大多视频都带有针对性，针对本节要学习的内容或是根据学生的需要而录制；在教学过程中学，教师仍是主体地位，客体一般处于被接受状态；在这个教与学过程中，主体与客体之间、学生相互之间缺少交流与反思，整体参与度不足。

而共享课堂新秀模式实施的是在线授课形式。一方面通在进行过程中，加入一定的提问、随时的检测、专题的具体解决，并引导学生利用已有的各种现代化学习支持工具或设备进行主动浏览，最终获得想要的资源，利用行之有效的交流、互动与反馈提高课堂的效率。另一方面，这种共享课堂可以极大地吸引学生，尤其在要进行作业的完成，专项问题的解决过中起到积极鼓励作用，形成各种共享学习区域，对跟自己相同主题，相同兴趣爱好的形成统一社区，建立互相帮助、共同协作、交流完成的群体，并随着这一群体的不断扩大，进一步衍生出相关的资源库。

相比于一对多的授课和事先准备好的视频教学方式，单一与非单一、局限与不局限相结合，正是广泛吸收了以上两种方式的优点以后，产生的新方式——"互动与反馈"和倡导"在线学习社区"正在大范围扩展应用，而慕课带给学习者的"沉浸感"和"全程参与感"在日益增加。这些变化在教学内容与教学方式的拓展上都有所展现。

翻转课堂在教学模式上带来的改变有目共睹，然而单向传授的教学视频播放并非所强调的重点，在单一的、局限的课堂的创造者们看来，特殊与大众，共性与特殊性，他们更在意的应该是怎么能让学生从更深层次挖掘到想认知、想了解的、想改变的东西，实践这种局限、单一模式的，主体与客体的相互沟通、互动；正是基于两位老师的关注点，把翻转课改名为"翻转学习"。

二、翻转课堂的作用与效果分析

（一）翻转课堂体现"混合式学习"的优势

翻转课堂，一项在教育界，秉承着以"B-learning"为标志的教育思想，针对教学模式实施的重大改革；一项可以增多主、客之间的沟通与学习，达到客体特殊、个性学习的时间把握方法。这样在海内外学者看来，他就不是单一的，而是全新的，复合式方法。

在学术界，关于翻转课堂的表述仁者见仁。以混合式学习方式角度来观察翻转课堂的作用与效果的观点看：

最初的混合学习方式是"课前在家里听看教师的视频讲解与课堂上在教师指导下做作业（或实验）"这原本单一、局限，特殊、共性的混合方法；再加上后来的非单一、不局限的混合方式的特点与长处的广泛吸纳，真正的发展成了网络多元共享与"地面实录"相结合的复合式模式，其中网络多元共享又有完全分享和部分分享之分，在这两种方式的混合下，翻转课堂也在逐渐发展与完善。

关于翻转课堂的混合式多元共享方式，在全国范围内有影响的大部分学者来看，他得有之前的网络共享预习，还得有之后的地面实录相结合。深究其根本，它真正的是发展成了网络多元共享与"地面实录"相结合的复合式模式，其中网络多元共享又有完全分享和部分分享之分，是把地面实录、比较传统的方法与网络共享公开的混合模式有效地结合了，它是实现学校、家庭在学生内心以及世界级中的角色都发生了改变；也有一小部分学者认为这种单一与不局限的混合模式混合了直接与隐蔽的再建。

从内在、外在各方面来看，前面的局限模式，与后面的复合式模式，内部蕴含的似乎有些不同，前面的局限就是以往最常见的教与学的传统形式，和直接的在线学习（即网络共享），后一种是指地面实录的直接讲解，与重新再建的融合。但从内在本质出发，最以往的模式，就是以教师的主体为主，单向传递为主。他直接也一定会导致，与客体缺乏互动、使客体失去积极性。所以传统的模式与地面实录其实是一个意思；而网络共享使主体与客体、客体与客体之间的互动更紧密，更自如，这也是所被倡导的。"学习是获取知识的过程，但知识不是通过教师传授得到，而是学习者在一定的情境即社会文化背景下，借助其他人（包括教师和学习伙伴）的帮助，利用必要的学习资料，通过意义建构的方式而获得，（是）通过人际间的协作活动而实现的意义建构过程"。由此可知，从内涵本质解析"在线开放课程"与"建构主义"所倡导的混合学习方式大体一致。

（二）翻转课堂更符合人类的认知规律

在 2011 年度英特尔一对一数字化学习年会上，全球教育总监 Brian Gonzalez 以人类认知规律角度来分析翻转课堂的作用与效果，并声称："颠倒的教室（'翻转课堂'的另一种表述）是指教育者把更多的学习自由还给了学生。把知识传授的过程放在教室外，这样学生便自行选择自己接受新事物新知识的方式；把知识内化的过程放在教室内，这样利于增强同学之间、师生之间的感情，也便于交流观点和看法。"

Brian Gonzalez 以人类认知规律角度来阐释翻转课堂，在国内得到很多学者的支持。如很多师范大学教授都认为，"翻转课堂更加符合学生的学习规律，是先学后教的一种形式；相对于一般导学形式的先学后教，微观视频学习更加生动活泼……视频学习可以取代教师的知识讲解；而学生最需要教师帮助的时候，是做作业遇到困难和迷惑的时候，翻转课堂更能实现这一点"。在个别的大学，也有学者更进一步指出："翻转课堂的'课前传授＋课上内化'的教学形式与传统教学过程正好相反，这是大多数人理解的传统意义上的翻转课堂，但却忽视了翻转课堂的两个关键点：课外真正发生了深入的学习；高效利用课堂时间进行学习经验的交流与观点的相互碰撞能够深化学生的认知。"

三、翻转课堂面临的挑战

（一）翻转课堂在实践中的限制条件

1. 网络化教学环境的限制

翻转课堂形成初期，想要课前观看网上教学视频的学生只能局限于在家里看录制好的视频。自 2011 年以后，伴随着混合模式的突出，结合了非单一形式。网络共享的特点与长处，单一的、地面的教学形式都有了长足的改变。尽管单一课堂不再受地域、时间等因素的影响，但翻转课堂实施的基础条件——网络化教学环境是必不可少的。

从我国现阶段的硬件设施来看，我国的网络化教学环境普及面还不够广，除却经济较高的我国东部和一些大、中型城市的一些学校有这样的基础和条件；在大部分农村地区，相对于教育主体而言，教师能够通过手机、电脑等现代高端设备来网络共享，但这亿万客体学生在家，还不具备网络共享的条件，所以对于农村家庭的网络化环境建设还需加快步伐。

2. 实施范围限制

相比较于高中或大学生，小学生由于年龄小、知识与能力的基础不牢固、自主学习性不强等，因此在小学，特别是九年义务时期，其实是不适合进行单一的课堂实践的，这种现状和基础条件是被教育学者认可的。

对于翻转课堂这种全新教学模式，要想在国内更大范围的实施，机遇与挑战并存，所谓机遇是指全新的教学模式，为我国的教育事业注入新鲜的血液，刺激新的发展；而想要更大范围地实施翻转课堂就必须要考虑限制条件并且与我国面临的具体情况相结合。

（二）大范围实施翻转课堂所面临的挑战

1. 各学科优质教学资源的研制与开发

单一的形式要求客体在之前就要对教师所要讲的影音视频进行预习，这样的影音视频是按照最传统的方法进行的录制，后来经过整理发展成与一个个具体的小点相结合并且小点有针对性练习的"微视频"（一种优质教学资源）；各学科部分的具体内容、框架体系、小点组合的状况不尽相同，假如想在将来能全面推行这样的新型混合模式，得到普及，做到家常化，那必定需要不在少数的这样的视频。

在美国同样有一个不以收费为目的的学院型民间场所。在它的资金注入下，能够使更多的学科间、大部分学科的优质资源得到搞笑的研究、开发；但可惜的是在我国，目前还没有与之相类似的民间机构，因此在这方面仍面临很复杂的情况和挑战。但是值得令人欣慰的是，由某师范大学牵头成立平台联盟，该联盟的目的在于"借助慕课平台，实施'翻转课堂'，实现学校教学模式的变革，为创新人才的培养创造良好环境"。

该联盟成立以后，各中小学陆续加入了该联盟，目前为止，已达到几百所。这对于大范围解决优质教学资源研制、开发与共享起到很好的带头作用。

2. 教育主体的思想、观念有待更新

单一的形式以复合式的学习方式，兼具特殊与共性为特色，这里所说的复合式就是把客体上课前的看视频学习和课堂面对面教学两方面相结合。课前看影音视频预习事宜自己把握学习状况为主，但是整个课程的脉络、重点、小点的结构以及点与点之间的内在联系，仍然需要主题的实际讲解；课堂上进行面对面教学是在教师指导下，由学客体对教师提出的问题进行反复的思考，对作业进行独立完成，对食盐中的分歧进行分组讨论。分析可知，在"混合式"学习的教学方法中教师的教育思想和教学观念起着至关重要的作用，因此，为更好地达到预期教学效果，应提高对教师的关注。

在中国历史中关于教学的方面，教师就是起表率的，是传递知识、教授学业、解答疑惑的，主要是突出在教学过程中不可替代的地位，强调的是教师在实

际讲授过程中对进度的把控，总结起来就是，重视教大于学，由此可见教师在教学中的重要地位。

我国在古代的教学中，推崇的是"以教师为中心"的教育思想；而早在古代的西方（以美国为例），教育思想就有别于中国的教育思想。

在 1900 年左右，就有学者提出以教授的对象、以学为中心的教育理论，到 20 实际中期，又有学者提出，意在除了重视学生客体地位，还要让他们能够自我发现式学习。由此我们能看出，他们的历史教育就是重视学的客体，轻教，所以为后来的学生为主奠定了基础。但是单一的形式，是基于复合式的方式，其教学过程包括之前的影音视频和实际与客体面与面的讲授这两个方面。课前看视频学习以学生自主学习为主，但并未忽视教师的讲授；面与面的讲授重视的是主体的指导作用，其实更应重视学生怎样在主体的引导下，如何通过思考解决小组讨论的问题，并加以理解。因此，要把这两部分的教学都能达到预期的目标，教师应该树立的教育思想既不是以教育的主体为中心，也不是以教育的客体为中心，而是以 Blended Learning 为标志的"混合式"教育思想（一般简称为 B-Learning 教育思想，用我们中国本土的方式来表达，就是教师与学生相结合，主与客相结合的理念，要把传统教与学方式的优势和网络化教与学方式的优势结合起来；也就是既要充分发挥引导与把控全过程的主导作用，又要把客体自我主动性、上进性、创造性调动出来。

与此同时，随着对翻转课堂的深入了解和逐步落实，实践中主体的思想、观念被显得特别的重要。对于怎样进行教与学这个问题，这个观念在意识上对这种活动做出了高度的概括，所有的实践方式、方法都属于这种观念下层次的概括；而教学观念与教育思想如出一辙，教学思想的样子就决定的这种观念的形成。如果要是以教师为主的观念中，毫无疑问他必定强调的是其主要地位，强调的就是老师在实践中的讲。这个客体就是接受，然而如果是以学生为主体，那就截然不同了，其观念就必定是强调自我主动学习，并寻求探究合作，最后支持的一定是后者的观念。

在这种拒绝单一、拒绝局限性的复合式的观念、思想中，由它把主客相结合的思想作为主要思想，则是兼取将授予接受和自我主动学习，这二者之所长而形成的一种全新观念，为什么会形成这两者这样的关系呢，就是他要重点说的是，教师讲授的东西，要有意义，要值得推敲、要刻意探究。以这样标志的实践活动，才有观摩、借鉴作用，这正是保证单一的课堂能有效实施所必须坚持的新型教学观念。

新型教学观念是讲授有意义的知识，让客体有意识接受，和自我主动学习这二者的混合，而并不是这两种教学观念的简单重叠，是要通过对二者的改进与发展中形成，并要以适当的方式加以贯彻实施，才能达到较好的效果，在翻转课堂顺利实施的过程中，教师教育思想和教学观念的更新显得日益重要。

四、翻转课堂引入体育教学的研究

（一）翻转课堂引入体育教学的价值探析

一个教学模式是否具有价值，取决于其最终效果是否有效。当一个教学模式在实施后十分有效的基础上还能够很大程度的提高教育人才的水平，那么它不可否认就是一个十分有效的教学模式。所以说，假如要把翻转课堂加入体育教学当中，我们首先要搞清楚在当前的体育教学中有哪些教学问题，然后根据这些问题，结合翻转课堂的特点来探究这些问题能否得到有效的解决，并在优势上得到进一步的发挥。

1. 当前体育教学中存在的典型问题

（1）人文性与工具性的不平衡。在教学目标中，主要有三个方面，具体包括知识目标、技能目标以及情感目标。前两者更加注重平时的实践活动，后者更加注重感情世界。在我们的传统观念下进行的体育课堂，老师们重点在向学生教授什么内容，怎么更好地教授，以及学生该怎么学习，能否学会体育技能等一系列问题。老师们往往忽视了在教学过程中对学生情感的把握，在人文性方面稍有不足，这样的后果就是学生们虽然学会了一定的体育技能，但运动意识及体育的素养却有很大的欠缺。学生们喜欢体育活动却不喜欢体育课堂。很明显的，传统的体育教学模式有很大的不足，我们必须在体育教学中认识到工具性以及人文性的有机统一。

（2）人文以及个性的缺失。观察我们国家体育教学的状况，在体育教学实践中有很多不足之处。虽然我们已然下大力气决定解决，但并未得到很大的改善。体育老师在教学活动中往往会从自我的角度出发，来进行教学规划。无论是其采用的教学方法，指定的教学目标等，都是主观性较强的现象。但是这一现象在实质上却是对学生个性的忽视。受到传统教育模式的影响，体育老师在教学过程中，几乎是以全部的教学时间来进行体育技能的讲解与演示活动，学生通过机械性的训练，无法将其内化于心，更加不能得到综合能力的提升。学生的个性差异很大，身体素质、心理状态、性格特点等不尽相同，老师们只有摸清每个学生的个性差异，并且加以区别对待，从而进行个性教学。正是由于这些人本以及个性的缺失，一方面，老师们做不到因材施教；另一方面，学生们无法学得更好。学生的课堂学习缺乏主体性与个性的发挥，与人才培养方案南辕北辙。

（3）教学指导思想杂乱，主旨不明确。一直以来，体育教学的指导思想逐渐发展成为"技术健身""健康第一""快乐体育""终身体育"等。这些思想的形成，利于体育教学界对学科性质的了解，有利地促进了教学模式的发展。体育教学不能把每一个教材都套上你跟一个教学理念，这样只会使体育老师们难以抉择，最终失去了自身的教学特点。体育老师应该根据个人对教材的理念以及价值认同之间抉择一个。关于知识及能力、体验与结果、健康与技术之间的争论愈演愈烈，一定程度上限制了体育教学事业的进步。

（4）评价体系不完善。真正的有效评价指的是"以评促教"以及"以评促学"，而不是单调地为学生打分，这一方式的缺陷很严重。传统教学的评价方法如纸质试卷以及体育技能考核的形式忽视了学生个体的不同，也需要改进；传统教学的评价领域主要注重动作以及认识，却忽视了学生的情感世界；传统教学的评价时机，老师们忽视了过程性评价以及对学生进步的表扬，只注重对学生整体学习效果的点评。在传统教学的评价主体以及评价目的上，只有体育老师一人来做出评价，且只以分数的形式打出，对学生没有任何的帮助作用，这一点已经偏离了正确的教学目的，也一定程度上容易使学生失去学习的兴趣。

2. 翻转课堂引入我国体育教学的价值

尽管在当今社会，人们已经接受了翻转课堂在我国的兴起，但是人们还没有在深度的层次上对翻转课堂进行过探讨与研究。显而易见的，没有经过对翻转课堂价值的讨论，就没办法来判断它的优缺点，更不用说在我国的课堂中进行推广。因此，对于翻转课堂进行理论层次的研究就显得十分重要。

（1）在体育教学中应用翻转课堂有利于人文性与工具性的有机统一。具体是指通过在课前上传教学视频到网络课堂上，使学生在课前能够进行课前预习。之后在课堂上组织同学进行课堂讨论、操作练习等，以便于学生对教学知识有更深入的理解。这能够体现出学生对于教学知识的看重，所以这一模式具有工具性。其次，人文性可以通过一系列手段来实现，如网络课堂教学成果展示、师生密切交流、环境情景模式设置等。由此，我们可以得出结论：翻转课堂模式在体育教学中的应用有效地解决了"两性"失衡的现状，有利于学生在课堂学习中更加有效，增强学生的学习兴趣。

（2）翻转课堂有利于体育教学课堂实现人本化和个性化的教学目标。教育首先应当以人为本，具体来说，就是以学生为本。而要实现人本，最重要的就是因材施教，因人而异。翻转课堂的教学重点就是因人而异，充分尊重每一位学生发展的个性需要，为每一位学生提供个性化的教学方式。这一点在传统的教学中，几乎难以做到。现在的很多教学就是机械化教学，学校就像一个大工厂，学生毕业了就是工厂产品被敲上了合格证。与此同时，翻转课堂还对学生的个性化需求十分看重，通过在课上课内的教学实践时间、教学内容上的灵活安排，来促进不同学生进行协作与个性的学习。在学习目标方面，学生不仅有自己制定的个人目标，同时，还有老师被他们设定的目标；在学习进度上，学生可以根据网络线上视频自由安排学习进度，根据自身的实际情况来进行调整；在学习效果评价上，学生学习小组和老师可以通过在线的学习平台对学生的学习效果进行评价。在这种评价机制下，有利于在学生和老师之间形成良好和谐的互动关系。老师可以根据学生的具体学习状况来设计教学思路，使学生进一步成为课堂的主体，同时老师还可以根据学生的个性特点来实施因材施教的教学策略。在一定程度上，有利于对教学的人本化和个性化的实现。

（3）翻转课堂的模式在体育教学中的应用对于贯彻"健康第一"的思想具有重要的意义。这一思想在 2011 年颁布实施的《体育与健康课程标准》中被多次强调，由此可见，当前我国在体育课程方面的教学目标与指导思想已经很明确。其中，健康又包括身体、心理以及社会适应力三个方面内容。体育课程是否卓有成效主要就是看这三方面的标准能否达到。在我国传统教学模式之下，我国的体育课堂能否达到这个目标一直备受争议。人们质疑，在大部分时间以教师讲解加上少部分学生练习的授课模式下，学生们是不是早已厌倦了体育课，更何况要求他们做到身心健康以及良好的社会适应性。

翻转课堂的标榜个性化教学，主要通过学生在课下时间主动观看网络教学平台中的教学视频进行"先学"，其次是进行课堂之上的小组讨论与探究、体育技能的实践、学习效果的展示等，其中在课堂阶段始终贯穿着老师的"后教"的方式来帮助学生解答在学习中的疑难问题，解决学生在自学中发现的不足。这种教学模式针对性强，效率高，且利于激发学生的学习积极性与参与度。线上课堂的加入使得师生的位置发生转换，同时还使得原本教师大篇幅讲解的时间顺利过渡给学生的自我、小组探究。这一切对于学生提升自我身心健康以及社会适应能力具有重要的作用。

（4）翻转课堂在体育教学中的应用使得体育教学中的评价比以往更合理有序。主要原因是在该模式下，教学评价作为教学中的一个重要步骤得到了更大的重视。其中，评价的主体也由传统模式下的教师一人做出评价转变为由教师、学习小组以及学生本人三方面共同做出合理的评价。另一方面，评价的机制也更加科学，不再是只在学习过程结束之后进行追踪的一次性的评价，而是把评价贯穿于学习的整个过程，这一点是由于学生个体的素质差异决定的。打个比方，某些学生由于自身身体素质本身就与他人有较大的差距，但由于其老师和其自身的努力，在一段时间内取得了重大的进步。虽然他的体育技能水平还和他人有差距，但这丝毫不能影响对他进步的鼓励。因为这名学生与以前相比，对体育技能、兴趣以及态度上都发生了很大的转变。这一种根据学生实际的学习情况做出的评价才是"以评促学"思想的正确体现。同时，由于该模式下的教学评价由多方面做出，老师可以结合评价对各个学生的学习状况得到更加深入地了解，有利于发现和解决问题。以上便是翻转课堂具有合理性、科学性的原因。

（5）翻转课堂在体育教学中的应用有利于课堂各要素的优化和组合，同时对课堂效率的提高具有重要意义。这一意义的实现并不是通过改变课堂要素来实现的。本质上讲，两者的课堂各要素并没有发生变化，翻转课堂利用各要素的重新排列组合来使体育教学达到更好的效果。它通过教师和学生主体地位的转变、增加课程资源、改变教学的目的反馈评价机制等方法，有效地解决了传统课堂中出现的各类问题。值得一提的是，课堂要素的重构并不是呆板、一成不变的，老师们可以根据教学实践中的具体情况来灵活的调整课堂结构。其本质是，以学生的需求为需求。这一灵活性的原则也有利于避免翻转课堂被僵化、固化。

信息技术的发展为翻转课堂的出现提供了技术支持。以信息技术为基础的线上网络课堂与传统教室课堂的结合有效地增加了课堂的容量，学生们可以在教室之外学习理论知识和技能技巧，再通过教室之内教师的答疑解惑、讲解提升、反馈互动，使学生的学习效果得到了极大的提升。

（二）翻转课堂在体育教学中的应用策略

1. 做好在线虚拟体育教学平台的建设

（1）体育教学内容的上传模块。体育课程的特点是集知识性与技能性为一体，知识性的体育学习材料在虚拟教学平台上主要采用 PPT、Word 以及音频等形式，而技能性学习材料则主要依托体育教学微视频和动画等形式来实现。各种体育教学材料紧密联系、互为补充，经过处理后要表现的短小精悍、知识性强，特别是体育教学微视频和动画等教学材料，既要清晰简短，又要注意从不同维度对体育技、战术及体能练习方法和手段等进行展示，以便于学生模仿和领会学习要领。

（2）师生在线沟通模块。该模块的建立有利于老师、学生们进行沟通交流，既利于教师答疑解惑，也利于学生们之间的互帮互助。学生们在学习视听资料的过程中遇到不理解的地方首先可以通过学习小组来解决，在小组讨论仍然得不到结果时，再将问题汇总在线提交给老师解答，同时也可以将问题带到教室中当面提问。当然，在线的师生互动不可能二十四小时不间断进行，老师可以规定时间来进行提问，以此来划分工作和休息时间。

（3）教学在线测评模块。教学在线测评模块分三个部分：自我测评、小组测评以及教师测评。评价可以不用打分数，而是通过"掌握到位、基本掌握、未掌握"等归纳性测评词汇。当然，也可以通过几句或者一段话来对学生的学习状况、学习效果进行总结评价，根据电脑测评结果来进行评价等。在考试内容的设计中，应该避免枯燥的数据模式，而应该将课程的难点以及重点设计进吸引学生目光的趣味题之中。教师对学生的测试结果评价力求准确，不带主观性，同时也要注重培育学生学习体育课程的爱好，激励学生多参加课堂外的技能实践。

（4）体育课程学习的跟踪与监控模块。学生上体育课的目的和需求有所不同，在线学习的自主性方面也存在差异，设置该模块的目的主要是为了对学生在线体育课程学习情况有所掌握。针对自主性差的学生，体育教师可以及时了解原因并针对性解决，是体育课程设计问题的及时调整设计方略，是学生自身原因的则对学生进行引导；针对学习自主性较强的学生，体育教师要对其及时给予肯定和表扬，这既能激发学生对体育课程学习的兴趣，又能引导其他学生提高学习的自觉性。

（5）学习汇报总结与效果展示模块。这一模块是老师全面了解学生学习情况的有效途径。通过倾听小组评价以及学生的自我评价，老师可以了解到学生在学习过程中遇到的各种问题以及他们的学习感想。学习效果展示是学生对阶段性学习成果的总结与展示，有利于增强学生的学习自信，提高学习的积极性。同时，对于学生交流能力的提升也有益处。这些都是老师改进学习方法，调整课堂因素顺序以及制定下一步的教学计划的重要依据。

2. 注重体育课程评价主体与方式的多元化

翻转课堂教学模式下的体育课程评价机制，无论是评价的主体，还是评价的内容和方法都有所创新。就评价的主体来说，体育教师不再是唯一的打分者，小组成员和个人都成为评价的参与者，个人评价、小组评价和体育教师评价分别占有一定的权重，最终形成一个综合性学习评价结果；就评价的内容来说，体育技能和知识依然是考核的重要内容，但打分的依据不再完全按照统一的体育知识与技能评分标准进行，更多考虑的是学生通过体育课程学习所取得的进步程度。除此之外，学生在体育课程学习中的表现、在线体育课堂的学习情况、体育知识与技能学习的在线测试结果以及小组体育学习成果展示等都与评价的最终结果相联系。总体来看，翻转课堂模式下的体育教学评价是宏观评价和微观评价相结合、体育教师评价和学生评价相结合、线上评价和线下评价相结合的综合结果，评价过程更加以人为本，评价结果更加真实、全面、客观公正。

3. 注重体育教师素养与能力的综合提高

教师素养与能力等综合素质的提升是教学改革成功与否的关键，不论是哪种教学改革，都必须在教师的综合素养上出现重大的提高，同时，这也是保证教学改革成功的关键。在体育老师的培育中，需要自发和外促两种方式的组合培育，同时结合职培育、入职培训以及职后培养三种培养模式，最终建立起新的教学观念下的教师培养体系。在教室的培育中不能只注重专业能力，应该把人格特征放在同专业能力一样高的地位上，这是教师职业得以更好发展的重要保证。在翻转课堂中，教师对课堂结构的把握以及策划显得尤为重要。学生不能像传统体育教学模式中的那样漫无目的，毫无规章的学习，而是应该在教师为其制定的教学规划中，课前通过网络线上课堂进行先期的自学，课上再通过小组、教师的答疑解惑把学到的内容内化于心最后通过课后的自我巩固、线上的师生交流来巩固学到的知识。这一切都需要教师进行规划教学内容以及教学方法的。与传统的体育教学方法相比，翻转课堂的教学模式对老师的全方面素养以及能力的要求更加严苛，这要求教师们必须深入到该教学模式中去，只有教师理解了教学的真谛，才能在教学实践中更好的教授学生，使翻转课堂在现实中成为改善我国体育教学局面的重要抓手。

（1）体育老师需要适当的转变自身的教学理念，同时转换自身角色。老师心中的教学理念很大程度上决定着这位老师教授下的课堂形式。一位老师认为体育教学就是学生们在老师的讲授与动作演示下认真听讲加上适当练习，那么这样教学必定是以老师为主角的教学；一位老师认为体育教学是通过课堂知识的讲解与学生的自我谈论、探究，教学目的是培养学生的学习能力与对体育的兴趣，那么这样的课堂一定是探究型的教学课堂。在翻转课堂中，与传统的教学模式相比，师生的角色发生了互换，教师由课堂的主导者转变为课堂的设计者与参与者。在师生平等的条件下，更有利于激发学生的学习主动性、积极性。在当今时代，教学资源更加丰富，课堂元素的利用形式也更加多样化。与此同时，也在要求教师们需要转变固有的观念，打破传统教学模式的弊端，以进步的眼光来看待新形势下的体育教学，同时及时转换自身的角色。

（2）体育老师需要努力提高自己的组织沟通能力以及管理水平。老师提高自身的组织水平以及管理水平对于课堂的设计具有重要意义。在翻转课堂中，老师需要对课堂进行设计，从而引导学生们学习教学知识以及技能实践。这需要老师结合教学目标、学生在课前的学习状况以及学生个人的素养等各项要素来综合考虑。在此之外，由于翻转课堂引入了网络课程的师生在线交流，这就对老师们的交流沟通能力提出了更高一阶的要求。

（3）体育老师还需要提升自身的课程专业水平以及信息技术应用的能力。体育老师的课程专业水平以及信息技术应用能力的提升对网络在线课堂的使用以及课程资源的开发意义重大。在翻转课堂中，体育老师一方面是网络在线课堂的使用者，另一方面也是管理者和建设者。这都要求老师们有更高的课程专业水平以及信息技术应用的能力，因为这是翻转课堂参与到体育课堂的实践中的必要条件。

4. 切实做好安全防范工作

安全问题在翻转课堂中需要得到格外的重视。不可否认地，体育运动中学生们不可避免的都有可能会受伤，老师们要做的就是尽量减少受伤的概率，保证教学的安全性。在课程开始前，老师需要结合教学内容以及学生的个体素质充分评估教学过程中的不安全因素，同时在网络在线课堂、实践教学等课堂形式中通过语言文字、PPT、动画等来告知学生如何进行科学运动训练，避免受伤。其次，老师还可以面对面进行错误动作示范、训练过程中观察指导等来确保安全性。

5. 追求体育课堂实效，避免异化翻转课堂

（1）不能过分地重视学生主体的作用而忽视了教师的作用。在课堂上，教师的作用仍然是不可忽视的，否则课堂与教育将不复存在。翻转课堂强调以学生为主体的同时仍然需要教师在课堂中投入大量的精力和时间，新的教学模式下学生虽然获得了更多的自主的时间来学习，但是老师的作用不但没有被弱化，反而还需要进一步的增强。这些增强具体体现在翻转课堂的课前、课中以及课后。在课前，老师需要进行教学资料的收集、课上上课形式以及具体安排的设计、网络课堂的运营管理等；在课中，老师需要对教学内容进行进一步的讲解与技能动作的示范、组织进行各项技能训练；在课后，老师需要对学生的学习成果进行归纳总结与评价、教学设计的改进等工作。可以说，老师在课堂的每一个阶段还是在辛勤地付出。假如我们过度强调学生的主体性而忽视老师的作用，最终就会导致学

生无人指导、无人约束的放羊式局面，不利于体育教学的开展与进步。

（2）加强学生课前、课外学习情况的跟踪管理。翻转课堂这一教学形式实施效果良好是基于学生自觉学习的基础之上的。然而并不是每一位学生都能够做到这一点，这就需要老师们在课前、课外的时间段对学生们的学习情况多加了解与掌握，这一点具有很大的必要性。老师们做好学习情况的跟踪管理一方面有利于学生养成自主学习的好习惯，另一方面十分有利于学生对教学内容进行全面的掌握。

（3）重视培养学生的综合能力，走出单纯强调教学内容的误区。翻转课堂这一教学模式与传统教学模式相比不仅仅在于其能有效提高教学效能等，还在于其能帮助学生提高自身的综合素养以及能力。翻转课堂的各个阶段，我们不能只看重学生在某一环节的教学内容学习的效果如何，还要看学生在学习过程中是否锻炼了自身的沟通交流能力、团结协作能力、运用表达能力、创新意识等。这些学生个人综合素养能力的锻炼加上教学内容的全面掌握才是翻转课堂的教学目的。

（4）尊重体育课程的课程特点，不能完全使用其他的学科教学经验。学科属性不同，教学方式方法等难免就有差异。如今体育教学理论与经验大多源于其他的学科，学科之间可以借鉴，但必须尊重特征与差异。适用于其他学科的经验做法不见得在体育教学中能得到很好的效果。这就需要我们在教学过程中，把握好体育学科的特征，再通过吸收借鉴其他学科教学方法的优点和经验，帮助体育学科教学更进一步，切记不能照葫芦画瓢，得不偿失。

翻转课堂具有模式新、方法新、理念新的特点，体现了信息化社会对教育形态的巨大影响。如果在体育教学方面应用翻转课堂，不但可以进一步地解决当前体育教学中存在的一些陈年顽疾，还可以显著地提高体育课堂的教学水平。当然，虽然是将翻转课堂应用于体育教学，但是仍旧应当将追求体育教学实际效果作为其根本目标。过分地追求翻转课堂在体育教学中的实施的教育形式只是舍本逐末。新事物出现的初期总是充满困难和波折的，对翻转课堂进行研究并且将其引入到体育教学之中，即使是在提倡教学改革的如今，也说不得是一次有益的试炼。面对出现的各种问题以及挑战，我们应当勇于接受、努力克服，将工作实际和翻转课堂在教学中的发展状况结合，不断地克服障碍、改进不足，以此来提高我国体育教学的质量，促进教学形式的转型。

五、中国式翻转课堂的未来发展

2015 年 7 月国务院在《关于积极推进"互联网＋"行动的指导意见》中明

确提出，"互联网＋"教育环境下"教"与"学"需要以互联网为中心而展开，当"互联网＋"与传统教学相结合，传统的教育内容、教育模式、教育评价等方面在内容、方式都会有很大的改变。

《教育部信息化"十三五"规划》也有明确指出，全面推进职业教育信息化的发展是当前教育工作的重中之重。

在中职工业机器人专业方面，中职教师最需要解决的是怎样在顺应当前互联网时代潮流下，改变固有的中职教育教学模式，实现互联网思维教学。工业机器人专业的培养目标是，以企业实际应用为标准，培养精通机器人操作保养、调试安装并具备一定机械及电气相关基础能完成简单生产方案设计及应用的全面技术型人才，与我们国家相对比，与我国的职业教育比较相近，都比较重视实践能力，但也应该注意把理论与实际具体的操作在一起，用理论更好地指导实践。

长久以来，机器人方面的资金、人才投入都不断加大，机器人的研究也不断加深，随着工业机器的发展对行业内人才的需求和要求都在不断提高，实际上兼具理论与实践的人才却很稀缺，要解决人才培养这一问题，关注点应转向：减少在校生和已经在大企业就职的合格员工的差距，需要将教学与实际相结合，在教学中引进实际部分让学生更有目标性。要在内容、方法等方面进行彻底改变，大胆深入研究，要按照项目的指引、任务的原动力的课程理念，尽可能满足优质大企业对合格人才的需求。

（一）理论阐述

所谓项目式教学法是一种理实结合、工学结合、任务动力、科目主导相统一的新型教学模式。在整个实践过程中，主体教师只负责引导，由学生自主进行操作。由此体现项目式教学兼具综合性和开放性。

当职业学校对项目式教学法的运用率越来越高，科目相统一的问题也日益突出：在教学实际过程中，时间无法控制，活动无法组织；任务情境难以充分模拟；包含内容多、科目容量大，在网络的大背景下，学生可以用现代的网络手段，了解所学的内容，实践过程中，进一步了解知识，这种理念即为翻转课堂的一种教学理念混合学习思想。将该理念融入项目式教学，学生能在做之前先网络了解要做的内容材料，线下开展深入研究，这样合理的补救了在教学实际中，时间紧任务重的问题；学生通过课前观看教学视频了解现实的工作场景，从而解决了实际工作中会遇到的问题。这种教学法是通过让学生参与到作业中，最终实现"做中学"。项目学习必须以产品或者陈述等形式结束，要充分体现学生独立思考的能力。

本质上，项目式教学最注重的是学生相互支持完成作业与自我主动学习创新的养成，而非实施的过程。在投入作业之前的设计中，教师就应该时刻谨记以客体为主，把客体的积极性调动起来，让他们都自愿加入作业中来。机器人专业中的项目都来源于企业的实际需要，在教学中可以让学生培养具体能力，促进对所学内容的理解、加深记忆。

（二）基于"互联网+"的中国式翻转课堂教学模式

1. "互联网+"的真实特征

"+"，一方面是科学技术上的"+"，一方面是思想、理念、模式上的"+"，当前教育环境的研究，既有技术上的"+"，同时结合理念上的"+"。对于"互联网+"的特征体现在以下三方面：

（1）内容多元化。在传统课堂上，教学内容是学与教之间信息的相互表达，这种表达不仅是实践标准、素材也是课程实践本身。只是现在网络共享，不局限课程等资源的开放，自我主动的需求者可以在这上面找到你想要的任何所需素材，而且资源的形式也是多种多样；并且，高端技术的广泛化和智能机普遍化，自我主动学习的人越来越习惯这种智能机的使用，方便快捷，有效利用零碎的时间，实践的内容更不只来源于教材，还可以从不同的角度、不同的定位、不同的层次选择实践内容，使自我主动学习更容易收集素材，视野思维得到扩展。

（2）空间转变多样化。伴随着网络的兴起，高端智能设备的进一步使用，这种形式给予了复合式学习不一样的意义，学习者想要学习随时随地都可以进行学习。不再受时间、地域等的限制。以非单一的实践为例，为了使各种语言相互间都可沟通，影音视频可以通过字幕解决，也有线上时时互动，都是自我主动学习者愉快的体验。

（3）评价真实化。这种网络共享集合了所有的要素、对比分析、技术评估等，自我主动的学习使用的次数、发表意见、采纳建议的情况，都可以具体的数据化。实践主体能通过对数据、对比分析值、评估情况掌握主动学习者的学习情况，学习兴趣以便更好地做出正确决策或适度调整。在网络上，实践主体通过对数据、兴趣、热点问题的讨论、平时的作业单元测试情况，就能判断出学生是否主动、努力投入到学习中，在网络之外就是真实的具体操作，是显而易见的评价。

2. "互联网+"组成特征

在面对面的教学实践中，实践过程中的秩序、活动节奏的有效把握，均有较高的要求，在网络实践的区域范围内，特别强调以客体为中心，一次组成教学的环境，对于自我主动学习的人的自我化发展很有帮助。以职教高地云平台来说，这样的区域组建了，既适用于网络下又适用于线上的复合式教学形式，采用多位一体的"互联网＋"职业教育云平台，网站主要为教师提供四大中心服务：实践，主体可以把握自己的资源；班级，开班了解集体状况；题库中心，在线组卷批阅作业；个人，发布信息，修改个人信息。网站为学生提供三大中心服务：学习，学生可以报名学习，下载，提问解答，整理笔记；班级，可以使教师学生联系在一起；个人，了解个人信息。

不是只有在网络上，还可以使用微信平台，随时学习，便于管理、开发资源等多位一体的个性化、人性化、便利化、迅速化的教学形式。微信主要有三大功能：消息公告，接收教育部的公共消息，学校班级公告；精品推荐，同步学校的课程资源；个人中心，班级通知，账号绑定，管理课程资源与个人空间数据，批阅作业与答疑。

连接工具、学习工具、教学工具、管理工具、价值发现工具、资源共享工具，根据这六种网络功能，组成了多位一体的学习环境，打破原有形式，有利于技能专业教育的实践形式得到快速发展，如图5-1所示。网络集合了连接、管理、价值发现、资源等于一体的区域。这个平台可以使教学主体提高实践效率；管理得到提高，易于学生、家长的相互理解。

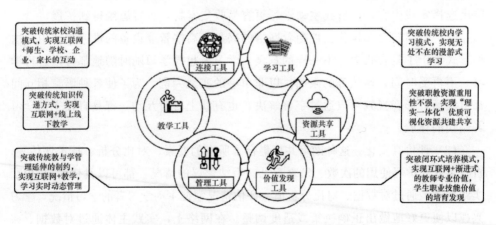

图 5-1 "六位一体"的"互联网＋"教学形式

3. 网络课堂形式设计

科目的实践一般包括几个阶段：科目选择、预期、活动、制作过程、互相交流以及最后的评价。这六个阶段融入翻转课堂的教学环节过程，包括之前、过程中、之后。单一的实践的特点就是在课前把要学的知识了解一遍，把它内销，在过程中把之前的难点再加以解决即可，更有针对性。根据单一课堂的特征，把其应用到实践中，针对项目式教学现状的不足，利用这种课程的优势，使其以更高效的形式得以展示，如图 5-2 所示。

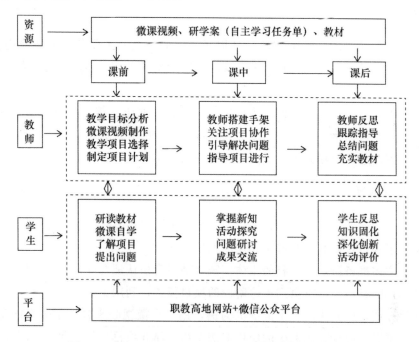

图 5-2　基于"互联网＋"的项目式翻转课堂教学模式图

（1）课堂准备。讲前，首先，实践主体是教师，应该提前准备好素材，应该包含有重点、有难点的短课影音和预教案，要把这些前期引学素材上传到网络，然后自我主动学习的就可以通过登录自己的账号，进行预习，了解跟进项目的进展，可以向主体对相关难点进行提问，主客之间，学生与学生之间便于互动。

（2）课堂步骤。过程中，讲授的主体可以用网络的区域自己为客体是指学习的情景，也可设置障碍，主体要进行分步骤、分组，要明确重、难点，当客体参与其中后，所有相关的问题均可在这方网络区域进行互动，课题有好的影音作品也可上传到这个区域，进行交流，主体最后要对可提问的问题进行解惑，并给出评价。

（3）课堂反思。完成后，实践主体应该把这个网络区域的要素汇总，进行节后反思，补充自己素材中学生大多质疑的部分，并追踪指导，也可个别讲授。同样的客体可以一直保留着在这个区域的所有记录，自己的问题反思，主体的回馈，并吸收准确的评价、建议。实践主体对客体的评价应是网络上和线下混合式完成的，把网络上的浏览次数、交流内容、与线下实践中的具体成绩共同加入评价中，两者按比例折合计算学生的成绩。

（三）基于"互联网＋"的中国式翻转课堂教学模式应用案例

所谓翻转课堂的教学的方法，是把所有大的、总的工作任务、技能进行拆分，拆分成一个又一个的独立小问题，最后把每个小任务的工作再进行重新结合。

高端的科技智能人的工作分为搬运、分开料、冲压连接、涂胶好多个项目。以工业中垛、搬为例，是指将一个个物体按照一定的方式搬运到另一个地方并依次排列，因此就需要用到编程工具来实现垛的搬排列过程。

1. 课前活动

在单一的实践过程中，知识的学习主要的渠道就是客体学生通过对网络的素材翻阅，了解讲授内容，观看主体之前上传的素材。

（1）主体准备阶段。每科的主体实践教师用身份认证登陆共享网络区域，组成自己学科的科目，在首页列出这阶段的项目任务；利用 Flash 或者影音效果图简单项目介绍，以其中的一个关键词为例，用一个微视频来告诉学生它的定义、码垛的类型以及码垛在工业中的应用案例介绍，简介项目只是短课的一部分，短课还有重难点部分，教师自己拍摄的码垛编程微视频；建立用户坐标系以及搬的模拟视频，待学生看完后需要回答测试题，如回答什么是这个关键词，它的编程的步骤，要把这些内容都放在一个汇总的区域里面。

（2）客体自主学习。实践的客体要自我主动到区域内查找主体留下的素材、影音、短课，按照自己初步掌握情况，检测自己的学习效果，学生可以反复观看直到充分明白，还可以选择性看拓展材料进行个性化学习，仔细观看项目的流程并记下疑难点，也可以在区域内与同学老师交流。

2. 课中活动

（1）跟踪检验。在实践教学之前，教学主体通过这个区域能充分知道，每个参与者的预习情况，提出几个典型问题认识学生课前学习情况，并让学生自己讨论交流一起解决。然后利用平台分析项目工作流程要点，解答学生的疑问。

（2）深入探究。通过跟踪检验，实践过程中主体已经通过平台大概知道学生的情况、解决的情况，调整方案在客体集中的时候，先讲解重、难处，发放素材，组织配合，共同探讨，问题解决和写作交流工具，问题解决策略指导并监控进度，学生课上可以现代配置，用 PC 或者手机不断重复看编程过程，用这种方式，主体不需要重复自己的授课内容，实践过程中教师主要针对出现的问题进行组织，解决问题。学生可以在平台上展开讨论并将自己做的项目流程拍成视频并上传，教师要及时并做出评价。考虑到学生水平和能力不一样，所以要进行分组，根据实践参与人数确定小组个数，利用平台标记每次分组情况，这样教师可以记录并查看每次学生的分组情况。同时教师可以事先培养一批好的学生担任小组长，易于客体间的协作。

（3）成果共享。实践完成后，要及时检测客体的吸收情况，要让客体把自己的完成结果，上传到共享区域，要选择代表对此次项目做出总结：项目的流程、问题以及解决和改进，加深对项目的理解。其次，项目讨论交流也可以使客体表达自己心中所想。

3. 课后活动

（1）成果评价。成果评价主要分线上评价和线下评价两部分，由教师和学生制定好的评价标准和比例进行测评，线上评价主要按照客体在这个区域的参与程度、实践完成的作品的分数，开课前的自学测试，线下评价主要是课堂面对面的参与，包括学生的具体实践的情况，根据线上、线下的综合测评，最终得出学生的成绩。

（2）反思总结。实践完成后，实践主体要通过网络上课前准备到客体接受效果进行汇总反思，再将出现的疑问进行梳理，完善教材以便改进自己以后的教学。实践完成后在网络区域内修改客体作品，课后在平台批改学生作品、给学生作品进行评价并按照相应比例打分。客体要通过教师的修改进行再创作。

通过"互联网＋"思维和翻转课堂的项目式教学模式科学地改变了原有的教学形式，当前教育环境的研究，既有技术上的，同时结合理念上的，使更多适应社会、高效解决难题的人才走向社会。它使生活改变在循序渐进中，易于接受。

第六章 高校体育教学信息化建设研究

高校体育教育是集职业技能、思想品质、身体素质等为一体的德智体全面发展的教育，它的教学目的是为社会培养实用型技术人才，其毕业生在如今庞大而艰难的高校就业市场占有重要的一席之地。高等院校的学生，进校就划分了各个专业，他们所学专业不同，各专业性质的差异就形成了对学生体能、技能，甚至性别的不同要求。这是由他们未来从事职业的需要决定的。如果沿用原来的体育教学模式，势必不能满足不同专业的学生的就业需要。因此，高校体育教育应紧密结合学生的职业特点，有针对地选择教学内容和方法，建立与自身相适应的体育教学模式，发挥其功能，以适应学生职业及综合训练的需要，是当前迫切需要解决的问题。

第一节 运用信息技术进行高校体育教学改革具有深远意义

当今社会是一个信息社会，体育教学过程也是一个信息传递的过程，在教学中信息传递的方式是多种多样的，除了教师的示范动作、语言外，还可以借助现代信息技术。多媒体组合教学法等先进的教学工具，是教与学的辅助手段，传统的体育教材只是文字叙述，其局限性是显而易见的，信息形式的多样性是多媒体的优势，它以各种形式，从各个角度，从不同侧面，多信息、多视角、全方位、动态地表达科学道理，揭示自然的奥秘。因此，现代信息技术用于教学具有广阔的前景，体育作为融知识传授，技能培养，身体锻炼为一体的学科更是大有用武之地，不论是理论课教学还是实践课教学，应用现代信息技术教学，将会取得事半功倍的效果。它对高等职业教育体育教学改革具有极其深远的意义。

一、有效地优化体育教育环境和教学质量

现代化模式的框架结构，是当代科学的信息技术为教学方式提供的，这样奇特的想法，是源于"存储、传输数字化的计算机"承载了教学内容；用更普遍的

网络，让生活更智能的信息技术推动教学内容的传递与传播，提高载体储存的速度。要想进行技术革命，就要将事物"数字化"，只有达成"数字化"，才能在计算机中输入某种数字格式的动画、声音、文字材料、视频、图像等这样的教学内容，进而实现目的——以计算机为载体进行存储、传输内容。在计算机上，网络带动了信息技术的飞速发展，我们可以让信息技术传递的时间更长，让信息技术传播的范围更广。越来越智能的人工智能、多媒体、超媒体等等信息交流和传播的媒体，这样一来，就能够使体育方向的教学软件的功能更完善，更和谐地调整教与学的互动关系。如果"智能"与"网络"密切配合，合二为一，那么如今的教学将逐渐走向现代化，如鱼得水，相辅相成，如此产生的功能会是无比强大的。校园网，可以作为现代化教学方式建设的主要的"铺路石"，它的建设与发展需要集体师生共同奋斗一起加油才可以实现。由于我们已经有了现代高新技术创造出的设备以及师生所拥有的伟大智慧，因此实现校园网各个部分之间的相互作用，相互影响，相互联系并且能够融合为一个整体的目标是指日可待的，以致校园网会产生更可观的效益。

在现代信息技术中，多媒体教学软件会以适合的角度去满足现代社会的学生，满足他们浓厚的对于形象、直观、易于接受、感染力强的客观事物的兴趣，并且能让他们觉得自己是在享受这个过程，这些软件还可以针对他们缺乏理性思维、学习能力薄弱的现状去尽可能地适应。在多媒体教学软件应用方面，有很大的益处，比如：软件的应用可以使学生们做事的注意力更加集中，学习上甚至生活上更加自立自主，还可以拓宽学生们的知识面，提高教学质量和效率即缩短教学时间，在思维上的创造力也会被激发出来，而这些方面对于学生们——祖国的花朵来说是无比重要的。由此可以得出结论，运用多媒体进行教学是改善教学效率效果的主要途径之一。往常，体育老师教学的方式是做示范的同时也为学生们讲解，但是很明显，这样的教学是不够吸引学生的，那么我们就可以灵活地用多媒体教学去取代以前老旧乏味的教学方式，效率一定会有大幅度的提升。这和长时间的观看一种静止或者运动、变化缓慢的人、物会产生疲劳感，是同样的道理。如果学生们面对着的是一台包含着广阔天地的计算机，一台展现着体育教学软件中教学画面的转换、动画效果的变换、声音效果的叠加的计算机，授课时，令学生们耳目一新，他们也就会聚精会神、专心致志、极具兴趣地吸收老师传授的知识，并会在由此必然形成的气氛活跃的课堂中消化知识，而且会主动地重复讲过的动作，这也就增强了学生学习的主动性，因此学生们吸收知识的效率可能是之前的几倍几十倍，对于祖国的栋梁来说，学习上主要的因素得到优化，意味着他们向成功迈出一大步。体育课教学中把重点难点教得有声有色生动形象是非常困难的，但是这又是最重要的一点，为了让学生们掌握动作，只能通过反反复复地讲解才可能将动作让学生理解，对于复杂而又迅速的动作，细节上很难让学生们观察而后认真了解每一个动作细节。而多媒体教学可以直接明了地、以视觉和听觉结合的方式将动作讲授下去，对于重点与难点，随着特定的声音和图像的显示、反复慢放，突出重点与难点，从而让学生主动地、直观地、立体地、形象地、全面地掌握动作，很大幅度地提升教学实效。由此可见，在体育教学过程中利用适当的时间应用现代信息技术，让学生学到了知识的同时，也对所学动作理解、记忆得更深刻，把握得更扎实，也提高了他们的思维的主动性，增强了观察和学习的能力，在体育课的教学效率上也取得了极大进步。

二、有利于实现在教学过程中形成师生之间的动态信息交流

（一）能有效地促进教师转变教学观念

信息时代的突出特点是开放性和跨时空性。信息时代教育对所有地区、所有学校和每一个人来说都是全新的挑战，体育教师只有不断努力学习，充实自己，才能站在时代发展的前沿，把握时代脉搏，迎接新时代的挑战，真正成为实现现代化教育跨越式发展的主力军。学生锻炼兴趣的培养，关键在于体育教师教育学观念的改变，不仅是时代发展的象征，而且对教育的发展起着至关重要的作用。教师通过正确、合理、高效地利用互联网的资源，不仅可以培养自我获取知识与更新知识的能力，而且可以通过计算机与网络的强大功能探索新的教育体制与教学模式，培养出适应信息时代需求的新型人才，从而确保有较高的教学质量与教学效率，以便与"知识爆炸"和知识迅速更新的发展趋势相适应，使"以人为本"的作用能充分发挥出来，从而最大限度地发挥网络资源的潜能，构建学习的良性循环，培养终身体育锻炼的习惯，达到全面育人的目的。

（二）使学生变被动锻炼为主动锻炼

以前学生常常是以被动的、"师道尊严"的学习方式接受教育，传统教师确实是主动地传授了知识，却忽视了要根据学生们的性格、特点、各方面的能力来教学，如果这方面还得不到改善，仍以死板的模式进行教学，那么学生们思维空间的发展将会得到抑制，而且很难得到成长与锻炼，对于潜力的发挥、吸收新事物的主动性也是不利的。对于不同的学生，体育教师应该应用变化的、合适的、

以他们为中心的教学方式方法让每一位同学都能学到知识、得到锻炼，而不应该仍以传统的方式进行低效率的教学。面对这样的现状，我们应该采取新颖的教学方式，那就是利用现代技术、利用互联网来传递资源，让人们耳目一新的同时也能接受到有用的知识，对于学生们来说，网络提供的资源信息，丰富了人们的脑海，发展了思维空间，培养了获取新知识的主动性，创新了人们的想法，由此培养的学生在今天才能顺应时代的潮流、适应时代的发展。教师永远也追赶不上网络上海量信息更新的步伐，那么就让现代信息技术直接带领学生们冲出利用传统思维方式学习的苦海，让他们在互联网上的信息资源中主动地、尽情地、自由地享受学习带来的无限乐趣，从而不断提高学习能力与锻炼能力。这场深刻的教学改革，或者说是这种教学方式的发明，从根本上培养了学生们自主、积极学习的能力，为学生的发展、对未来社会的发展都起到了促进作用。

三、有利于学生创新精神与实践能力的培养

在教学方面，第一，活动网络化。为了提高学生们的信息素养，应在已拥有海量资源、多种形式、自觉学习、深刻交流的基础上，最大限度地激发学生们，让他们的兴趣增强，并带动学习的主动性，同时多锻炼与他人的合作能力与互动能力，多领会网络中丰富多彩的资源、素材，多培养自主完成运用、重组、变通、更新教学内容的能力。第二，内容问题化。教师和学生会认真分析体育教育这门学科的性质和具体教学内容的特点，其目的是将教学的内容转变为具有花样形式的、有价值有意义的问题呈现在网络上，引导学生去探索知识，同时还可以培养逻辑思维能力。第三，过程探究化。教师将全方面的资料编辑、分类、整理到网络上，让学生们主动地去获取，吸收基本的知识，让他们自觉地进行独立思考或者自动地形成集体去讨论所浏览到的问题，而后教师以认真公平的态度，将自己也视为一名学生，参与到、融入学生们的讨论当中，从而实现传统教学探究化的目的。

四、现代信息技术是终身体育教育的第一选择

现代信息技术具有许多其他教学手段所不能比拟的技术特点，这些特点对高职学生的终身体育锻炼起着很好的辅助作用，大致包括以下几个方面：

（1）教学资源——网络教学为学习和锻炼者提供必要的信息环境，丰富的教学内容和多样的主观形式。学习内容的非线性传递和丰富的教学资源可以为学生

创造良好的信息环境，强大的数据库能够尽可能地满足学习者的极大需求，为他们提供多方位的信息资源。

（2）教学活动——交互的网络让教师与学生之间、学生与学生之间进行了亲切的沟通，营造了良好的学习与锻炼的氛围，提供了极具意义的学习与锻炼的团体。学习与锻炼者确定锻炼目标后，进行问题的分析，再从信息工具获取相关联的一些资料，然后对资料实行分类、综合、建构，利用网络与体育教师或服务器建立的联系或者利用视频会议系统去学习与锻炼进行现场讨论，大胆表达自己所产生的想法，也要虚心认真地倾听周边学习者的观点，找出异同，经过慎重研究琢磨，分清优势与劣势，而后适当地调整完善自己的初始资料，最后做出整理，就会完成相应的学习任务，也就实现了所追求的目标。正是因为在全程中学习与锻炼者可从网络中获取各个角度的信息，充分利用有意义有价值的资源，取得体育教师方向上的指引还能受到一些启发，所以能够实现锻炼自我成长自我的目的。

（3）锻炼者——交错复杂的网络有利于增强锻炼者参与的积极性与紧密性，有益于合作意识的形成以及互助学习习惯的养成，而这恰恰类似于信息技术课上进行多次强调的学生的动手实践的能力和协作学习的能力。网络教学有说不尽的优点，比如：它可以让学生们更加积极主动地学习，更加乐于参与研究与讨论。在当今的信息时代，作为新时代的公民不仅要将信息技术方面的能力作为基础，而且应该多与人沟通、多实行协作性质的学习，沟通的同时还要与人分享你所了解到的信息，尽可能地提高信息的利用率，从而创造出新的知识、新的理念、新的想法。除了这些方面以外，网络中一直处于主体地位的检索功能还有让锻炼者需要哪些信息就可以查找出哪些信息的作用，只要他们在相应位置选择合适的关键词进行搜索，互联网就会做完余下的筛选、存储、变换工作，就可以实现人们对知识的渴望。

五、有利于弥补高校体育教师自身的不足

随着中专学校逐渐转变成高等院校，体育教师本身所具备的条件不足的现象暴露出来。众所周知，体育教师吃的是青春饭，年龄在不可控制地增长，他们完成动作的能力会有所下降也是正常的现象，这就可能导致在选择教学内容的时候，难免会尽可能地回避对于技术要求高或者难以示范的动作，那么教学过后的结果也是不太理想的，不但抑制了学生们的全面发展，还对社会、对国家的未来产生了不利影响。而且如今经济在发展，经济条件、物质生活条件在提高，出现

了比较多的体育教师还处于中青年就已产生腹部凸起的现象，甚至起到阻碍行动的地步，同时也带来了体育教师在教学时示范动作的不方便，使得教师选择的教学内容偏向单一、偏向简单。在传统的体育教学模式中是无法避免上述情况的，也就是说高等职业教育的需要不能被完全满足。现实生活中已有这样的例子：许多体育教师自身条件匮乏使得完整地完成一套单杠联合动作成为一件困难的事，那么他们对于讲授这方面内容就有点退缩了。这样的问题，运用现代信息技术制作出多媒体课件就可以解决，其效果可想而知。制作多媒体课件时，我们可以把从体操大赛中截取下来的一段单杠动作加入其中，让学生们欣赏体操的美，激发学习兴趣，增加信心，为以后的体操学习做铺垫。然后，通过动画效果演示出本套单杠的联合动作，同时还要将重点和难点巧妙地融入其中。最后，拍下体育组内年轻的、素质高的、有特长的教师的一整套动作，插入课件中，播放给学生看，合理地运用暂停、慢放等功能使学生产生更牢的记忆。人类所拥有的知识是有限的，但是互联网上所拥有的知识却是海量的。网络上的资源可以全人类网络共享，我们可以任意地获取各种各样的资源，当然获取体育教学方面的信息资源也是轻而易举的，除此之外，它还能实现信息的存储以及与同行们的交流沟通等目标。

这样看来，现代信息技术避免了教师自身能力的不足，也避免了自身条件的限制，对于教学的全面发展有着重大作用。

六、有利于体育教学管理与研究效率的提高

利用计算机进行教学研究是计算机应用的特长。计算机处理信息速度快、精度高，特别适用于要求复杂的、大计算量的场合和环境。比如大量数据的统计、应用软件的开发、网上调查等。

应用离不开软件的支持，因特网上有大量现成的共享软件可以免费使用，这些软件有针对某一方面设计的专用程序，也有通用程序，需要时可以通过搜索引擎找到相关资源。比如常用的表处理软件 Excel，除了可以进行比较简单的电子表格处理外，还可以通过引入函数的方法进行数学统计操作，并可以把数据制成柱状图、折线图、圆形图、条形图、蜘网图等，使作者要表达的意思清晰明了、一目了然。如体育统计常用的求方差、回归分析等都需要进行大量的运算，运用计算机技术就可以减少劳动量，提高工作效率。计算机和网络技术的引入，为开展体育教学研究开拓了新的领域、提供了更科学有效的方法；应用计算机模拟和仿真技术而开展的学生体质发展模式研究，给体育教学研究带来了新的革命。

第二节　现代信息技术在高校体育教学中应用的主要问题及对策

一、信息技术条件下高校教师角色的定位问题

角色（Role）本是戏剧中的名词，指演员扮演的剧中人物。20 世纪 20 至 30 年代，一些社会学者将它引入社会学，进而发展为社会学的基本理论之一。社会学中社会角色是指与人们的某种社会地位、身份相一致的一套权利、义务的规范与行为模式，它是人们对具有特定身份的人的行为期望，它构成社会群体或组织的基础。我国教师职业出现在春秋时期，时代发展至今，现代教师的角色已十分复杂。美国著名学者约翰·麦金泰尔等在教师角色的论述中，提出教师的角色主要有：组织者角色、交流者角色、激发者角色、管理者角色、革新者角色、咨询者角色、伦理者角色、职业角色、政治角色、法律角色等。它包括三个方面：社会对教师的角色期待；教师角色的扮演；教师职业角色的形成。本文中这里主要探讨的是信息技术条件下高校体育教师的角色定位问题。

体育教师在教学实践中，不仅要注意自己的身体形象，保持良好的身体素质，这远比理论和语言上的说服教育要有效得多。高校体育教师必须通晓大学生身心发展规律，熟知教学规范，掌握高校体育教学的基本方法和技能。在信息化时代高校体育教师不仅需要具备精深的专业知识，而且必须具备基本的信息素质和信息技术运用能力。体育教师应当是学者型的教师，还应当具备组织管理能力、表达能力、体育科学研究能力、现代教育技术运用能力。面对 21 世纪，体育发展亦即体育现代化的过程，将不可避免地出现五大趋势：终身化、个性化、国际化、大众化和生活化。"五化"包含了人与人（社会）、人与技术、人与环境以及人自身身心的和谐与协调。"五化"的"化"的基本途径在于体育教学。过去主要从人之身心发展的角度去探讨与研究体育教学，今天，面对日新月异的新技术革命浪潮，我们扩展视野必须发现与探求体育教学中的新质。以信息技术为龙头的现代信息技术不仅在改变现代人的特质，也在不断改变和影响着体育教学。信息时代的到来，高校体育教师角色也必须适应信息化社会的发展，更新观念，实现传统教师角色向现代教师角色的转变。信息化社会高校体育教师不再是传统的教书匠。现代社会要求高校体育教师不仅要四肢发达，而且还必须具备较

高的整体综合素质。就未来人才的培养而言，社会实际上并不是需要体育教师把所有的学生都培养成会打篮球、踢足球的人才，社会更需要的是具有健康体质的有用之才。社会要求高等学校培养出来的人具有良好的社会适应能力，能直接为社会所接受。因而社会要求高校体育教师不是仅仅懂得体育技术的单一知识的体育学科技能的传播者，而是要求体育教师是体质健康、知识广博、技能熟练，各方面教学能力较高的学者型教师。信息社会带来了许多现代文明病等负面影响，这是信息社会面对的与人体有关的新问题，如何协调这一矛盾，高校体育教师的作用至关重要。教师一向被认为是传道、授业、解惑者。在传统的教学过程中，教师的地位举足轻重，是教学的主导者，集教学内容的传播者、教学策略的设计者、学习效果的评价者等多种角色于一体。随着信息技术的发展，多媒体、计算机网络在教学中的应用，使得教师与学生的角色、职责都发生了改变。信息化社会的到来促使人们的思想发生了急剧的变化。如今人们对高校体育教师寄予了较高的期望。信息化社会高校体育教师必须掌握现代信息技术。高校体育教师要破除那种"一次教育，终身享用"的思想，随着网络技术的出现，体育信息的更新也呈几何级数增长，任何专家或学者都需要不断学习和更新知识，才能适应快速发展的信息社会。

信息时代高校体育教师承担着体育教学者和体育科研工作者的双重角色，必须掌握因特网这一工具，不仅要知道一般搜索引擎的使用，更要掌握专业性的搜索引擎的使用。现代信息技术教学能否成为体育教学的重要教学手段，有一个关键因素，那就是体育教师的多媒体信息素质。体育教师往往对电脑接触的不多，在上课的时候很少利用多媒体制作课件来进行授课，因为多媒体授课与他们平时所用的教学手段还是有一段距离，他们总认为多媒体教学是其他学科的教学手段，体育教学任务的完成主要还是靠室外课来完成。虽然这种观点是在情理之中，但这已经不符合新时代对体育教师的要求了。互联网的快速发展，使我们从网上可以获得大量的相关知识，可以借鉴同行的教学经验，丰富我们的教学手段，并不断创新体育教学。

因特网是传统信息交流渠道及传统信息资源最有利、最重要的补充，它的及时性、新颖性正是传统信息资源所无法比拟的，可以说高校体育教师不掌握因特网这一工具并利用因特网信息资源，就无法达到相关领域的前沿，也无法取得具有国际先进水平的工作成果。因特网上不仅涌现出众多以特定领域或专业领域的网络信息为收录对象的专业性搜索引擎，而且几乎世界知名的数据库提供商纷纷借助因特网环境，开发出基于 Web 的网络信息检索和服务系统，在学术信息的搜索领域也占据着重要地位。同时，随着全球数字化图书馆建设的推进，一些初具规模的信息门户也为研究者通过因特网检索信息提供了新的途径。高校体育教师要从学术研究和体育教学的需求出发，掌握并使用国外和国内先进的有关综合性学术信息检索系统和与体育有关的专业检索工具，为体育教学和科研服务。对于体育专业的学生和有志从事体育科研的学生有必要向他们介绍检索的具体方式方法，使他们少走弯路，提高使用信息技术的效率和质量。国外比较著名的综合性学术检索系统有美国的 ISI Web of Kowledge（ISI Kowledge. com）、OCLC First Search（OCLC First Search. global oclc org）、ProQuest 等，国内著名的有 CNKI 平台（China National Kowledge Infrastructure，中国国家知识基础建设工程）、CSDL（Chinese National Science Digital Library，中国国家科学数字图书馆）、CALIS（China Academic Library&Information System，中国高等教育文献保障系统）等。

为保证高校体育教学质量，高校体育教师专业化势在必行。体育院校，尤其是师范类的高等体育院校应严格选拔非体育考生的进入。体育是技术性较强的专业，而本科没有经过系统训练的体育研究生很难向体育教师的专业化转变，很难胜任高校体育的术科教学，更谈不上信息化教学了。信息时代高校体育教师的专业化要求教师是具备教师专业精神和"复合型"的专业知识和能力的创造者。信息时代是学习型的时代，高校体育教师必须掌握信息技术，具备自学能力，并通过各种方式培训，使自己紧跟时代发展，成为创新型的导师。此外，任何单个教师或者学生的能力都有限度，而网络等信息技术环境为协作学习提供了良好的条件。同事之间、学生之间、师生之间都可以进行协作。在信息时代，仅靠"单打独斗"的工作方式已经很难信任工作的需要，教师必须走上"协作""合作化"的道路。体育教师的劳动在信息技术的冲击下，其结构发生很大变化，一方面，知识传播的大部分工作被电脑、网络代替。体育教师成为驾驭电脑等工具实施教育的驾驭者、指挥者；另一方面，将"教书育人"并重的任务调整为"重在育人"。这就要求高校体育教师在信息化社会中，既应具备适应体育教学这一特殊学科的专门素质、扎实的专业技能和理论知识，又必须掌握现代社会的信息传播、编辑和应用能力，适应时代的发展，转变观念，更新知识，以积极的态度迎接信息技术的挑战，从而创造出多元化的高效体育教学模式。

随着知识经济时代的到来，为了满足社会和人自身发展的需要，人们对高校体育教师的要求也越来越高。综上所述，信息化技术条件下高校体育教师是高校体育信息化课程与教学的设计者和开发者，高校体育教育教学的研究者和创新者，学生体育学习的组织者和引导者，学生自主学习的促进者，群体的协作者，学生体育学习的评价者和坚持终身学习的学者。

二、信息技术条件下高校学生角色的定位问题

目前我国关于信息技术环境下教师角色的研究较多，而对学生角色的研究相对较少。面向未来的人才必须学会生存、学会学习和创造。随着信息技术的迅速发展，各种媒体的操作逐步走向"傻瓜化"。就计算机来说，它所解决的问题越来越复杂，但操作却越来越简单。所以，我们的信息技术教育决不能停留在技术层面，更多的应该培养学生利用信息工具获取信息、分析信息、加工信息、表达信息和创造信息的能力。信息技术教育可以通过专门的信息技术课来进行。但有限的课时无法保证信息技术教育目标的实现。所以，信息技术教育更多的应该是融入各科教学之中进行。网络技术对教育教学的冲击，不可避免地引发了作为教育教学主体的学生方面的变化。学生概念的外延因此大大扩展，学生角色需要重新诠释，同时，网络环境下的全新教育教学的理念和方式方法也对学生的学习能力和方式提出了变革性的要求。信息技术条件下，学生角色地位已由原来的被动接受知识灌输的对象转变为主动学习主体，从被动的旁观者转变为积极的参与者；学生成为教学过程的主体和中心，这使学生的学习行为具有主动性、互动性和创造性等方面的特征。无论从教育的目的，从伦理，还是教学效果来看，学习都应当是"乐"而非"苦"的，体育教学更应该要"乐"。由于"学苦"观念的根深蒂固以及从应试教育下让人不得不苦的教学方式，再加上许多教师和家长教育的不得法，我们的学生从观念到实践都是"读书苦，苦读书。"对学生来说，首先要改变的观念和形象也许是从苦学到乐学，体育技能的学习尤其需要变苦学为乐学。体育学习活动本身应该，也能够是快乐的，要积极去寻找，去尝试，去体验体育学习过程的快乐。要学会在快乐中学习，在学习中快乐。乐学是学习的最高境界，信息技术的应用为乐学提供了实现的条件。以信息技术为核心的数字化学习环境和学习方式，不同于传统的学习方式，其特点如下：学习是以学生为中心、以问题为中心，学习过程是进行交流的学习者之间进行协商与合作，学习是具有创造性和再生性的，学习是可以随时随地并且终身的。信息化时代，体育教学不再仅限于传统的"班级授课制"这种单一的教学组织形式，而是传统教育、个别化教育、远程教育相结合，多种教学和学习形式并存，多种功能的教育相融合，重在个别化教育和创新性自主学习，使教育者具有极大的选择余地和发展空间。在信息社会中，学校已经不再是获取体育知识和信息的唯一和主要渠道，公共运动场、电视、报纸、电台、书籍……，都在提供着获取及运用体育知识的机会。事实上，那些热爱体育的学生把握某些体育方面的速度和程度，要远

远超过他们的体育老师。信息技术条件下，高校学生角色不再是被动的体育技能与体育知识的学习者，而是主动的体育技能、体育知识、健康知识学习与实践者。学生不仅要学会进行数字化学习，还要会利用信息工具进行知识的重构和创造。信息技术条件下，在高校体育教学中，学生应成为主动的，具有协作精神和创造性的学习者。高校学生不仅需要具备自我管理和调控能力，还必须具备体育信息的获取、评价、管理与加工处理的能力。此外，网络提供的电子邮件、ICQ、视频会议、网上电话等要求学生必须具备基本的交流与协作能力。

人们之间的一切关系都不言而喻地建立在他们之间有所了解的基础之上。当然，一方面教师角色的变化，应当以学生角色的现实为基础；另一方面，教师的观念不变，与学生的关系不变，学生也不可能完成其角色的转变，因而师生角色的转变关键在于教师角色的转变。新时期，信息技术条件下，高校体育教师与学生之间是平等的共同体、学习的合作者。这并非意味着教师权威角色的完全消失。教师从体育知识的掌握、经验的获得、自身具备的能力以及对教育目标、教育内容、教育手段、教学组织形式等的理解和运用上特别是在动作技术的感受性方面均比学生更具有优势。因而学生不仅不能漠视教师的作用，相反更应重视教师的作用。建立一种平等、宽容与和谐的新型师生关系，需要教师与学生的共同努力。

综上所述，信息化时代的高校体育教学中，学生的角色应该是体育教学活动的参与者与建设者、体育运动技能和健康知识的主动接受者、探索者、学习者和实践者，既能独立探究，又善于合作和协作学习的具有一定体育信息素养的创新型人才。

三、现代信息技术条件下高校体育教学整合的问题及对策

（一）整合的内涵与实质

Integration 是整合的意思，整合就是指通过综合、融合、积存、集成，使事物成为统一的有机整体。从哲学的角度上来看，整合是任意种类的相关的事物或因素之间产生相互作用，从而组成和融合为一个新的统一体的过程。在此过程中，事物与事物之间会产生综合的、全方位的融合。在教育的角度上来看，整合一般是表示"整体综合、渗透、重组、互补、凝聚"等意思。信息技术与课程整合的意思是：在具备先进的教育思想、教学理论的指导的条件下，运用计算机技术、通信技术、网络技术等信息技术，优化学生对自主学习的认知、情感方面的激励和教学环境的丰富性创设，同时将这些方面全方位地应用到各个学科的教学当中，让教学的各类资源、教学的各种要素和教学的各个环节，通过整理、组

合、融合、整体优化，产生聚集效应，这样就可以推动传统教学方式产生根本变革，也可实现学生们创新精神的培养和实践能力的提高。

目前国内关于信息技术与学科或课程整合的说法与定义很多。综观这些观点，我们发现主要是基于对学科或课程概念的不同理解而产生的分歧。我们可以将目前信息技术与学科整合的定义分为"大学科整合论"和"小学科整合论"。大学科整合论主要是指学科是一个较大的概念。这种观点主要是指将信息技术融入学科的整体中去，改变学科内容和结构，变革整个学科体系。"大学科整合论"观点有助于从学科课程整体的角度去思考信息技术的地位和作用。"小学科整合论"则将学科等同于学科教学。这种观点将信息技术与学科整合等同于信息技术与学科教学整合，信息技术主要作为一种工具、媒介和方法融入学科教学的各个层面中，包括教学准备、学科教学过程和学科教学评价等。这种观点是目前信息技术与课程整合实践中的主流观点。信息技术与学科整合概念的分化反映了人们看待信息技术作用有不同的视角。信息技术与学科整合特别需要关注教学实践层面的问题。本课题是基于"小学科整合论"而提出的。通过中国期刊全文数据库查询，对于现代信息技术与体育学科整合的研究虽然早已存在，但这些研究缺乏系统性和全面性。通过长期的实践与理论探索，信息技术与各学科课程整合的概念逐渐清晰起来，人们认识到：信息技术给教育带来的，不仅是全新的技术和媒体，而且必将全面影响到教育观念、教育体制、教育模式和教育内容，以及未来的教育发展，它在知识经济时代的地位和作用，正如同农业时代的文字和工业时代的印刷术，成为人类教育史上第三座里程碑。

学校将比任何社会上的其他简单社会团体或机构更有助于青年和成年人生活得更健康、更长久、更令人满意和更具有生产性。信息技术与学科教学整合其目的是促进教师教学方式、学生学习方式和师生互动方式的改革，为学生的多样化学习创造环境，使现代教育技术真正成为学生认知、探究和解决问题的工具，培养学生的信息素养及利用信息技术自主探究、解决问题的能力，提高学生学习的层次和效率。信息技术与学科教学的整合是将学科教学的内容跟计算机及网络的运用融为一体，既体现了信息技术的强大威力，又满足了学科教学的需求。通过高校体育学科教学与信息技术的整合，能丰富体育教学手段、改变学生体育学习方式、提高体育教学效果，而学生利用信息技术学习体育知识的同时，也能加强对信息技术的理解与运用，提高信息技术的操作水平，实现学科教学与信息技术的"双赢"。信息技术与高校体育教学整合的实质是将信息技术作为工具，服务于体育教学，有利于新的教学方法的实施，它引发了体育教学观念、教学设计、教学方法、教学互动、教学艺术等方面一系列的探索与思考，是一种全方位的教学改革。信息技术与体育教学的整合不仅仅是信息技术在体育教学中的简单应用，它是附着在新的教学方法之上，为新的教学方法的实施提供工具和信息资源，发挥信息技术的不可替代性，如在探究学习中展示问题情景，提供探究问题解答和评价的工具；在协作学习中提供检索信息、交流和发布信息的工具，以及评价工具。这种工具的应用，使原本难以实现的教学方法得以实现，并产生用其他手段难以得到的效果，使体育教学达到最优化境界。

（二）现代信息技术与高校体育教学整合的内容问题

随着信息技术的广泛应用与飞速发展，为我们改革传统高校体育教学方法和教学手段带来了新的契机，为学生综合运用所学知识技能提供了新的平台与途径。信息技术与体育教学整合的理论基础是建构主义。建构主义提倡在教师指导下的、以学习者为中心的学习，既重视学习者的认知主体作用，又不忽视教师的指导作用。教师是意义建构的帮助者、促进者，学生是信息加工的主体，是意义的主动建构者。建构主义主张充分利用各种学习资源，强调情境创设的学习环境和探究式学习策略①。现代信息技术与高校体育教学整合的内容是什么呢？是否所有的体育教学都进行整合才是真正的整合呢？尽管信息技术教学手段有很多优势，但是它不能完全代替传统的教学手段。高校体育教学中教师在课堂教学时必须根据体育学科教学内容和学生的特点恰当地应用信息技术进行教学，信息技术不一定是创设教学情景的最佳手段，教学软件的制作技术水平越高也不一定说明信息技术与体育教学就整合得越好。仅从高校体育教学的内容看，它一般包括体育、卫生保健和各种锻炼身体的知识。学校体育教师要按照学校体育教学大纲、体育教材和体育课本规定的内容进行教学活动，因而，在编写大纲与教材时就要将信息技术的应用与整合考虑进去。整合的内容不一定是教学内容的全部，也不是只局限于体育学科，要善于把握体育与其他各学科中有联系、有价值的信息，促进教学综合化、信息化和系统化。

20世纪50年代，这个全面学习苏联的时期，我国高校课程体系的基本框架建成了，虽然在几十年的时间里不断地进行改革，但是仍然存在传统模式的束缚和负面的影响。高校体育的课程体系被设置的方面偏向狭窄、内容偏向老旧、结构偏向单一，使得中小学、大学的教学内容的低级重复。重点进行运动技术上的教育，传授健康教育和体育锻炼的基本知识，却忽略了培养学生多样化的体育兴趣和对于体育的意识和能力，这样严重抑制了学生学习的主动性和积极性的提

---

① 曹秀玲. 信息技术与体育课程整合的再认识［J］. 哈尔滨体育学院学报，2006（1）：64－65.

升、学生的身心健康发展以及高校体育学科的建设。建立新的教材体系时，要打破传统观念，以人的全面发展为根本，以强身育人为目标，追求更科学、更实用、更具娱乐性、健身性、文化性的教学内容，尽力实现科学的选择、系统的设计和整体的推进；以追求普遍意义为基础，去推崇建设不同特色的教材，把终身体育思想融入整个体育教育中，大力挖掘和充分发挥体育课在潜移默化中对大学生素质的养成，促使全新的教材体系与健康教育更紧密地结合。这个时候，教师要擅长从海量信息中筛选出有价值的、创新的信息，再进行整合，从而取代机械记忆、重复演示、反复练习的内容，加大有效教学的力度，与终身体育教学的目标更进一步。大部分教师对信息技术与教学的整合的认识仍停留在 CAI 阶段，以为只要用了电脑，用了课件或上了网就是整合，就目前整合的实践来看，也仅限于学生能够上网搜索一些文章或图片，用 Word 编辑一篇短文，发一份 E-Mail等。当然，整合并不能解决体育教学中的所有问题，而应从实际出发，寻找最佳结合点，突出教学重点，解决难点，探索规律，启发思维。信息技术与高校体育教学的整合包括与体育理论课和技能术科课教学整合。整合的实质是使信息技术成为体育教学的有机部分，与体育教学内容、体育教学资源和体育教学评价等实现有机的结合。要实现信息技术与高校体育教学的整合首先要实现教学内容的数字化信息化。高校体育教学内容的信息化包括体育教学资源信息数字化，体育教学多媒体化，体育教学信息资源共享。从技术层面来分析，信息技术与体育教学的整合主要包括多媒体课件的应用、人机对话、素材演示、控制模拟、对照分析、动作创新以及科学训练等。整合内容问题争议的实质是对整合内涵的理解不深不透。无论信息技术如何发展和发达，它始终代替不了智慧传递、情感交流和亲身的体育锻炼实践，明白了信息技术是一种工具、手段和意识，才能使信息技术在高校体育教学中的应用如语言、文字、纸张等的应用一样自然而流畅。

（三）现代信息技术与高校体育教学如何整合的问题

毋庸置疑，高校体育教学与其他学科教学有相同的某些特性，但又明显不同于其他学科教学。体育教学更多的应该强调的是其特殊性。因而，信息技术与高校体育教学的整合也更要突出其特殊性。信息时代的突出特点是开放性和跨时空性。对于现代信息技术与高校体育教学如何整合的争议核心集中在两种观点：一是把信息技术整合当作纯粹的工具应用，只要有信息技术应用于教学就叫整合。二是信息技术不仅仅是一种工具，更是一种方法、手段和意识，现代信息技术与教学的整合是一种难分彼此的互相融合与渗透，整合不仅强调应用，更应强调一种信息意识、信息素养与能力的形成。无疑，第一种观点是比较肤浅的，第二种观点才比较深刻地反映了整合的本质。现代信息技术与教学整合有互动的因素在其中。我们可以讲信息技术与教学整合，却不能讲信息技术与教学应用，可见整合侧重于双向的关系，而应用侧重于单向，整合与应用有交叉和重叠的地方，整合涵盖了应用的精华成分，因而"整合"等于"应用"的说法是片面的。那么信息技术与高校体育教学如何整合呢？信息技术对体育教育的发展将起着巨大的推进作用，将影响体育教育的各个方面，体育教育的改革与创新需要信息技术的紧密配合。首先，现代信息技术将有效地优化体育教育环境；其次，利用现代信息技术是终身体育教育的第一选择；再次，运用现代信息技术逐步实现教学过程中师生间的动态信息交流；最后，运用现代信息技术培养学生创新精神实践能力。信息技术与高校体育教学的整合必将促进高校体育教学向信息化方向发展。体育教育信息化是教育现代化的一部分，因此体育教育信息化必然具有以下走向：第一，教学过程中教的单极化走向合作化；第二，从单一运动场上的技术学习走向多环境下技术学习；第三，学习活动中的群体化走向非群体化；第四，体育教学走向学习情景的虚拟化；第五，体育教学模式由单一化走向多元化；第六，为体育函授教学提供了更广阔的舞台和空间。体育教学与其他学科的教学既有共性，又有其特殊性。在体育教学过程中，学生要在反复的练习中，通过身体活动与思维活动的紧密结合来掌握知识、技术与技能。此外，体育教学的大部分授课时间是在户外，这些都给整合带来了一定的困难。

体育实践所运用的信息技术都带有明显的体育专业特点，现代信息技术被引入体育教育领域，提升了人们运用信息技术为体育服务的意识及其质量。现代信息技术与高校体育教学的整合不仅包括和体育教学、训练关系特别密切的多媒体课件的制作、体育微格教学和素材的采编，还包括无线网络、虚拟现实技术在体育领域的应用和体育文献资料的检索等。在20世纪50年代的我国，运动技术图像的观察和分析已经推广到学校体育教学过程中。从20世纪80年代起，被学校体育专业在技术课中开始大量采用音像资料进行教学。特别是80年代中期，许多体育学院相继引进了拍摄、录像设备和编辑系统，录制、拍摄和编辑了一些体育运动和比赛；音像资料，在学校内部供学生和教师观看和使用。20世纪90年代中期，随着计算机的普及，高等学校体育院系先后进行了题库建设，利用计算机进行数据处理工作，为教学和科研提供了一些方便。普通高校体育教学没有体育专业教学那么精深和精准，没有必要也不可能完全照搬其信息技术的应用，但许多地方还是可供借鉴的。

第三节　TPACK 框架下体育
师范生信息化教学能力培养研究

一、TPACK 框架的引入

（一）TPACK 的内涵与特征

密歇根州立大学科勒和米什拉在舒尔曼"学科教学知识"（PCK）的基础上创新性地提出了教师有效整合技术的知识框架——TPACK 框架。科勒和米什拉认为，TPACK 是教师创造性地将技术、教学法和学科内容三种关键知识整合起来，而超越三者的新兴知识形态，是教师使用技术进行有效教学所必需的知识。图 6-1 是 TPACK 框架三大知识要素与四大复合知识要素，表 6-1 是这几类知识的含义。

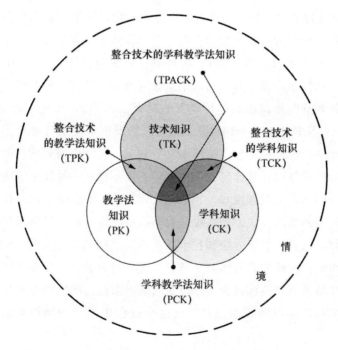

图 6-1　TPACK 框架及其知识要素

表 6-1　TPACK 知识框架及其含义

知识要素	含义
学科内容知识（CK）	学科内容知识（CK）是指具体学科的内容知识，包含概念、理论、观点、组织框架知识、证据和证明知识以及为发展这些知识所建立的实践和方法
教学法知识（PK）	教学法知识（PK）指教学过程中的教学实践、教学方法相关的知识
学科教学法知识（PCK）	学科教学法知识（PCK）是指适用于将具体的学科内容结合教学法进行有效教学的知识
整合技术的学科内容知识（TCK）	整合技术的学科内容知识（TCK）是对技术和学科内容之间既相互支持又相互制约的关系的理解，教师要知道哪种技术适合具体学科内容的教学以及具体学科内容对技术使用方式的影响
整合技术的教学法知识（TPK）	整合技术的教学法知识（TPK）是指具体技术应如何支持教学有效开展的知识
整合技术的学科教学知识（TPACK）	整合技术的学科教学知识（TPACK）同时整合技术、教学法和学科内容的知识，是教师能够使用技术有效表征和呈现内容以利于教学和学生理解的知识
技术知识（TK）	技术知识（TK）包含传统技术和数字技术，是最变化不定的元素

从 TPACK 定义可以看出其具有以下特征：①TPACK 具有动态发展性。TPACK 是信息技术时代教师应具备的一种全新知识框架。信息社会教学观念与教学技术不断更新与发展要求教师在教育教学实践中不断学习、反思和总结，从而不断更新其知识能力结构。②TPACK 具有知识融合性。TPACK 并非学科内容知识、教学法知识和技术知识的简单组合或叠加，任何一种知识不能孤立存在和发展，而强调这些知识在具体情境下的融合。③TPACK 是一种劣构性知识。TPACK 包括三种核心知识和四种复合知识，涉及因素复杂且彼此相互关联、相互制约，因此 TPACK 是一种"结构不良"知识；教学中遇到的"劣构问题"的解决方案只能依赖教师在具体境脉灵活思索，而不存在一种技术解决方案适用于每位教师和每门学科的教学模式。④TPACK 是一种概念性知识，有助于人们形成自己关注问题的思维方式。如在设计教学活动或设计教师教育课程时，提示人们应该注意教学内容、教学方法和技术以及三者之间的交互关系。⑤TPACK 是一种实践性知识，反映的是具体教学情景下技术与教学法、特定学科内容间的复杂关系，因此情景活动应该以为实际教学问题寻求恰当的技术方案为主题；教师在教学实践中不断学习和积累经验，在这个过程中形成和增长自己的 TPACK 知识。

（二）TPACK 框架对职前教师培养的指导作用

TPACK 本身并不能让教师明白具体该怎么做，它的设计意图在于指出教师应该掌握哪些知识才能帮助他们做出好的教学决策。TPACK 作为指导性框架，对教师能力培养和发展有着重要的支持作用。TPACK 定义了目前教师使用技术进行教学和讲授相关技术所需要的知识，这种框架为教师提供了策略性的思维方式，能帮助具体学科的教师为不同的学习者计划、设计和组织具体的课堂情境，并且能够对课堂效果进行评价和概括。TPACK 框架为职前教师信息化教学能力的培养提供了一些具体的经验。

1. 培养职前教师 TPACK 思维方式

以 TPACK 框架为依据来培养教师是为了让教师将关注点放在每种技术的特性及缺陷，而不是让教师关注和掌握具体的技术。以此来帮助教师形成一种思维方式，在技术应用于教学过程时能够知道这种技术能否促进教学以及怎样应用可以最优化教学效果。如在语文写作课上让学生应用博客工具进行协作式写作练习，以促进他们的写作能力发展；在数学斜率的学习中，通过收集和分析现实世界中各种斜率数据图片来帮助学生理解斜率。以上案例都是教师运用 TPACK 思维策略来帮助学生在技术支持的环境下进行思考和学习。

2. 通过设计学习技术

通过设计学习技术是设计真实的教学任务，让学习者设计和研究用技术来解决教学问题的方案，使学习者能够在活动情境中灵活的理解技术；这种活动通常以团队小组的形式开展。传统技术课程的学习只是单纯的学习这种技术，而通过设计学习技术则是职前教师将各种与教学相关的技术与特定的教学内容整合起来，并转化为学生容易接受的形式，以这种方式来设计课程注重技术知识与 TPACK 其他知识的相互关系。这种方法的关键是在做中学，也就是理论学习和实践应用紧密融合。比如，基于在线网络课程的设计任务，需要相关课程的教学内容合理组织，并在其中融合教学技术和教学方法，通过这样的任务促使学习者充分认识技术，并且认识技术同学科内容和教学法的关联。

3. 构建活动类型方法

科学家创建了"创造获取知识途径"方法，他们提出要依照老师的教学创造一种结合技巧的获取知识途径匹配的措施，未来的课程里授课老师就可以依据授课计划与当时的状况来正确合情地选取、搭配及使用获取知识途径。这个方法需要老师按照授课计划，采取合理的方法，择取和创建合理的获取知识的途径，这样就出现了 TPACK 三种知识组成部分——课程内容、授课法和技巧的组合。现在科学家逐渐创造对于繁多科目所必要的行动种类表格，用来提高老师对课程授课的了解，增加老师创造技巧和课程老师学问汇总的通晓。

4. 混合式学习模式

多元化获取知识意思是把古典的课程授课与网络授课融汇在一起，酣畅淋漓地体现出二者的长处。多元化获取知识模式包括以老师为主进行教学、以同学为根本参加的长处创造了从未有过的授课理论，这个全新的授课理论同样是 TPACK 不断强调的。融合中西研究者对混合式学习模式的细节刻画，主要包括下述两点：①老师需按照基本授课过程中发生的个别授课接受者和授课内容，以选取不一样的授课平台搭配授课途径，以创造十分显著的授课成效；②淋漓尽致体现老师在授课中所起主要成效且体现同学是授课过程中的重要角色。这个科学家把多元化获取知识步骤划成不间断的往复的八项步骤，如图 6-2 所示。

图 6-2　混合式学习的基本过程

（三）TPACK 在体育学科中的作用

TPACK 岂止被定义为融汇技巧的前所未有的授课理论，它一步步地提高变成一个与多种基本课程授课间融汇数据方法的前所未有的希望方法，体育教学也是这样。体育的用途是增强同学的身心素质与肢体协调，让同学在接受课程过程中及未来的道路中可以幸福美好。所以体育教学者应该掌握技巧来保证授课的卓越成效，来推进授课用于刺激及保证同学的获取知识的热情，辅佐同学通晓体育要点和增加身心素质。体育授课者要存在绝无仅有的 TPACK，只有这样方可以掌握技巧，推动授课的高质实施。

1. 体育教师使用技术来优化教学

在体育授课时采纳多媒体，不仅使授课过程多样化，还使同学们产生喜欢体育项目和愿意了解体育的情感，提高了体育授课的成效。授课者能够采取方法创造多样化授课材料来协助授课。类似于体育历史课放映小段动画以讲述各个历史时期，极大地激起了同学们的获取知识的激情，还轻而易举地通晓授课过程的复杂部分；类似于以立体图案展现行动过程间骨骼相交处外形更换，把复杂难懂的技巧具体明了的介绍给同学们；类似于以高水平的体育授课动画来讲解行动要领，不仅降低授课者多次讲解某个行为，还能让同学们不拘泥于时间、不拘泥于次数地多次学习合理的要领、多次实践，让同学们产生获取知识的激情，让同学们进行大量的实践，来增强肢体行为水平。目前存在多种多媒体程序能够有益于简单肢体行为要领和复杂肢体行为要领的讲解（类似于篮球中的传球措施、足球中的防守要领……），上述应用程序能辅佐体育授课者将正确的肢体行为要领传授给同学们。

2. 体育教师利用技术来评估教学

体育授课者能够根据同学们个人调节的进程的电脑协同授课应用来授课及检测同学们的肢体行为；同学们能够通过应用中呈现的肢体行为要领动画中心择取信息，不拘泥于时间及频率、自我调节进程地学习短片到通晓重要要领为止；授课者能够根据应用在同学们结束于虚拟情境中的肢体行为要领后，合理评定同学们的行为。在体育课程的教授中，教师的任务包括将学生的动作数据进行收集整合。老师需要用自己的技能来分析和整理这些数据。像一些比较高级的视频系统会将这些信息数据进行评测，并且会及时地反馈结果；可以让学生通过自学进行学习，让外界的影响因素降到最低；可以让学生试用一下其他的运动工具之后在系统里测试一下效果；处于极端鼓励的氛围里学习领悟知识，给予极大的鼓励，加大学生训练的强度，然后记录完成这个技能所需的次数。但是，以上提到的功能通常需要的资金太多。除此之外有的所需资金略低的系统能使授课者整理记录有的数目巨大的数字，像电子数据系统 PDAs 和类似的数据分析系统，采集到的记录会被收录进系统中，而且通过便捷的技术开门见山地得到记录整合汇总，进而对平常的任务计划进行指示。

二、TPACK 框架下体育师范生信息化教学能力培养方案

TPACK 框架在教师教育、技术与课程整合有重要的指导意义，笔者构建了基于 TPACK 框架的体育师范生信息化教学能力培养方案。各高等师范院校为培养未来教师适应信息化教学开设了很多课程，而《现代教育技术》公共课课程成为师范生信息化教学能力培养的关键手段。因此，笔者设计的面向体育师范生信息化教学能力的培养方案正是通过《现代教育技术》公共课课程的教学设计来体现的。本课程的设计流程图如 6-3 示。

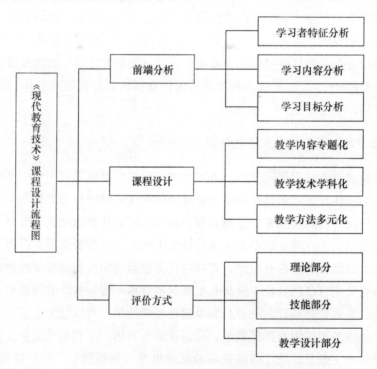

图 6-3 《现代教育技术》公共课课程设计流程

（一）TPACK 框架下的教学设计

《现代教育技术》公共课兼取国内外传统和现代的教育理论知识和实践知识，其中既包括了现代教与学的多种理论知识，又有大量常用的教学实用技术。TPACK 框架要求我们在教学中同时关注教师的学科知识、技术知识和教学法知识以及这三个方面知识的交叉应用。因而，笔者对体育师范生《现代教育技术》的课程设计主要从教学内容、教学技术和教学方法三个方面来进行，并在其中融

合各种复合知识的应用。

1. 模块化、专题化的教学内容

TPACK 强调教师在具体学科具体教学里应用恰当的技术来促进教学，因而我们以 TPACK 的相关元素出发来构建《现代教育技术》公共课的课程框架。以 TPACK 技术的相关元素作为课程框架，使师范生能够更好地结合自己未来教学工作来学习和应用教育技术，从而能深刻的认识和发展师范生应用现代教育技术的能力。TPACK 框架的 3 类主要知识元素和 4 类复合知识元素，只选取技术知识以及与之交叉的 3 类复合型知识，并结合 TPACK 与本课程的相关理论部分共五个部分作为这门课的课程框架，见表 6-2。

表 6-2　《现代教育技术》公共课课程框架

专题一	教师教育技术概述（理论部分）	教育技术的概述
		TPACK 概述
		信息化教学概述
专题二	关于技术的知识（TK）	网络资源的检索、获取、编辑和整合
		教学课件的制作和演示
专题三	整合技术的教学法知识（TCK）	基于问题和任务的多媒体技术学习
		基于共享平台的自主学习
		翻转课堂式学习
专题四	整合技术的学科知识（TPK）	体育专题教学演示软件 PPT 制作
		体育专题 Flash 动画制作
		Excel 数据分析
专题五	整合技术的学科教学法知识（TPACK）	体育专题信息化的教学设计
		体育专题"微课程"的开发与录制

2. 学科化、实用化的教学技术

在为体育师范生选择教学技术时，根据前期的调查问卷，特意选择与体育学科联系较为紧密的技术。也就是在教学时侧重于将技术整合到体育学科教学中，以发展体育师范生的信息化教学能力。体育教师应该知道如何使用技术来开发需要的学科教学材料（如篮球海报、多媒体课件等），知道如何更快速有效的收集学生数据，管理、分析和制作教学报告等。为此，笔者在五个专题教学中，分别穿插了一些与体育学科紧密联系的实用的技术，如 PPT、Excel、Flash、DV 录制、会声会影等教学软件的使用以及网络资源的搜索技巧等。

（1）教学演示软件（PPT）简单易学、制作费时较少、修改方便，可支持多种媒体信息，且具有一定的交互性。通过课件来教授体育，从而让学习的方向有了更多的可能性、授课形式越来越广泛，使晦涩难懂的学问更加通俗易懂，让授课越来越形象，越来越通俗易懂。像有关投篮的 PPT，能选一些卓越的专业人士出色的动作变化过程，还可以把动作要领截取并且制作成 GIF 图插入课件中，便可以连续地使学生们对于学习的期待，示范给想要学习的人一个正确的案例，帮助学生更加深入地领悟要领，记忆越来越深刻正确。

（2）体育运动中有一些运动技术难度极高，对速度、体态等有特殊的要求，不易于进行正确的动作示范，给教学带来了很大的困难。体育改模的学生能通过网络设备和功能设计相关的动画来辅助教学，就像使用多媒体技术设计跑步的动态模型，能把这个肢体行为中的几个重要步骤进行拆解慢放处理，之后放出整个 Flash 动画，通过放映动态画面，再辅助以详细的解说教学，如此般的授课模式会让听课的人对学习的技能准确透彻地掌握。

（3）传统的体育教学经常效率低下，课堂上学生不能完全掌握的动作，课下也不易于再次进行正确地学习。现代教学条件下教师可以将教学动作录制成微课程共享给学生，这样就可以提高课堂效率，方便学生课下学习。进行课程教学的同时再插入微动画的授课，建议从事体育授课的同学尝试掌握一些数码工具来制作简单的授课动画，而且可以通过电脑软件尝试制作不太复杂的动画，并进行编辑和添加。学会了上述的授课方法，以后在授课时能让学生看录制好的动画自主地、随时从任何时间段查看学习任何动作，并且掌握重点和要领，直到理解准确掌握肢体动作为止。

（4）体育授课时有时对学习的人的身体和体态行为方面的有关数据要求掌握度很高，这表示授课者需要掌握数量庞大的记录系统。而信息化的设备如 iPad、智能终端等可以方便体育教师对大批量数据的记录，Excel 等数据处理工具的应用能帮助他们迅速、高效地处理完大量的数据，快速地投入到教学中去。

3. 多元化的教学方法

信息化教学条件下，教学模式有了极大的变革，这种变革主要体现在学习方式和教学方式的改变；信息时代的学习方式逐渐向创新性学习、自主学习、个性化学习和基于技术的学习。以上情况体现出授课者现在需要学会通过多媒体网络功能辅助教学使学生更加熟练适应学习方法的改变。在 TPACK 的形势下来进行授课，授课者需要分辨不同的授课要求来思考并灵活变通授课的方法，所以对于授课者而言不存在某个具体的方法且一成不变。形式多样的授课方法在凭借学生想获得什么知识来确定授课方法上避免了很多弯路。举个例子，就像关于专业公共课的授课模式需要用身临其境式的授课模式，尽量不会使学习者认为问题晦涩、难懂，通过以形式多样的方法学会知识的同时透彻地理解各种原理；对于技巧的方面，建议授课者设计结合性的授课形式，最大化地凸显出课上授课以及利用多媒体进行学习的先进性，利用多种多样的手头上的知识和多媒体的知识去练习有联系的所有知识；而全于知识和操作融会贯通就像多媒体授课的操作环节，是利用将事实理论与要求推进相融汇的授课形式，择取并分析和学生的专业有联系的事实，然后给同学们自己专业的要求，在互相协作中完成教学设计的任务。而在具体的课堂上，教师还可以运用现代教学理念，充分的发挥自己的教学智慧研究教学实践中技术与课程整合的具体策略。

（1）创设情境，问题解决。目前的体育授课形式是引导，给学生灵感的鼓励性授课模式，授课时愈加地重视同学们各方向素质的提升。身临其境模式的授课形式把知识与要求技能相结合和实现要求的期间，可以最大化地让同学具有强烈的获取知识的期望，让同学具有更强烈的学习想法，找到同学获取知识的方式和日常过程的相关性，从而提高同学通过多种多样的现今的学习手段对难题梳理清楚做出决断的技术。以上提到的这种方法最大化地提高了学生们学习的实践性，同时加强了同学学习技能的能力。

老师可以模拟出一个特色的教学环境，吸引学生注意，让学生喜欢上学习，然后设置相应的问题供学生思考，通过这种方式，学生能够在自主思考的同时了解并巩固部分课上内容。学生在这种问题情境式环境下进行学习时，借助已有的经验，不断地探索并形成适合自己的问题解决方法，锻炼自己利用信息技术收集全面准确信息的能力，并掌握分析数据、提出假设以及验证假设的方法，在与同伴共享和交流问题解决成果的过程中不断成长。

问题情境式教学法（图6-4）主要用于本课程理论部分的讲解，通过创建与体育学科紧密相关的问题情境，让同学们思考问题解决方案，从中选择合理的实现方法。这种方法的应用充分地调动了学生探索问题的积极性，让学生学会对问题进行批判性和创造性的思考，并设计具体的解决方案，培养了学生在遇到问题时学会用现代教育技术环境下不同的技术来制定问题解决方案的能力。

（2）案例引入，任务驱动。例子问题互融法简单来说就是教师介绍生活中的具体事例进行教学，使教学内容变得生动有趣，与此同时提出相应的问题，吸引学生思考，最后对学生的课业质量进行考核。学习与具体案例相结合的教学模式能够提高学生独立学习的意识，加强小组同学间的合作与交流。除此之外，未来从事教师行业的学生能够得到实习和锻炼，获得教师教学的技巧，能够更好地与学生接触，提升教学水平。

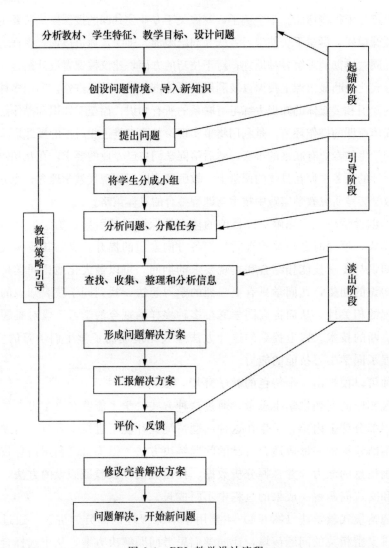

图 6-4　PBL 教学设计流程

问题与具体事例相结合的教学模式适合于学科创新。现实的授课过程中，将理论与实践融合在一起，教师介绍一些体育方面的具体事例，然后提出相关的知识。例如，通过录制小视频进行教学的过程中，首先由教师提供相关的事例，让学生观察各事例的优缺点，对各案例进行评估，然后教师列出各类不同的课程专题，学生可自由选择其中一个进行研究，通过这种方式，学生能够初步了解课程研究的基本步骤，具备一定的视频处理的能力。

（3）教师主导，学生主体。TPACK 注重教师的地位，认为老师应该承担教学研究及授课的责任，然而，不能忽略学生在其中发挥的作用，这也是多模式教学理念所倡导的，即老师与学生享有同等的地位，既要由教师进行授课，又要给学生独立学习的空间，促进学生间的互动，增强学生的学习兴趣。该模式可以充分发挥网络技术的作用，弥补传统授课方式的缺陷，进而提高教学的实际效果。多模式授课适用于体育技巧方面的课程，网络技术的迅速发展使授课时间短缺的困难迎刃而解，授课老师可以提前将学生喜欢的专题课程上传到学校主页，方便学生随时随地的进行研究，教师主要负责在课上深入地回答学生提出的问题及给出更复杂的具体事例供学生研究，提高教学效率。

（二）评价方式

在向网络化发展的今天，在授课的很多方面，尤其是在精神、内容、评价方式等方面都有巨大的改变。以前的评价大多是注重结果的评价，看重区分和选择作用，所以很难保证评价的公平性，学生的很多优势就会被缩小，发展也会受限。但新时代的变革让教学评价更注重学生自身的发展，让学生们的优势得到最大化地利用。多方面发展的评教方式要求采取措施、加入人员以及评教本身的多方面发展。此类评教在教学的整个过程中实行，也就是说这种评教方式已经成为教学必不可少的法宝。其作用是在很大程度上描述了授课结果的好坏，判断授课过程中是否有不足之处，从而提高授课效率，培养学生的综合能力，多模式相结合的授课方式能够及时对学生课业完成情况做出评估，解决学生遇到的难题，与此同时，这种授课模式倡导因材施教，学生可以对教师的教学方式提出意见和建议，培养高素质的人才。

归纳总结在过去实践中的经验和教训，设计出一种新型的授课评估模式，简单来说就是评估的标准主要依据在实践中的评价，同时辅以评价人员对被评价者的主观印象进行授课评估。运用多元化的评估模式对各类型的课业进行评价，例如：通过笔试检验书面知识的掌握情况；通过统计日常工作完成情况判断技能掌握的情况；由授课教师对日常任务完成情况作评价，然后有评估工作团对整体工作状况作考核，采用多元化的评估方式，学年总分数计算公式为：日常出席占百分之十，笔试部分占百分之三十，每天课业完成情况占百分之四十，最后课业设计部分占百分之二十。

参考文献

［1］蔡昭健，吴沈宁．浅析中学体育信息化教学模式的理论构建［J］．当代体育科技，2017（11）：128－129.

［2］颜正恕，徐济惠．线上线下一体化"互联网＋"个性化教学模式研究［J］．中国职业技术教育，2016（5）：74－78.

［3］顾莉亚．体育教学信息化改革策略研究［J］．体育世界，2017（3）：145－146.

［4］金红珍．信息化环境下体育教学有效性及提高策略［J］．河北体育学院学报，2016（6）：43－48.

［5］秦建华，何高大．翻转课堂：理据、优势和挑战［J］．现代中小学教育，2014（5）：17－20.

［6］吴传茂．工业机器人技术专业建设与人才培养［J］．江苏教育，2015（4）：73－75.

［7］郭文良，和学新．翻转课堂：背景、理念与特征［J］．教育理论与实践，2015（11）：3－6.

［8］胡建平．Canvas平台支持下的翻转课堂实践探究［J］．中国远程教育，2014（9）：72－77.

［9］詹艺，任友群．整合技术的学科教学法知识的内涵及其研究现状简述［J］．远程教育杂志，2010（4）：78－79.

［10］赵子云，张修明．TPCK视域下促进教师专业发展的网络学习共同体研究［J］．软件导刊·教育技术，2012（7）：36－37.

［11］张宝辉，张静．技术应用于学科教学的新视点——访美国密歇根州立大学马修·凯勒教授［J］．开放教育研究，2013（4）：4－5.

［12］何克抗．TPACK——美国"信息技术与课程整合"途径与方法研究的新发展（下）［J］．电化教育研究，2012（6）：48－49.

［13］吴焕庆，丁杰，余胜泉．整合技术的学科教学法知识研究的现状和发展趋势［J］．远程教育杂志，2012（6）：95－96.

［14］钟志贤．信息化教学模式——理论建构与实践例说［J］．北京：教育科学出版社，2005（11）：245－246.

[15] 欧文·拉兹洛著；戴侃，黄丽华，闵家胤，钱兆华，王宏昌译．微漪之塘——宇宙进化的新图景［M］．北京：社会科学文献出版社，2001：25.

[16] 小威廉姆 E. 多尔著；王红育译．后现代课程观［M］．北京：教育科学出版社，2000：71.

[17] 夸美纽斯著；傅任敢译．大教学论［M］．北京：人民教育出版社，1984.

[18] 伽达默尔著；洪汉鼎译．真理与方法［M］．上海：上海译文出版社，1992.

[19] 陆有铨．现代西方教育哲学［M］．北京：北京大学出版社，2012：18.

[20] 钟祖荣．学习指导的理论与实践［M］．北京：教育科学出版社，2001：52.

[21] 联合国教科文组织．学会生存——教育世界的今天和明天［M］．北京：教育科学出版社，1996：2.

[22] 杜威．学校与社会·明日之学校［M］．北京：人民教育出版社，1994：297.

[23] 周士华．现代教育理论［M］．武汉：华中科技大学出版社，2003：61.

[24] 毛泽东．毛泽东选集（合订本）［C］．北京：人民出版社，1964：284.

[25] 王道俊，王汉澜．教育学［M］．北京：人民教育出版社，1994：244.

[26] 王策三．教学论稿［M］．北京：人民教育出版社，1998：23.

[27] 妮特·沃斯，戈登·得莱斯．学习的革命［M］．上海：三联书店，1998：58.

[28] 刘丽群．课堂讲授策略［M］．北京：北京师范大学出版社，2012：1.

[29] 姜新生．个别化教学策略［M］．北京：人民教育出版社，2012.

[30] 巴班斯基著；张定璋，高文译．中学教学方法的选择［M］．北京：教育科学出版社，2001.

[31] 何克抗．从 Blended Learning 看教育技术理论的新发展［J］．中小学信息技术教育，2004（4）：21－31.